北京市社会科学理论著作出版基金资助

法制新闻实证研究
对媒体法制新闻报道的监测与分析

Empirical Study on Legal News
The Monitoring and Analysis of Legal News Report

姚广宜 主　编
王佳航 副主编

北京大学出版社
PEKING UNIVERSITY PRESS

图书在版编目(CIP)数据

法制新闻实证研究:对媒体法制新闻报道的监测与分析/姚广宜主编. —北京:北京大学出版社,2014.12

(传播学论丛)

ISBN 978-7-301-25546-9

Ⅰ.①法… Ⅱ.①姚… Ⅲ.①法制—新闻报道—研究—中国 Ⅳ.①G219.2

中国版本图书馆 CIP 数据核字(2015)第 033831 号

书　　　名	法制新闻实证研究：对媒体法制新闻报道的监测与分析
著作责任者	姚广宜　主编　王佳航　副主编
责 任 编 辑	黄怀京
标 准 书 号	ISBN 978-7-301-25546-9
出 版 发 行	北京大学出版社
地　　　址	北京市海淀区成府路 205 号　100871
网　　　址	http://www.pup.cn
电子信箱	ss@pup.pku.edu.cn
新浪微博	@北京大学出版社
电　　　话	邮购部 62752015　发行部 62750672　编辑部 62765016
印 刷 者	三河市北燕印装有限公司
经 销 者	新华书店
	965 毫米×1300 毫米　16 开本　17 印张　248 千字
	2014 年 12 月第 1 版　2014 年 12 月第 1 次印刷
定　　　价	48.00 元

未经许可，不得以任何方式复制或抄袭本书之部分或全部内容。
版权所有，侵权必究
举报电话：010-62752024　电子信箱：fd@pup.pku.edu.cn
图书如有印装质量问题，请与出版部联系，电话：010-62756370

前　言

中国对法治的重新认识起源于经济改革和对外开放。法学界诸多专家认为，法治建设三十多年来最了不起的成就就是从法制到法治。中国法制新闻报道随着中国社会法治化进程的提速也迎来了最好的发展时期。法制新闻受众呈爆发式增长，各类媒体的法制新闻报道数量直线上升，但法制新闻报道的内容质量却良莠不齐、问题多多。在这一背景下，本书希望能通过实证研究方法对法制新闻发展现状进行全面描述和解析，既总结法制报道的经验，也梳理法制报道中的现存问题，并对中国法制新闻报道未来发展提出建议。

由于"法治"的覆盖面广泛，在进行内容分析时难于取样，故本书把研究对象限定在"法制"报道的范围。

为了尽可能全面地描述我国法制新闻发展的经验与问题，本书依托中国政法大学新闻与传播学院法治传播研究中心，由教师与研究生共同组成了近二十人的课题组。课题组采取内容分析与案例研究相结合的方式来观测国内法制新闻的现状。

在内容分析部分，课题组对2010年11月15日—2010年12月15日这一时段国内九家进行法制新闻报道的媒体进行了内容监测与分析。这些媒体覆盖报纸、广播、电视、网络等四种媒介，分别是《人民日报》《法制日报》《南方周末》《法制晚报》、央视《今日说法》、央视《法制在线》、北京人民广播电台《警法在线》、人民日报社人民网法治频道、检察日报社正义网。

本书其他案例研究则不局限于特定时间段，本书还对近年来具备典型性的法制新闻报道案例进行了解剖和观察，作为补充与上述

法制新闻实证研究：对媒体法制新闻报道的监测与分析

九个法制新闻个案放在一起发表。这些案例分别是，江西卫视《金牌调解》、重庆卫视《拍案说法》、吉林都市频道《说实在的》、法制日报社法制网、人民网"政法高层留言板"栏目、《今日说法》栏目新浪微博等。

为了能全面描述法制新闻现状，在对上述十几家媒体进行内容分析的时候，课题组根据法制新闻的作用拟定了一套考察指标。该指标分类依据政治学家、传播学者拉斯韦尔[①]和查尔斯·赖特[②]提出的传播社会功能，结合我国法制新闻在实践中的普遍需求，对法制新闻的环境监测功能、普法功能、舆论引导功能、舆论监督功能、娱乐功能进行了分析。此外，为了考察法制新闻的负面影响，考察指标还把法制新闻的负面作用单独列出，以便监测和分析。这些指标设计如表1所示：

表1　法制新闻文本研究指标

研究类别	环境监测	普法	舆论引导	舆论监督	娱乐	负面作用
一级考察指标	新闻快速反应	宣传教育	舆论构建	监督力度		诱导犯罪
	对事件的还原和再现	咨询服务	舆论疏导	监督规范性		侵权
	对事件的解释判断					司法审判等

针对六个功能的研究类别，课题组在一级考察指标之下还设计了二级考察指标。例如在考察法制报道对社会环境的监测作用时，课题组对一级考察指标进行了分解，划分为二级指标，如表2。在每一个二级考察指标下，依据不同媒介文本的特点，监测者制定出样本的监测类目，以描述法制新闻现状。因指标非常细致，这里不一一列举。

---

① 威尔伯·施拉姆、威廉·波特：《传播学概论》，新华出版社1984年版，第31页。
② 同上书，第32页。

表2　法制报道环境监测功能一、二级考察指标

研究类别	一级考察指标	二级考察指标
法制报道的环境监测功能	新闻的快速反应	时效　独家　策划　现场　消息源
	对事件的还原和再现	报道范围　报道题材 选择标准　表现形式
	对事件的解释、判断	解释性报道的数量 解释的专业性　解释的易读性

关于时效的测量：以30分钟为单位统计时效差（此为相对性指标），即统计报纸当天（n）报道的不同时效比例：n-1（30分钟—1小时），n-2（1—2小时），n-3（3—4小时），n-4（当天），n-5（第二天），以此类推；n-a天（2天以外的新闻数量及没有明确时间性的报道）的不同新闻数量并最终计算总体比例，以此确定媒体的时效反应状况（n此处即为我们要统计的当天日期）。

在研究过程中，为确保监测者对样本分析指标有清晰的把握、统一的标准，课题负责人对参加课题的人员进行了数次培训。数据统计完成之后，课题组召开多次全体会议，反复讨论，形成共识。

本书研究沿着提出问题、分析问题、解决问题、提出建议的思路展开。在描述现状提出问题之前，课题组对现有法制新闻文献进行了全面梳理，文献研究综述本身也反映了中国法制新闻发展的情况。

本书的编写历时3年，它凝结着全体作者的心血，是理论研究与实证调研相结合的智慧结晶。参加本书编写的人员有：张鹏、孙娟、张砥、蒋文洁、林美玉、姚瑶、高馨、周杰、林笛、杨汶锦、蒋慧、孙洪丽、付思明、雷晶、陈路坤，本书的责编黄怀京也付出了大量的心血，在此一并表示感谢。由于作者水平有限，所以书中错误和不足之处恳请广大读者批评指正。

编　者

2014年12月26日

目录

第一章 法制新闻研究综述 /1
第一节 法制新闻研究文献综述
——以四大电子数据库及实证调查数据为依据 /1
第二节 法制新闻研究内容及特点 /9

第二章 法制新闻报道概述 /21
第一节 法制新闻的基本概念 /21
第二节 法制新闻报道的范围与内容 /30
第三节 法制新闻报道的原则和要求 /35

第三章 法制新闻报道的发展历程 /43
第一节 报刊法制新闻报道的发展历程 /43
第二节 电视法制新闻报道的发展历程 /46
第三节 广播法制新闻报道的发展历程 /49
第四节 网络法制新闻报道的发展历程 /53

第四章 中国法制报道的现状 /58
第一节 报刊法制新闻报道的现状 /58
第二节 电视法制新闻报道的现状 /79
第三节 广播法制新闻报道的现状 /92
第四节 网络法制新闻报道的现状 /102

第五章 如何完善我国法制新闻报道 /113
第一节 彰显法制新闻报道的法治观念 /113
第二节 完善法制新闻报道多元传播的格局 /116
第三节 提升法制新闻报道的质量 /121

第六章　报刊媒体法制新闻报道的内容分析报告　/128

第一节　《人民日报》法制报道解析——解读主流媒体聚焦法制动向　/128

第二节　《法制日报》法制新闻内容分析报告——突破机关报围栏　打造权威法制大报形象　/137

第三节　《法制晚报》内容分析报告——都市报法制新闻特色研究　/148

第四节　《南方周末》法制报道内容分析报告——以深度彰显特色　/157

第七章　广播电视媒体法制新闻报道内容分析报告　/169

第一节　央视《今日说法》内容分析报告　/169

第二节　央视《法治在线》法制报道内容分析报告——追踪新闻现场中的法治轨迹　/179

第三节　江西卫视《金牌调解》内容分析报告——替代性纠纷解决机制背景下的电视调解模式探索　/186

第四节　重庆卫视《拍案说法》栏目内容分析报告　/191

第五节　吉林都市频道《说实在的》栏目内容分析报告——法制新闻栏目地域化传播研究　/199

第六节　北京人民广播电台《警法在线》内容分析报告——以民生为基础，以法律为视角　/204

第八章　网络媒体法制新闻报道内容分析报告　/217

第一节　人民网法治频道内容分析报告——权威、实力，源自"人民"，更源自人民　/217

第二节　人民网《政法高层留言板》栏目互动性研究　/228

第三节　正义网法制报道内容分析报告——中国专业性法制网络媒体研究　/234

第四节　《法制日报》与法制网两个"互动专区"的交互性研究　/242

第五节　法制电视栏目的微博传播特征研究——以《今日说法》新浪微博为例　/254

主要参考书目　/265

第一章 法制新闻研究综述

随着1980年8月1日《中国法制报》(《法制日报》前身)在北京创刊,我国法制新闻事业进入了迅速发展的新阶段,许多报纸、杂志、电台、电视台乃至网站都开辟了"法制新闻"版面或栏目。自1987年开始,司法部和中华全国法制新闻协会每年都组织评选的"全国法制好新闻奖"更是促进了法制新闻的繁荣发展。同时,理论界针对法制新闻的研究也进一步深化,取得了丰硕的研究成果。

第一节 法制新闻研究文献综述
—— 以四大电子数据库及实证调查数据为依据

法制新闻是新闻学的一个新的分支。20世纪80年代中期以后,随着中国法制建设的进程,法制新闻报道应普法宣传之需而发轫并逐渐兴盛。一些学者开始专注对法制新闻的研究。本节以近三十年来众多学者对法制新闻及其相关问题研究的论文、论著为统计和研究对象,以四大电子数据库及实证调查数据为依据,从法制新闻研究的文献数量、发展阶段、研究角度以及内容特点等方面进行归纳,以期为法制新闻的深入研究提供文献参考和依据。

一、法制新闻研究论文

本研究选取自1979年至2011年中国期刊全文数据库、中国重要报纸全文数据、中国优秀硕士学位论文全文数据库、中国重要会议论文全文数据库这四大电子数据库所刊载的法制新闻研究论文,共计836篇。为了便于分析和比较,我们将收集到的研究论文按不同的发展阶段进行数据统计,共分为三个阶段(见图1-1):

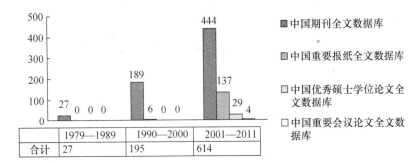

图1-1 1979—2011年从四大论文数据库检索的法制新闻相关文献数据统计(篇)

由图1-1可见,法制新闻研究文献数量在不同的发展阶段总体呈现直线式增长趋势,尤其是进入21世纪后研究文献数量倍增。其中每个发展阶段又有着各自不同的发展特点:

1. 第一阶段:1979—1989年,是中国法制新闻研究的积累期。

图1-1显示,这一阶段法制新闻的研究文献数量很少,不过27篇。因为这一阶段处在改革开放初期,中国法制建设的起步阶段,法制新闻主要致力于推进法制宣传教育,提高全民的法律意识。

这一时期的研究大都集中在如何加强法制新闻的宣传力度,提升法制新闻的地位、服务功能和影响力等方面。例如,王奇的《法制新闻应有自己的地位》一文,提出法制新闻作为新闻事业中一个独立的门类应引起新闻理论界的重视,要上升为理论,不仅为了丰富我国社会主义新闻学,而且为了使今后的法制宣传获得理论的指导。[①] 胡冬舫的《法制新闻宣传价值浅谈》一文,提出对法制新闻选材的新闻价值和宣传价值两把尺子的价值选择标准。[②] 张奇峰的《努力增强法制新闻

---

① 王奇:《法制新闻应有自己的地位》,载《当代传播》1987年第5期。
② 张奇峰:《努力增强法制新闻的社会服务功能》,载《传媒观察》1979年第10期。

的社会服务功能》一文,阐释了法制新闻如何发挥服务功能,增强群众法律意识。① 有耳、任则在《改革法制新闻的有益探索》中,对如何发挥新闻媒介作用,加强法制和社会事件的报道,增加政法领域的透明度,并起到正确的舆论监督作用等问题,进行了认真地讨论。②

但是,由于法制新闻研究刚刚起步,加之资料有限,研究内容比较浅显和笼统,缺乏深入的理论探讨和有针对性的实务研究成果。正如学者王奇所言,"法制新闻作为新闻事业中一个独立的门类,至今尚未引起新闻理论界的重视。这不能不说是新闻理论研究中的一个缺陷。我以为,对已经积累起来法制宣传报道的经验,进行分析、综合、归纳和概括,使之上升为理论,不仅为丰富我国社会主义新闻学,而且为使今后的法制宣传获得理论的知道,有利于进一步提高法制宣传报道的质量。"③

2. 第二阶段:1990—2000年,是中国法制新闻研究的发展期。

这一阶段适逢"二五""三五"普法工作轰轰烈烈地展开,既为法制新闻发展提供了广阔的空间,也为法制新闻的理论研究提供了丰富的资源平台。法制新闻研究的论文数量倍增,但是总数也不超过200篇。

这一时期对法制新闻的研究,主要集中在基本理论方面,涉及法制新闻概念、特点、报道范围及价值取向,以及如何提高法制新闻报道的品味和质量等问题。如魏国的《邓小平法制新闻理论的基本特点》,提出坚持正确的舆论导向、实事求是是邓小平法制新闻理论的出发点和立足点,加强监督、队伍建设和依法行事是邓小平法制新闻理论的着眼点、基本思想和落脚点;④陈应革的《法制新闻的特点与功能》,指出法制新闻必须姓"法",是对法制事件、法制问题、法制动态的报道,具有普法宣传等重要功能,是不可或缺的新闻门类;⑤杨朝高在《拓宽

---

① 胡冬舫:《法制新闻宣传价值浅谈》,载《法学杂志》1987年第5期。
② 有耳、任则:《改革法制新闻的有益探索》,载《新闻记者》1988年第2期。
③ 王奇:《法制新闻应有自己的地位》,载《当代传播》1987年第5期。
④ 魏国:《邓小平法制新闻理论的基本特点》,载《枣庄师专学报》1999年第4期。
⑤ 陈应革:《法制新闻的特点与功能》,载《中国记者》1999年第8期。

法制新闻的报道范围》一文中认为,法制新闻既要有重要的、具教育意义的刑事案例,也要有典型的民事案例,既要有触及一般行政法规的案例,也要有反映卫生、工商这些专门法规的案件;①杨永敏的《论法制新闻》,从法制新闻的题材、价值取向、时效性和规范化等方面阐释了法制新闻理论和要求;②董石竹《法制新闻的价值取向》一文认为,法制新闻的价值取向应受到媒体的性质和法制原则所制约;③杨永敏在《提高法制新闻的品位》中提到,要在法制新闻报道方面有新的突破,提高法制新闻的品位,首先要拓宽法制新闻的报道领域;必须坚持正确的舆论导向,坚持以正面报道为主的方针;必须遵循严格的价值取向。④

3. 第三阶段:2001—2011 年,是中国法制新闻研究的快速发展期。

党的十五大和第九届全国人大确立了"依法治国"的伟大方略,随着中国法制建设的推进,法制新闻也进入了发展、兴盛、改革与创新的阶段。这一时期的研究论文达到614篇,几乎是前一阶段的三倍。

对法制新闻研究角度的逐步细化和研究方法的多样化是这一阶段的最大特点。一些学者采用案例分析和对比的研究方法。如,陈力丹、马晓澄的《规范地报道法制新闻——从熊振林杀人案报道说起》⑤,李洁的《法制新闻的特别之处——以〈南方周末〉邱兴华案报道为例》⑥,陈坚的《如何确保法制新闻的真实性——以〈江苏法制报〉案例报道为例》⑦;吴星的《法制新闻题材的典型性——以〈法制日报〉为

---

① 杨朝高:《拓宽法制新闻的报道范围》,载《传媒观察》1996 年第 12 期。
② 杨永敏:《论法制新闻》,载《杭州大学学报》(哲学社会科学版)1993 年第 4 期。
③ 董石竹:《法制新闻的价值取向》,载《青年记者》1996 年第 4 期。
④ 杨永敏:《提高法制新闻的品位》,载《新闻战线》2000 年第 7 期。
⑤ 陈力丹、马晓澄:《规范地报道法制新闻——从熊振林杀人案报道说起》,载《新闻记者》2009 年 5 月上。
⑥ 李洁:《法制新闻的特别之处——以〈南方周末〉邱兴华案报道为例》,载《法制与社会》2009 年第 5 期。
⑦ 陈坚:《如何确保法制新闻的真实性——以〈江苏法制报〉案例报道为例》,载《新闻世界》2011 年第 6 期。

例》①,卢毅刚的《"论法的精神"请从媒介舆论始——以〈南方周末〉法治报道为例》②,这些研究成果或以案例来研究法制新闻的特点或以某一媒体为研究对象,探讨法制新闻的价值特点。而对比性的研究论文,还有张丰蘩、郭小燕的《法制新闻报道在定位不同的媒体上的媒介表现的差异》③,刘大鹏、上官圣的《社会新闻与法制新闻》④等。

大量专题性研究成果的逐步增多,也是这一时期的法制新闻研究的特点。如研究法制新闻与司法独立的关系的有:罗坤瑾的《媒体监督与司法独立——浅析当前我国法制新闻报道中的问题》⑤,乔大鹏的《略论法制新闻报道与司法独立》⑥,慕明春的《司法独立语境中的法制新闻》⑦;将法制新闻置于现代经济社会的时代背景下进行研究的有:叶茜的《论市场经济条件下法制新闻报道的策划》⑧,黄璜的《消费主义对中国法制新闻的影响》⑨;还有一些文章的研究视角已经拓展到法制新闻传播中的法律等相关的问题,如王平的《论法制新闻传播中的法律关系》⑩,李相民的《法制新闻自身的法律思考》⑪等。

表1-1是对这一阶段该数据库中所刊载于不同期刊的法制新闻研究文献的统计数据:

---

① 吴星:《法制新闻题材的典型性——以〈法制日报〉为例》,载《新闻爱好者》2010年第11期。
② 卢毅刚:《"论法的精神"请从媒介舆论始——以〈南方周末〉法治报道为例》,载《青年记者》2010年第3期。
③ 张丰蘩、郭小燕:《法制新闻报道在定位不同的媒体上的媒介表现的差异》,载《科技传播》2011年第6期。
④ 刘大鹏、上官圣:《社会新闻与法制新闻》,载《商业文化》2007年第9期。
⑤ 罗坤瑾:《媒体监督与司法独立——浅析当前我国法制新闻报道中的问题》,载《贵州民族学院学报》2004年第1期。
⑥ 乔大鹏:《略论法制新闻报道与司法独立》,载《中共郑州市委党校学报》2006年第1期。
⑦ 慕明春:《司法独立语境中的法制新闻》,载《陕西师范大学学报》2009年第3期。
⑧ 叶茜:《论市场经济条件下法制新闻报道的策划》,载《周口师范高等专科学校学报》2001年第6期。
⑨ 黄璜:《消费主义对中国法制新闻的影响》,载《科技创新导报》2007年第36期。
⑩ 王平:《论法制新闻传播中的法律关系》,载《当代传播》2009年第5期。
⑪ 李相民:《法制新闻自身的法律思考》,载《记者摇篮》2009年第9期。

表1-1　1979—2011年中国期刊全文数据库法制新闻研究文献数量统计

核心期刊	新闻爱好者	新闻记者	中国记者	传媒观察	其他	合计	占总篇数比例
	28	23	22	18	94	185	28.03%
非核心期刊	新闻传播	记者摇篮	青年记者	新闻实践	其他	合计	占总篇数比例
	27	23	16	16	326	408	61.81%
高校学报	师范教育类学报	各传媒大学学报	各政法大学学报	警官职业类学报	其他	合计	占总篇数比例
	13	10	10	7	37	67	10.15%

通过对表1-1的对比分析，可以得出如下结论：

1. 法制新闻的研究论文的总体质量较高。核心期刊是我国学术评价体系的一个重要组成部分，因此发表在核心期刊的法制新闻研究文献是学术水平较高的文献。调查显示，在核心期刊上发表的文献占总文献数近30%。说明我国法制新闻研究论文具有较高水平。

2. 各大高校的校刊、专业新闻杂志及传媒院校校报也积极为法制新闻的研究提供便利。在高校学报中最早刊载法制新闻研究论文的始见于杨永敏1993年在《杭州商学院学报》发表的《论法制新闻》[①]。《重庆广播电视大学学报》作为最早刊登法制新闻研究论文的新闻传播类专业学报，在2000年第2期发表了周益华的《法制新闻中文学手法的运用》一文，[②]而《西南政法大学学报》刊载的罗小萍撰写的《法制新闻报道的发展与存在的问题》是政法类院校学报上较早刊登的法制新闻研究论文。[③] 还有一些师范教育类高校学报也开始为法制新闻研究论文提供便利，表明法制专业类院校对法制新闻学教育的重视。

二、法制新闻研究著作

法制新闻研究著作经历了一个从少到多，数量持续增长的过程

---

① 杨永敏：《论法制新闻》，载《杭州商学院学报》1993年第2期。
② 周益华：《法制新闻中文学手法的运用》，载《重庆广播电视大学学报》2000年第2期。
③ 罗小萍：《法制新闻报道的发展与存在的问题》，载《西南政法大学学报》2003年第5期。

(见图 1-2)。这些著作大都是对法制新闻的综合性研究成果,其研究的内容主要集中在法制新闻学的基本理论、法制新闻发展史学、法制新闻实务学三大部分。

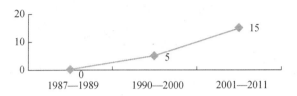

图 1-2 1979—2011 年法制新闻研究著作数量统计

对法制新闻基本理论的研究是法制新闻学研究的基础。1992 年方可等编写的《法制新闻概述》是较早的一部法制新闻学专著,研究范围涉及法制新闻的党性原则与舆论导向、法制新闻的案例报道、法制新闻的编辑等问题。① 1995 年刘佑生编写的《法制新闻探索》,为法制新闻理论探索和研究提出了新的方向与研究思路。② 进入 21 世纪,法制新闻理论研究有了新的突破与进展:赵中颉在《法制新闻新论:法制新闻研究》中,对法制新闻工作进行探讨,内容分为四部分,包括法制新闻专论、新闻自由论、舆论监督、新闻侵权研究、新闻论坛。③ 肖义舜、何勤华在《法制新闻学》一书中对法制新闻的性质、特点、作用和队伍建设等诸方面进行了理论阐述④;刘斌、李矗所著的《法制新闻的理论与实践》,将法制新闻理论与实践相结合,全面考察和总结了我国法制新闻报道的实践经验,对法制新闻报道的特征、功能、作用,对法制新闻的采访、写作、编辑等实务,以及法制新闻与司法公正的关系、法制新闻侵权诉讼及其对策等问题,进行了有益的探索。⑤

法制新闻发展史学研究,主要是集中于对法制新闻的发轫、发展、兴盛这一历程的纵向考察,以及在各个不同历史时期的发展形态和特征的横向比较。这些研究大都分散在一些法制新闻研究的综合性研

---

① 方可等编:《法制新闻概述》,法律出版社 1992 年版。
② 刘佑生主编:《法制新闻探索》,中国检察出版社 1995 年版。
③ 赵中颉主编:《法制新闻新论:法制新闻研究(第 1 卷)》,重庆出版社 2001 年版。
④ 肖义舜、何勤华主编:《法制新闻学》,法律出版社 2001 年版。
⑤ 刘斌、李矗:《法制新闻的理论与实践》,中国政法大学出版社 2005 年版。

法制新闻实证研究：对媒体法制新闻报道的监测与分析

究著作中。例如2000年张平宇所著的《法制新闻报道与写作》一书，在总论和第二章中，从"涉法新闻"的角度对早期、近代、现代中外涉法新闻的发展历史与现状进行了简要的介绍①；姜淮超主编的《法制新闻专题研究》中，针对"法制新闻的历史与现状"，详细研究了中国古代、近代、现代法制新闻发展脉络以及当代法制新闻的发展现状。② 姚广宜的《法制新闻采访教程》一书是法制新闻采访学教材，该书将中国法制新闻采访活动的历史沿革划分为古代、近代、现代、当代四个阶段，分析了每一阶段法制新闻发展的过程、特点及原因。③ 这些著作在阐述法制新闻研究历史的同时，也认真探索总结其法制新闻发展过程中的规律、经验和教训，为当前法制新闻史的研究奠定了基础，提供了借鉴。

法制新闻实务学的研究集中于对法制新闻采访、写作、编辑、评论等内容。具有代表性的专著有：张平宇所著的《法制新闻报道与写作》一书，针对法制消息、法制通讯、法制新闻特写、法制人物通讯、法制新闻专访等、法制新闻报道的写作，对各类法制报道的特点、规律和具体操作进行较全面的阐述④王强华主编的《法制报刊采编实务》收录了近年来法制新闻探索的近百篇理论文章和心得体会⑤；刘斌在所著的《法制新闻采访与写作》阐述了法制新闻的采访方法与写作技巧⑥；姚广宜在《法制新闻采访教程》中深入研究了法制新闻采访学的概念、特点及规律，从不同媒介的角度（法制报刊、广播、电视、网络）、不同的采访方式的角度进行了阐述。在评论学研究方面，较为突出的是姜淮超所著的《法制新闻评论学》，它主要对法制新闻评论的发展脉络，法制新闻评论的基本理论，法制新闻评论的选题，法制新闻评论的语言与文风等进行了梳理。⑦

---

① 张平宇：《法制新闻报道与写作》，四川人民出版社2000年版。
② 姜淮超主编：《法制新闻专题研究》，陕西人民出版社2002年版。
③ 姚广宜：《法制新闻采访教程》，北京大学出版社2007年版。
④ 张平宇：《法制新闻报道与写作》，四川人民出版社2000年版。
⑤ 王强华：《法制报刊采编实务》，法律出版社1998年版。
⑥ 刘斌：《法制新闻采访与写作》，中国政法大学出版社2006年版。
⑦ 姜淮超：《法制新闻评论学》，陕西人民出版社2000年版。

除此之外,研究的内容还涉及一些与法制新闻相关的专题研究,诸如法制新闻与新闻法制,法制新闻报道与司法公正,新闻侵权诉讼及其对策等:如赵中颉主编的《法制新闻与新闻法制》,书中含有"法制新闻理论探讨""新闻舆论监督探索""新闻法制评析""新闻业务实际"以及"新闻实证评析"五个专题的论文,对新闻与法制、法制新闻与新闻法制的理论和实务做了探索[①];姜淮超的《法制新闻专题研究》第十一章"法制新闻报道与司法公正"就详细论述了传媒与司法的关系,传媒介入司法的必然性与合法性,传媒对司法的影响究竟有多大,案件报道中应当澄清的几个问题,传媒在报道与监督司法过程中存在的问题,以及传媒应当如何报道司法等六个部分[②];曹瑞林在《新闻法制前沿问题探索》一书中,论述了受理新闻侵权诉讼的两个界限,新闻侵权诉讼管辖问题以及证据使用等内容。[③] 此外,还有涉及法律传播学的著作:如李振宇的《法律传播学》一书继承了传播学理论的精华,把法律信息置于更加广阔的传播背景之中,丰富了法律信息传播的方式和途径[④];刘徐州的《法律传播学》以交叉为视角,以传播学的思维,运用传播学的方法和手段解决法律后果中出现的各种问题,广泛地讨论了法学与传播学的关系。[⑤]

第二节 法制新闻研究内容及特点

对法制新闻的研究,根据研究内容的不同,大致可以分为六个方面:法制新闻基本理论研究,法制新闻发展史研究,法制新闻实务研究,法制新闻传播研究,法制新闻媒体管理研究,法制新闻与司法关系研究。

---

① 赵中颉主编:《法制新闻与新闻法制》,法律出版社2004年版。
② 姜淮超主编:《法制新闻专题研究》,陕西人民出版社2002年版。
③ 曹瑞林:《新闻法制前沿问题探索》,中国检察出版社2006年版。
④ 李振宇:《法律传播学》,中国检察出版社2004年版。
⑤ 刘徐州:《法律传播学》,湖南人民出版社2010年版。

法制新闻实证研究：对媒体法制新闻报道的监测与分析

一、对法制新闻基本理论的研究

法制新闻的基本理论是法制新闻研究的核心与基础，它阐释本学科的基本概念及普遍规律，辨明本学科与其他相近学科的区别与联系，奠定学科的发展基础并确定发展方向，是本学科的理论基石。从法制新闻研究伊始，基本理论研究就占据着极其重要的地位，大致可以分为以下几个部分。

（一）法制新闻的定义

法制新闻是中国当代新闻事业发展中的独有现象，对这一概念，不同的学者有着不同的解说。蓝鸿文主编的《专业采访报道学》一书写道："中国近代新闻史上和国外新闻传播活动中的'社会新闻''法院新闻''犯罪新闻'等概念，虽然都和'法制新闻'有着某种联系，但它们决不相等。法制新闻这一概念有特定的内涵。"[①]

《中国新闻实用大辞典》从外延上定义"法制新闻"："法制新闻是有关法制制度的建立（立法）、执行（司法）、监督等的新闻。在国际新闻界中，这种报道内容分为：'犯罪新闻''法院新闻''警察新闻'等。在中国当代新闻中，法制新闻有较强的政治性，有时涉及有关党纪政纪、反腐倡廉的新闻报道。"[②]该定义从外延上强调法制新闻报道的范围包括立法、执法、司法、法律监督等领域。

王强华等编著的《法制新闻概述》一书认为："法制新闻可以说是新近发生的重要的民主与法制生活的事实的报道，它是新闻大家族中的一个重要分支。"[③]该定义指明法制新闻的内涵在于"与民主、法制相关"。

蓝鸿文主编的《专业采访报道学》一书对"法制新闻"这样解说："法制新闻就是社会生活各方面新近发生的与法制相关的、有新闻价值的事实的报道。"[④]其强调法制新闻"与法制相关"，包括"社会生活各方面"，但又不限于立法、执法、司法等公权力领域。这种从内涵、外

---

① 蓝鸿文主编：《专业采访报道学》，中国人民大学出版社1997年版，第113页。
② 冯健总编：《中国新闻实用大辞典》，新华出版社1996年版，第80页。
③ 王强华，徐心华，吴慎宗：《法制新闻概述》，法制出版社1992年版，第12页。
④ 蓝鸿文主编：《专业采访报道学》，中国人民大学出版社1997年版，第113页。

延两方面来界定法制新闻的方法是学界的主流,与此相类似,诸多学者提出了各自的定义。如甘景山在《法制新闻写作纵横谈》一书中认为:"法制新闻主要是新近发生的重要的,有价值的,有关立法、司法、执法、守法和各行各业、社会生活各方面与'法'有关的新闻报道。"①陈应革在《法制新闻的特点与功能》一文中认为:"法制新闻就是以法制事件、法制问题、法制动态为依托的新近发生的法制事实的报道。"②肖义舜、何勤华主编《法制新闻学》中认为:"法制新闻是新近发生或发现的关于民主法制信息的大众传播。"③赵中颉《谈法制新闻概念的界定》一文中认为:"法制新闻史大众传媒报道的新近发生的与法制相关的事实之信息。"④李矗所著《法制新闻报道概况》中认为:"法制新闻报道是人们通过声音、文字、图像等手段,对于新近发生的具有为受众及时知晓意义的法制信息的传播。"⑤刘斌、李矗合著的《法制新闻的理论与实践》中认为:"法制新闻是新近发生的具有为受众及时知晓意义的法制信息。"⑥姚广宜在《法制新闻采访教程》中认为:"法制新闻是新近发生或发现的具有为受众及时知晓意义的法制信息。"⑦

以上几种说法对"法制新闻"这个概念从不同角度、层面进行了大致相同却又各有特点的概括。但仔细分析之后,发现的确也存在着一些问题:

其一,关于"报道说"基本沿用了传统的表述模式,即"法制新闻=法制新闻报道",将客观本源简单地等同于主观反映,混淆了"法制新闻"与"法制新闻报道"二者之间的不同概念。

其次,使用"民主法制"或"民主与法制"来界定法制新闻的范围,片面强调了法的阶级性、政治性,从而忽视了法在社会生活和经济生活中的重要作用,显然以偏概全。

其三,所说的"法制新闻"包括"犯罪新闻""法院新闻""警事新

---

① 甘景山:《法制新闻写作纵横谈》,海峡文艺出版社1997年版,第14页。
② 陈应革:《法制新闻的特点与功能》,载《中国记者》1999年第8期。
③ 肖义舜、何勤华主编:《法制新闻学》,法律出版社2001年版,第16页。
④ 赵中颉主编:《法制新闻新论》,重庆出版社2001年版,第41页。
⑤ 李矗:《法制新闻报道概况》,中国广播电视出版社2002年版,第34页。
⑥ 刘斌、李矗:《法制新闻的理论与实践》,中国政法大学出版社2005年版,第26页。
⑦ 姚广宜:《法制新闻采访教程》,北京大学出版社2007年版,第9页。

闻"等内容,从其报道内容和范围来看,它们都只是法制新闻内容范围的一个小部分。

其四,把"法制新闻"说成是对与法制相关的"事实"报道,这样的表述也不能符合"新闻"的传播特征。正如前文所言,新闻是客观事物所释放出来的"最新信息",而不是"事实"的本身。①

"法制新闻"是与法制相关的事实所释放出来的"最新信息",而并非法制事实本身。倘若将"法制新闻"简单地等同于"法制事实",那就必然会忽略法制新闻本身的时效性特点。

从上述所有对"法制新闻"的详尽阐析之中,我们可以做如下归纳与总结:

"法制新闻是新近发生或发现的具有受众及时知晓意义的法制信息。"②

"法制新闻报道是人们通过声音、文字、图像等手段,对于新近发生的具有为受众及时知晓意义的法制信息的传播。"③

"法制新闻学是新闻学的一个分支学科,它是以研究法制新闻与法制新闻报道的特点和规律为主要任务的专门学科。"④

(二)法制新闻的特点

不同学者从不同的角度对法制新闻的特点进行探究。

陈应革从法制新闻报道的题材、主体、内容和范围的角度来论述法制新闻的特点,认为法制新闻报道题材涉法,报道对象是与法有关的人,报道的内容包括重要的法律法规等法律性文件,报道的范围包括刑法、民法、行政法等所有法律部门所涉及的领域⑤。

蓝鸿文基于法制新闻与案件审理之间的独特关系,强调法制新闻的特点在于报道的确切性、客观性、严肃性、专业性、社会性,以及持续

---

① 李矗:《法制新闻报道概况》,中国广播电视出版社2002年版,第33页。
② 姚广宜:《法制新闻采访教程》,北京大学出版社2007年版,第9页。
③ 李矗:《法制新闻报道概况》,中国广播电视出版社2002年版,第34页。
④ 刘斌、李矗:《法制新闻的理论与实践》,中国政法大学出版社2005年版,第26页。
⑤ 陈应革:《法制新闻的特点与功能》,载《中国记者》1999年第8期。

性——"报道是一个过程"。①

刘斌、李矗将法制新闻的特点归结为三点:选材用料皆取"法";遣词造句皆守"法";扬善惩恶皆护"法"。同时又通过对比法制新闻与社会新闻、时政新闻的异同来具体论述法制新闻在内容、风格等方面的特点。②

更多的学者将对法制新闻特点研究的着眼点放在法制新闻与其他类似新闻的比较研究上,如徐玉森在《浅谈法制新闻与其他新闻的区别》中总结道,法制新闻的特征在于合法性、严肃性、公正性与民主性③。周胜林在《社会新闻与法制新闻》一文中,从观察角度、反映内容、取材来源、写作风格等角度对社会新闻与法制新闻的特点进行区分,并提出法制新闻是推动"依法治国",社会新闻是推动"以德治国",二者应当结合起来,造福社会。④

(三) 法制新闻的功能与价值

关于法制新闻的功能,不同学者对此作了不同的分类和阐释。刘斌、李矗认为,法制新闻报道包括八种功能,分别是:法制信息传播功能、法制宣传教育功能、法制舆论监督功能、法制预警引导功能、法律咨询服务功能、法律文化传承功能、法制试听娱乐功能和负面影响功能⑤。景程将法制新闻功能分为四个方面:信息功能、宣传功能、教育和服务功能和舆论监督功能⑥。陈应革对法制新闻功能的认识可以概括为:一是普及法律常识,二是展示法制建设成果,三是宣传法制信息,四是讴歌先进法制事迹,五是正确报道案件⑦。

此外,许多学者还有针对性地研究法制新闻的功能,如法制新闻

---

① 蓝鸿文主编:《专业采访报道学》,中国人民大学出版社1997年版,第121—126页。
② 刘斌、李矗:《法制新闻的理论与实践》,中国政法大学出版社2005年版,第38—43页。
③ 徐玉森:《浅谈法制新闻与其他新闻的区别》,载《青年记者》2005年第12期。
④ 周胜林:《社会新闻与法制新闻》,载《新闻传播》2002年第3期。
⑤ 刘斌、李矗:《法制新闻的理论与实践》,中国政法大学出版社2005年版,第44—50页。
⑥ 景程:《对法制新闻功能的思考》,载《新闻三昧》2005年第6期。
⑦ 陈应革:《法制新闻的特点与功能》,载《中国记者》1999年第8期。

的社会功能①、法制新闻的社会服务功能②、法制新闻报道的舆论监督功能③等。

对于法制新闻价值的探究,或曰法制新闻价值取向的探究,李矗认为,法制新闻报道面对四个价值选择:新闻价值选择、法律价值选择、宣传价值选择和道德价值选择。其中,新闻价值选择是首选,也是基础;法律价值选择和宣传价值选择是后续,也是关键,而道德价值选择是更高层次的选择,提升新闻报道品味的选择④。朱颖在《守望正义:法治视野下的犯罪新闻报道》一书中,设专章论述了"犯罪新闻报道的价值目标",她认为犯罪新闻报道的价值包括:自由诉求、秩序维护、效益追求及正义探索。并指出犯罪新闻报道的价值是一个多元、多维、多层次的体系,存在着价值的冲突,她分析了自由价值与秩序价值冲突、效益价值与正义价值冲突的成因以及消解途径⑤。

对法制新闻价值问题的研究有多篇文章见诸媒体,如《法制新闻宣传价值浅谈》⑥、《和谐语境下法治新闻的价值取向》⑦、《法制新闻的价值取向》⑧、《法制新闻节目的价值选择初探》⑨等。

(四)法制新闻报道的原则与要求

姚广宜认为,法制新闻采访除适用一般新闻采访的原则外,还应当把握法律真实原则、正面引导原则、限制性原则和保密原则,具体而言包括:强化法律意识,注重材料的真实性,尊重他人权利、加强自我约束,以及注意对采访者自身的保护。⑩ 肖义舜、何勤华更强调"法制

---

① 张平宇:《论法制新闻的社会功能》,载赵中颉主编《法制新闻新论》,重庆出版社2001年版,第78页。王轶:《浅谈优化法制新闻的社会功能》,载《新疆新闻出版》2008第5期。
② 张奇峰:《努力增强法制新闻的社会服务功能》,载《传媒观察》1989年第10期。
③ 丁启明、冯建设:《法制新闻报道的舆论监督功能和作用》,载《现代经济信息》2006年第11期。
④ 李矗:《法制新闻报道概况》,中国广播电视出版社2002年版,第119页。
⑤ 朱颖:《守望正义:法治视野下地犯罪新闻报道》,人民出版社2008年版,第69—117页。
⑥ 胡冬舫:《法制新闻宣传价值浅谈》,载《法学杂志》1987年第5期。
⑦ 李峻峰:《和谐语境下法治新闻的价值取向》,载《新闻战线》2008年第12期。
⑧ 李相民:《法制新闻的价值取向》,载《记者摇篮》2008年第8期。
⑨ 石研、朱清河:《法制新闻节目的价值选择初探》,载《社科纵横》2004年第2期。
⑩ 姚广宜:《法制新闻采访教程》,北京大学出版社2007年版,第22—32页。

新闻的党性原则"和"法制新闻真实性原则",他们认为:法制新闻的党性原则要求法制新闻坚持"双为"方针、坚持辩证唯物主义认识论、坚持正确的舆论导向;法制新闻的真实性原则具体要求法制新闻应遵循正面宣传为主原则、客观公正原则并处理好真实原则中的几个关系。①刘斌、李矗提出对法制新闻报道的基本要求应包括五大方面,即:真实性、准确性、严肃性、公正性、及时传播性。② 朱颖更对犯罪新闻报道的原则进行了归纳,认为对犯罪新闻的报道应遵循三大原则,即:权利保障原则、权力监督原则及合法性原则。③ 相关研究的学术论文有:《法制新闻报道中如何把握平衡原则》④《法制新闻的法制属性与原则》⑤《试述法制新闻的党性原则》⑥《论法制新闻真实性的几点要求》⑦等。

二、对法制新闻发展史的研究

对法制新闻发展史的研究,目前还没有专著问世,一些见解散见于新闻学论著或相关论文之中。

关于我国法制新闻发展的开端及历史阶段,学者们目前有三种观点。

第一种观点认为,我国法制新闻报道是"自80年代以来发展起来的"事情。如蓝鸿文认为:"法制新闻这一概念随着大量法制专业报刊的出现而提出,是近10年的事。"(指20世纪80年代)⑧

第二种观点认为我国自古以来就有法律传播活动,而"新中国的建立"迎来了法制新闻的初创期。如肖义舜、何勤华认为:"1949年10月1日,中华人民共和国的成立……民主与法制建设也走上了新的发

---

① 肖义舜、何勤华:《法制新闻学》,法律出版社2001年版,第33页。
② 刘斌、李矗:《法制新闻的理论与实践》,中国政法大学出版社2005年版,第60—69页。
③ 朱颖:《守望正义:法治视野下地犯罪新闻报道》,人民出版社2008年版,第119—144页。
④ 庄严:《法制新闻报道中如何把握平衡原则》,载《采写编》2007年第4期。
⑤ 慕明春:《法制新闻的法制属性及原则》,载《当代传播》2006年第2期。
⑥ 刘桂华:《试述法制新闻的党性原则》,载《潍坊教育学院学报》2005年第1期。
⑦ 曾雨楼:《论法制新闻真实性的几点要求》,载《声屏世界》2003年第5期。
⑧ 蓝鸿文:《专业采访报道学》,中国人民大学出版社1997年版,第115页。

展历程,迎来了法制新闻初创期。"①黄永红、周红也在文章中称:"我国的社会主义法制新闻事业起步于新中国成立以后。"②

第三种观点认为我国自先秦起就出现了法制新闻及法制新闻报道的雏形,但对具体的历史阶段又有不同的划分。如刘斌、李矗将法制新闻的发展划分为"古代(先秦至辛亥革命之前)、近代(辛亥革命至'五四'运动之前)、现代(自'五四'运动至新中国成立之前)、当代(新中国成立至今)"③四个历史发展时期。姚广宜将法制新闻采访的历史沿革划分为:"古代(先秦—1814年)、近代(1815—1915年)、现代(1915—1949年)、当代(1949年至今)"④四个阶段。

三、对法制新闻实务的研究

对法制新闻实务的研究,也同样集中在"采访、写作、编辑"这三大生产流程。

(一)法制新闻采访

关于法制新闻采访的专著,截至目前具有代表性的有姚广宜所著《法制新闻采访教程》和刘斌所著《法制新闻采访与写作》。其中《法制新闻采访与写作》一书分为上下两编,上编"法制新闻的采访"是对法制新闻采访的专述。两书中均对法制新闻采访权、法制新闻采访的意识与修养、中国法制新闻采访的历史沿革,以及法制新闻采访中具体的策划、准备都有专章论述,并对不同媒介、不同类型、不同方式的法制新闻采访进行了具体的介绍和论述,是国内关于法制新闻采访介绍较为详尽全面的专著。王强华等主编的《法制报刊采编实务》一书,是针对报刊领域法制新闻采访的专著,同样具有重要的理论地位。

此外对法制新闻采访的研究多散见于新闻学研究著作的专章或专节之中。如蓝鸿文主编《专业采访报道学》一书中有专节介绍"法制新闻的采访",强调了采访中要注意的问题,尤其是法律问题。刘斌、

---

① 肖义舜、何勤华:《法制新闻学》,法律出版社2001年版,第33页。
② 黄永红、周红:《我国法制新闻事业发展历史和现状分析》,载《安徽警官职业学院学报》2005年第5期。
③ 刘斌、李矗:《法制新闻的理论与实践》,中国政法大学出版社2005年版,第92页。
④ 姚广宜:《法制新闻采访教程》,北京大学出版社2007年版,第59页。

李矗在《法制新闻的理论与实践》一书中也有专章"法制新闻采访",对法制新闻采访权,以及采访的对象范围、特点要求、基本方式和隐性采访的问题分别进行了详尽论述。

对法制新闻采访研究的学术论文数量颇多,诸如《法制新闻采写初探》①《我的法治新闻采写之道》②《浅谈电视法制新闻采写技巧》③《法制新闻采编的受众意识》④《法制新闻采访侵权的对策分析》⑤等。

(二)法制新闻写作

有关法制新闻写作的国内著作,具有代表性的主要有:张平宇所著《法制新闻报道与写作》、刘斌所著《法制新闻采访与写作》、李华文所著《案件新闻的传播及写作》等。这些专著全面阐述了法制新闻写作的内容和规范,特别是法制新闻的结构,诸如标题、导语、主体、结尾的写作、法制新闻体裁,诸如法制消息写作、法制通讯写作、法制评论写作等。

涉及法制新闻写作的研究著作还有:李矗所著《法制新闻报道概说》,刘斌、李矗合著《法制新闻的理论与实践》,程道才所著《专业新闻写作概论》⑥("法制新闻的采访与写作"专节)。蓝鸿文主编的《专业采访报道学》(有"法制采访报道"一章)。

涉及实务操作的相关研究论文有:《法制新闻的写作方法》⑦、《论法制新闻写作的几个误区》⑧、《浅谈法制新闻写作的客观性原则》⑨、《"无罪推定"原则与法制新闻写作》⑩、《法制新闻评论写作浅议》⑪、

---

① 张纪敏、南杰:《法制新闻采写初探》,载《新闻采编》2005年第3期。
② 罗彬:《我的法治新闻采写之道》,载《新闻导刊》2007年第2期。
③ 徐兰兰:《浅谈电视法制新闻采写技巧》,载《滁州职业技术学院学报》2009年第4期。
④ 荀红:《法制新闻采编的受众意识》,载《中国记者》2008年第12期。
⑤ 贾一然:《法制新闻采访侵权的对策分析》,载《消费导刊》2007年第14期。
⑥ 程道才:《专业新闻写作概论》,中国广播电视出版社2002年版。
⑦ 夏冰:《法制新闻的写作方法》,载《新闻窗》2011年第3期。
⑧ 杨春艳:《论法制新闻写作的几个误区》,载《写作》2001年第7期。
⑨ 姜芳:《浅谈法制新闻写作的客观性原则》,载《黑龙江省社会主义学院学报》2002年第4期。
⑩ 张清照:《"无罪推定"原则与法制新闻写作》,载《新闻知识》1997年第2期。
⑪ 申琦:《法制新闻评论写作浅议》,载《阅读与写作》2004年第10期。

《法制新闻的标题制作》①等。

（三）法制新闻编辑

相比于法制新闻采访与写作，涉及法制新闻编辑的研究著作或论文较少，目前除王强华等主编的《法制报刊采编实务》一书，是针对报刊领域法制新闻采访与编辑的专著外，其他研究主要散见于各新闻学或法制新闻学著作中。如李矗所著《法制新闻报道概说》、刘斌、李矗合著《法制新闻的理论与实践》。相关的研究论文有《法制新闻编辑误区》②、《紧绷法弦 炼就法眼 避免侵权—谈法制新闻编辑如何避免新闻官司》③、《刍议如何做好法制新闻》④、《法制理论宣传的重要性及其稿件编辑原则》⑤、《法制理论宣传稿件编辑原则》⑥、《法制报道中编辑意识的体现》⑦、《农民报法制报道的编辑思想》⑧、《刑事案件报道的编辑控制》⑨等，相关论文的研究中心偏重于法制新闻编辑实践，从总体来看，对法制新闻编辑的理论研究还有待加强。

四、对法制新闻传播的研究

法制新闻产品需要通过传播来实现其功能和价值。其中，对传播方式、传播过程和传播效果的研究，构成了法制新闻传播研究的主体部分。然而我国学术界目前对这三方面的研究并不均衡，呈点状分布，形成了法制新闻传播领域内的几个研究重点。

首先，是关于法制新闻传播过程中法律关系问题的研究。"法制新闻传播中的法律关系是法制新闻传播活动中不同主体之间的权利

---

① 吕萍：《法制新闻的标题制作》，载《记者摇篮》2001年第8期。
② 叶穗冰：《法制新闻编辑误区》，载《新闻出版交流》2001年第2期。
③ 胡俊奎、乔菁蓉：《紧绷法弦 炼就法眼 避免侵权—谈法制新闻编辑如何避免新闻官司》，载《中国地市报人》2002年第4期。
④ 甄荣：《刍议如何做好法制新闻》，载《采写编》2009年第4期。
⑤ 刘自贤：《法制理论宣传的重要性及其稿件编辑原则》，载《传媒观察》1998年第2期。
⑥ 刘自贤：《法制理论宣传稿件编辑原则》，载《新闻前哨》1998年第3期。
⑦ 程锁、赵晓丹：《法制报道中编辑意识的体现》，载《新闻传播》2010年第1期。
⑧ 吴文娟：《农民报法制报道的编辑思想》，载《新闻前哨》2008年第2期。
⑨ 覃岚：《刑事案件报道的编辑控制》，载《编辑之友》2009年第10期。

义务关系。主要包括传播法制新闻的媒体、从业者与新闻主管机关之间以及公、检、法、司等国家机关之间、法制新闻工作者与新闻机构之间、社会公众之间发生的权利、义务关系。"①而当前法制新闻传播中法律关系问题研究主要集中在以下几个方面：(1) 公开报道与保密制度、名誉权、隐私权之间的冲突；(2) 媒体与司法的冲突；(3) 媒介与行政的矛盾与冲突；(4) 舆论监督与司法公正。

其次，是关于法制新闻传播的法律规制研究。以魏永征为代表，他认为："法制新闻……应尊重新闻报道活动共同遵循的共产党的党性原则，遵守为人民服务、为社会主义服务等宪法规范和其他各项法律规范……由于其自身的特点，又有其必须遵循的特殊的法律规范。"②他将法制新闻传播的特殊法律规范总结为：公开性，尊重司法独立、维护法制尊严，新闻与司法的平衡及其他有关规范。

再次，是对案件新闻传播的研究。李华文在其专著《案件新闻的传播及其写作》有专章论述，其中特别谈到案件新闻传播的原则、传播原理、传播方式、③传播效果等。此外，王磊在《法制新闻传播的道德问题研究》中还指出了传播过程的道德问题。诸如："传播内容的失实、报道的不公正、报道品位的低下、侵犯他人隐私、传播者的角色错位、越位与异化"④等。

五、对法制新闻媒体管理的研究

对法制新闻媒体管理研究的主要内容包括两个方面：法制媒体内部管理和法制新闻媒体外部运作。内部管理主要指法制媒体对内部的采访、编辑、传播等部门及其人员的管理和协调；外部运作则针对制媒体与党政机关及社会公众的关系处理，通过媒体管理使内部管理和外部运作达到和谐有序、资源优化的状态。

对法制新闻媒体管理的研究，法制媒体从业人员的素质研究是一

---

① 王平：《当前法制新闻传播中的法律关系问题》，载《新闻与法治》2009年第9期。
② 魏永征：《中国新闻传播法纲要》，上海社会科学院出版社1999年版，第150页。
③ 李华文：《案件新闻的传播及写作》，四川大学出版社2005年版，第3—37页。
④ 王磊：《法制新闻传播的道德问题研究》，载《中国优秀硕士学位论文全文数据库》，安徽大学2005年。

个热点。蓝鸿文在《专业采访报道学》一书中就专节论述了"法制记者的素质",提出法制记者要具备"基本政策方面的宏观意识、较丰富的法律知识和高度的法律意识以及严谨的工作态度"①。刘斌、李矗认为,法制新闻工作者应当具有九种意识,分别是:"新闻意识、价值意识、受众意识、法律意识、前瞻意识、监督意识、竞争意识、职业道德意识和自我保护意识。"②肖义舜、何勤华更是从什么是法制新闻工作者的素质、法制新闻工作者应该具备什么样的素质、如何造就一支跨世纪高素质的法制新闻队伍等方面对这个问题进行了全面研究并给出了答案。③

此外,一批重点关注"法制新闻人才培养"的研究文章,也对我国法制新闻队伍现状进行了分析和研究。如《论法制新闻专业人才的素质教育》④《法制新闻的崛起与人才培养的滞后》⑤《法制新闻人的职业修养与职业能力再反思》⑥等。

---

① 蓝鸿文:《专业采访报道学》,中国人民大学出版社1997年版,第146—148页。
② 刘斌、李矗:《法制新闻的理论与实践》,中国政法大学出版社2005年版,第388—408页。
③ 肖义舜、何勤华:《法制新闻学》,法律出版社2001年版,第201—226页。
④ 赵中颉:《论法制新闻专业人才的素质教育》,载赵中颉主编《法制新闻新论》,重庆出版社2001年版,第3页。
⑤ 朱淳良:《法制新闻的崛起与人才培养的滞后》,载《华东政法学院学报》2000年第4期。
⑥ 张晶晶:《法制新闻人的职业修养与职业能力再反思》,载《青年记者》2010年第14期。

第二章　法制新闻报道概述

第一节　法制新闻的基本概念

一、"新闻"与"法制"

（一）关于"新闻"

关于"新闻"的产生及其性质的界定，几千年来人们争论不休，或认为新闻是政治的附庸，或认为是文学的衍生，甚至认为"新闻无学"。无数新闻学者苦心研究，从不同视角提出了对"新闻"的种种定义。据统计，中外学者对于"新闻"的定义，"少说也有几百种"[①]。概括起来，对新闻的解说大致分为两类：一是中国学者的理性解说；二是西方学者的感性描述。

1. 中国学者对"新闻"的解说。

中国新闻工作者在不同时期、不同场合，按照各自的观点，对"新闻"提出了几百条理论性定义。

这些定义或认为"新闻乃事实"，如：

"新闻就是广大群众欲知应知而未知的重要事实。"[②]（范长江）

"新闻者，乃多数阅者所注意之最近事实也。"[③]（徐宝璜）

[①] 叶春华、连金禾：《新闻采写编评》，复旦大学出版社1996年版，第4页。
[②] 刘斌、李矗：《法制新闻的理论与实践》，中国政法大学出版社2005年版，第19页。
[③] 赵中颉：《法制新闻新论》，重庆出版社2001年版，第33页。

或认为"新闻乃报道",如：

"新闻是新近发生的事实的报道。"[1]（陆定一）

或认为"新闻乃手段",如：

"新闻是报道或评述最新的重要事实以影响舆论的特殊手段。"[2]（甘惜分[3]）

或认为"新闻乃信息",如：

"新闻是及时公开传播的非指令性信息。"[4]（项德生[5]）

以上所有"新闻"的理性解说均紧紧围绕新闻真实性、重要性、接近性、及时性以及新鲜性等特征进行表述，尽管国际上至今仍未提出一个新闻学界与业界普遍认同的"新闻"定义，但中国学者大都认同。

2. 西方学者对"新闻"的描述。

国外的一些新闻工作者大都从办报经验来理解"新闻"，从实用性角度来界定新闻之定义。

美国《纽约太阳报》采访部主任约翰·博加特[6]在19世纪70年代经典性界定新闻之要义："狗咬人不是新闻，人咬狗才是新闻。"[7]严格来说，这并不能称为定义，只是经验之谈，即"反常说"，强调把新闻看做是一种反常现象。

与之类似的"新闻"实用性定义还有：

"新闻是对已经发生和正在发生的事情的报道。"[8]（[美]卡斯柏·约斯特[9]）

"凡是能让女人大喊一声'哎呦，我的天啊'的东西，就是新闻。"[10]

---

[1] 刘斌、李矗：《法制新闻的理论与实践》，中国政法大学出版社2005年版，第19页。
[2] 赵中颉：《法制新闻新论》，重庆出版社2001年版，第33页。
[3] 甘惜分：中国新闻教育家、新闻学者，四川邻水人。著有《新闻理论基础》《新闻论争三十年》等，主编《新闻学辞典》。
[4] 赵中颉：《法制新闻新论》，重庆出版社2001年版，第33页。
[5] 项德生：教授、硕士生导师，毕业于中国人民大学新闻系。国家教委高等学校文科教学指导委员会委员，中国新闻教育学会理事。学术著作有《当代新闻学》《舆论与信息》等三部。
[6] [美]约翰·博加特,19世纪70年代任美国《纽约太阳报》编辑主任。
[7] 赵中颉：《法制新闻新论》，重庆出版社2001年版，第32页。
[8] 同上书，第33页。
[9] [美]卡斯柏·约斯特，美国著名的新闻学家，美国报纸主编协会会长。
[10] 赵中颉：《法制新闻新论》，重庆出版社2001年版，第32页。

([美]爱德华·荷①)

"新闻是人们对其生活作出合理决策所需的信息。"②([美]曼切尔)

"好消息便是坏消息,坏消息便是好消息。"③([美]查尔斯·丹纳④)

"什么是新闻?新闻就是女人(Woman)、金钱(Wampum)和犯罪(Wrongdoing)。"⑤([美]斯坦利·瓦里克尔⑥)

以上对"新闻"的定义,更注重新闻的新奇、反常或刺激,主要是对新闻的一种主观、感性、外在的描述。其中博加特和瓦里克尔等人的定义在新闻界堪称经典,广泛流传,对后来西方新闻工作者的新闻价值观产生了很大影响。

3. 本书对"新闻"概念的界定。

以上对新闻的界定角度不同,理解各异。综合归纳,我们得出以下概念:新闻是新近发生或发现的具有受众及时知晓意义的信息。这里强调新闻是"新近发生或发现"的,表明新闻的时效性特征;当旧闻具备今日报道的新闻点,依然可以称为"新闻"。

(二)关于"法制"

"法制"(Legal System)一词在我国源远流长,在古代典籍中早已存在。如《礼记·月令》:"命有司、修法制、缮囹圄、具桎梏。";《管子·君臣上》:"法制有常则民不偷。";《后汉书·仲长统传》:"君子用法制而至于化,小人用法制而至于乱。"⑦ 引文中的"法制"具体含义可能稍有差异,但基本指"禁令"。⑧

而"法制"又不能简单地等同于"法律""法庭""法院"等;同时,"法律"等词语无一例外均衍生自"法制",并受其制约和影响。列宁曾

---

① [美]爱德华·荷,美国堪萨斯州阿契生市《环球报》主编。
② 刘斌、李矗:《法制新闻的理论与实践》,中国政法大学出版社2005年版,第19页。
③ 同上书,第20页。
④ [美]查尔斯·丹纳,美国《纽约太阳报》创始人。
⑤ 赵中颉:《法制新闻新论》,重庆出版社2001年版,第32页。
⑥ [美]斯坦利·瓦里克尔,20世纪30年代任美国《纽约先驱论坛报》采编主任。
⑦ 陈绍凡:《从民族法制到民族法治》,兰州大学2007年硕士研究生学位论文。
⑧ 夏勇著:《依法治国——国家与社会》,社会科学文献出版社2004年版,第3页。

指出,法制就是"全部法律及其制度"①。从本意上看,"法制"指的是一个静态的概念,是"法律和制度"、"法律和法律制度"或"法律制度"的简称。

《中国大百科全书·法学卷》对"法制"的解释是:

"法制一词,中外古今用法不一,含义也不尽相同,通常在两种意义上使用:(1)泛指国家的法律和制度。'法律'既包括以规范性文件形式出现的成文法,如宪法、法律和各种法规,也包括国家机关认可的不成文法,如习惯法和判例法等;'制度'指依法建立起来的政治、经济、文化等方面的各种制度。(2)特指统治阶级按照民主原则把国家事务制度化、法律化,并严格进行管理的一种方式。这种意义上的法制与民主政治联系密切,即民主是法制的前提,法制是民主的体现和保证,只有使民主制度化、法律化,并严格依法办事,以确立一种正常的法律秩序的国家,才是真正的法制国家。"②

归纳以上对"法制"的界定,我们得出如下结论:第一种含义指的是"法制"的本义,它表明"法制"是一个具有广泛含义的概念,是指法的制定、执行、司法、守法和法律监督的总称,包括一切与法有关的活动;而第二种含义可以说是"法制"的引申内容,它特指的是法制发展到某一个阶段时所存在的某一种特定的形态,也就是与封建专制法制相对立而言的现代民主法制。

然而,对于选择"从刀"(法制),还是"从水"(法治),我国法学界一度讨论激烈,至今仍是常谈常新。

所谓"法治"(The Rule of Law),顾名思义是依法治理之意,即主张"以法治国"和普遍守法的一种理论、原则和方法,它作为与有特定含义的"人治"的对称而存在。③ 同"法制"一样,"法治"一词古已有之。

古希腊思想家亚里士多德首创"法治"一词,在名著《政治学》中指出:"法治应该包含两重意义:已成立的法律获得普遍的服从,而大家

---

① 肖义舜、何勤华:《法制新闻学》,法律出版社 2001 年版,第 1 页。
② 《中国大百科全书·法学卷》,中国大百科全书出版社 1984 年版,第 114 页。
③ 孙育玮:《"法制"与"法治"概念分析》,载《学术交流》,1987 年第 6 期。

所服从的法律又应该本身是制定得良好的法律。"①

我国春秋战国时期,商鞅、韩非等伟大思想家已主张"援法而治"、"以法治国"。② 然而,中国古代法家主张的"法治"并不具有民主精神。这是因为真正意义的"法治"应与民主政治紧密联系在一起。

基于"法制"与"法治"定义的确定,我们不难归纳二者有以下不同之处:(1)从解答问题的侧重点看,"法制"侧重回答什么是统治阶级的意志表现,从而证明法律和制度即是统治阶级意志的根本表现。而"法治"更侧重回答统治阶级到底采取什么手段来进行统治的问题。(2)从二者隶属的范围看,如同政治、经济、文化等制度一样,"法制"基本上是隶属制度的范畴,即可归到政治上层建筑的范围之内。而"法治"则是一种治理国家的原则、理论和方法,即可归到思想上层建筑的范围之内。(3)从历史发展的角度看,任一时期的任何国家都有各自广义上的"法制",但这并不等于说他们都实行了"依法治国"和"法治"要求。如奴隶制、封建制和法西斯专政的国家,虽然一定程度上都有属于各自的法制,但总体治国方针上却基本实行"人治"和"专制"的非法治。

然而,"法制"与"法治"在现实中又紧密联系。首先,健全发展"法制"需要正确的治国理论和原则予以指导;其次,要想使"法治"理论与原则对现实生活产生实质影响,又需要将其固定成一种制度,即"法制"予以保证。一个国家如果背离"法治"原则来运用"法制",其法律和制度也不可能得到正确、充分、有效地发挥,甚至可能会对国家产生极大破坏。

二、法制新闻与法制新闻报道

"法制新闻"属于专业新闻范畴,盛行于改革开放之后。此前,有关学者的众多论著中也有与其相关或类似的概念,诸如"社会新闻""法院新闻""犯罪新闻"。严格意义上讲,这些概念在内涵和外延上还是存在一定的区别。

---

① 亚里士多德:《政治学》,商务印书馆1985年版,第189页。
② 朱阳明:《"法制"与"法治"辨析》,载《重庆广播电视大学学报》2001年第2期。

（一）"法制新闻"与"法院新闻""犯罪新闻"

我国新闻界通常认为犯罪新闻、法院新闻是"法制新闻"的一部分。这里有必要厘清法制新闻的内涵,将"犯罪新闻"与"法院新闻"单独分出来与法制新闻相区分。

所谓"法院新闻"（亦称"法庭新闻"）,指的是大众传媒报道的新近发生的有关刑、民事等案件及其诉讼活动之信息。[①]

"法院新闻"历来都受到新闻媒体和受众的广泛关注,这主要是由其本质属性所决定的。首先,它可以深刻反映出人们和社会之间的矛盾冲突性,极易吸引受众的瞩目；其次,法院新闻的反常性和新奇性极易激发受众的好奇心,深受人们关注；最后,由于我国社会主义法制社会的逐步建立,法院新闻的相关信息与人们的日常生活日益息息相关,因此逐步受到人们的密切关注。

所谓"犯罪新闻"（亦称"案例新闻"）,是指大众传媒报道的新近发生的有关违法犯罪事实之信息。[②] 它是对诸如抢劫、杀人、强奸、贩毒、贪污、诈骗等违背普通刑法和特种刑事条例的犯罪行为的报道。

犯罪新闻报道的训练,很长一段时间被视为新闻记者的入门训练。这主要是因为：首先,犯罪新闻机动性极高,随时都可能发生,有助于对年轻记者今后良好采访习惯的养成；其次,犯罪新闻实质上是整个社会的缩影,年轻记者在踏入社会之后应该由报道犯罪新闻入门,才能较快地对新闻行业产生深刻的体会与感悟；最后,采访犯罪新闻工作时间较长,有时甚至需要上山下海地随同执法人员办案,亟须极强的高强度耐力和不怕苦的坚持精神。

综上所述,一方面,"法院新闻"与"犯罪新闻"均只属于"法制新闻"的一个分支,其内涵和外延大大小于法制新闻；另一方面,法制新闻还与社会生活的各个方面都存在广泛联系,这是"法院新闻"与"犯罪新闻"无所企及的。

（二）"法制新闻"与"社会新闻"

从广义上讲,所有新闻都是"社会新闻"。人是社会的人,与人的

---

① 赵中颉：《法制新闻新论》,重庆出版社2001年版,第41页。
② 同上书,第42页。

活动息息相关的新闻都具有社会性。但是,当代社会分工日渐细化,假如仅从广义的角度来研究社会新闻,不仅无助于对这个新闻现象研究的详尽与深入,也不符合社会文明进步对社会分工提出的进一步要求。因此,我们必须将狭义的"社会新闻"从广义的"社会新闻"之中剥离出来,使之与经济新闻、教育新闻和体育新闻等一样成为一种专业、独立的新闻门类。

从狭义上来讲,"社会新闻",是指没有鲜明行业特点而又为大众所广泛感兴趣的,以反映社会生活、道德伦理、趣闻逸事等为主要内容的新闻。① 社会新闻具有自己得天独厚的优势,它依靠新闻记者深入人们的社会生活,广泛了解社会生活实际,通过不同题材的报道,或揭示出富有教育意义的哲理、思想,或传授某方面的科学知识。

首先,"社会新闻"与"法制新闻"二者报道的内容不同。"社会新闻"报道的内容十分宽泛,几乎涵盖了社会生活的各个角落。它所反映的社会动态、社会风貌、社会问题、社会趋势,较多地从社会公共道德层面来分析案件所反映的道德伦理、法外情感;而"法制新闻"注重的是那些与社会动态、社会问题、社会秩序相关联的法律关系问题。

其次,"社会新闻"与"法制新闻"二者的表现手法也存在差异。"社会新闻"主要是以情驭事,看待社会生活中的某一新闻事件,存在较强的故事性和娱乐性;而"法制新闻"多是采取以案说法,所有新闻事件的正负判断是"以事实为依据,以法律为准绳",是一种严肃庄重的新闻题材。"法制新闻"更侧重通过案例说理说法,以案件反映法制建设和人们的法律意识。②

再次,"社会新闻"与"法制新闻"二者的采编角度也存在不同。"社会新闻"多从大众化的角度进行报道,善于从浩瀚的社会生活海洋之中选取"一滴水",来真实地反映人们生活的方方面面;而"法制新闻"多从法律角度进行采写,以小见大,由此产生视角不同的新闻价值判断。

最后,"社会新闻"与"法制新闻"二者的报道特征也不一致。"社

---

① 顾理平:《社会新闻采写艺术》,中国广播电视出版社2002年版,第12页。
② 吴星:《〈法制日报〉法制新闻研究》,河北大学2008年硕士学位论文。

会新闻"侧重于使用可读性的语言对社会事件进行报道,为受众喜闻乐见;而"法制新闻"侧重于使用法言法语,强调严肃沉稳的报道风格。

三、法制新闻与法治新闻

法制新闻作为专业新闻的一种,自诞生之日起,理论与实践中都长期使用"法制新闻"之称。然而近几年,在一些报纸、杂志、电视以及网站等各类媒体中越来越多地出现了"法治新闻"的字眼,如"中国法制网"、"东方法治网"都辟有"法治新闻"专栏,《中国青年报》曾以《看得见的权利——2002年法治新闻回放》为题对中国2002年发生的重大法治事件进行了盘点;同时,一些研究论文直接将"法治新闻"作为其研究对象,如《法治新闻的四重境界》[①]《法治新闻中的法律问题》[②]。这其中,既有坚持"法制新闻"不同于"法治新闻"而进行区分使用的情况,也有不明就里而混用的情况,因此,就出现了当前实务与研究中"法制新闻"与"法治新闻"两个称谓并存的局面。就学科概念而言,辨析"法制新闻"与"法治新闻"的关键,在于明确"法制"与"法治"的异同。

此前对"法制"与"法治"的概念及区别的介绍,可用如下表述概括:"法制"常指一国的法律制度、法律整体,以及立法、执法、司法、守法和法律监督的过程,更多的体现了其工具性;而"法治"指以法律来统治,这里的法律必须是"良法",即"良法之治",与"人治"相对应,强调的是一种治理方略和理念,具有明确的价值取向。对于现代文明国家而言,法制是制度性构成,法治则是通过"法制"来达到的治理目标。需要注意的是,法制与法治并不是相伴而生,在封建、专制的"人治"国家同样存在法制,而法治则是随着近现代文明国家民主政治体制的建立而生,法制强调法的工具性,法治则强调法的价值性。

党的"十五大"明确提出了"依法治国,建设社会主义法治国家"的政治主张;1999年3月我国召开第九届全国人民代表大会第二次会议,对现行宪法进行了修改,将"实行依法治国,建设社会主义法治国

---

① 曹东、郑燕:《法治新闻的四重境界》,载《记者摇篮》2006年第2期。
② 王登宏:《法治新闻中的法律问题》,载《记者摇篮》2009年第6期。

家"写进了国家根本法;党的"十八大"报告强调:"法治是治国理政的基本方式"。在建设社会主义法治国家的进程中,我们需要以是否适应我国法治现代化建设的新情况、是否符合新闻学研究领域的发展趋势为标准。认真审视沿用至今的学科名称以及实务工作中的专业新闻分类。

我国实务领域中法制新闻发展之初,主要是对社会生活中与"法"有关的新闻进行报道,这里的"法"就是指我国的法律制度以及立法、执法、司法、守法的各个环节,其中,尤其注重对案件新闻、法院新闻的报道,切忌只重案件报道、轻理念宣传的现象。随着依法治国理念的深入,法制新闻报道已从单纯的案讯、时讯向更多样化、深层次的深度报道、法治评论等方向发展,报道中体现出更强的法律专业性和民主法治理念,除了对法律事件的真相传播外,更注重对公平、正义等法治精神的宣传,对公民权利、国家政治文明的关注和思考。

近年来,法制新闻报道除了传递真相、引导舆论等功能外,在普及法律文化、强化法治监督、推进依法治国方面发挥了巨大作用。从目前我国法制新闻发展的状况看,其内涵与价值追求,随着我国法治国家的建设也镌刻上了"法治"的烙印。

另一方面,我国法制新闻事业的发展也需要"法治"理念的引导。当前的法制新闻报道中仍存在一些问题,如重法律惩戒,轻法律保护功能;对公权力机关的负面报道和监督仍显不足;法治文化宣传水平仍待提高。这些现象很大程度归因于许多法制新闻工作者的认识仍停留在对法的工具性宣传上,对法的价值目标和追求不足,"法治"思想认识有待提高。

迄今为止理论界尚未有人对"法治新闻"给予一个准确完整的定义,但是通过前文对"法制"与"法治"的概念区分以及对我国法制新闻发展现状的简略分析,我们可以做出一个谨慎的预判:随着我国社会主义法治建设的深入,以及法制新闻"法治"特质的日益彰显,"法制新闻"向"法治新闻"的过渡必将成为必然,尽管这种过渡尚需时间。

第二节　法制新闻报道的范围与内容

法制新闻报道，既是一个以法制新闻价值为标准进行信息筛选的过程，又是一个发掘新闻信息背后隐藏的法治精神、法治价值的过程。如何界定法制新闻的范围与内容？《法制日报》以及全国各地多家法制新闻媒体在报道实践中形成了这样一个共识，即："立足政法口，面向全社会"。

一、立足政法口

"立足政法口"主要包含以下三点内容：

首先，要把"政法口"作为法制新闻报道的主要新闻来源，注重对其进行重点报道，及时捕捉和反映当今政法战线的新形势、新动态、新情况和新问题，并从当中选取值得为受众所及时知晓的法制信息进行报道。

其次，在新闻报道过程中，要牢牢抓住政法战线的重点工作安排，着重选取那些与工作中心、重大决策、重大行动相关的新闻信息，而不是对所有新闻事无巨细地进行报道，避免"有闻必录"。

再次，面对激烈的媒体竞争，法制新闻工作者对"政法口"发生的所有重大法制新闻都应予以高度关注，要及时、迅速地发挥个人的主观积极性，捷足先登地采集第一手相关信息，以满足受众的知晓欲。

以下从法的运行机制作为切入点，即从人大的立法活动、法院的审判活动、检察院的监督活动以及公安机关的执法活动几个环节入手，来界定和把握法制新闻报道的范围与内容。

（一）人大的立法活动

"立法"是指有关国家机关按照法定职权和程序创制各种具有不同法律效力的规范性文件的活动。[①] 它既包括国家最高权力机关和它的常设机关依法制定法律等特定的规范性文件的活动，也包括由中央国家行政机关和地方有关国家机关依据法定权限和程序制定行政法

[①] 姚广宜：《法制新闻采访教程》，北京大学出版社2007年版，第13页。

规、地方性法规、自治条例及其他规范性决定、决议等活动。

依据我国《宪法》的规定,全国人民代表大会(简称全国人大)是最高国家权力机关,它的常设机关是全国人民代表大会常务委员会(简称全国人大常委会)。全国人大和全国人大常委会行使国家立法权。全国人大会议每年举行一次,由全国人大常委会召集。

在我国,修改宪法、制定基本法律的职权属于全国人大;解释宪法和法律,制定一般性法律的职权属于全国人大常务委员会。各省、自治区、直辖市等省级人民代表大会及其常务委员会拥有地方性法规的立法权,可以制定相应的地方性法规。这些立法活动,均是我国各大媒体报道法制新闻的重要内容之一。

对于任何一部法律的制定和修订,在立法环节之中,我们都可以清晰地感受到从"社会政治、经济、文化的发展需求—广大人民群众的意愿—国家意志"的这一立法过程之中所蕴含的法治精神。

全国人大行使以下职权:(1)修改宪法。(2)监督宪法的实施。(3)制定和修改刑事、民事、国家机构的和其他的基本法律。(4)选举中华人民共和国主席、副主席。(5)根据中华人民共和国主席的提名,决定国务院总理的人选;根据国务院总理的提名,决定国务院副总理、国务委员、各部部长、各委员会主任、审计长、秘书长的人选。(6)选举中央军事委员会主席;根据中央军事委员会主席的提名,决定中央军事委员会其他组成人员的人选。(7)选举最高人民法院院长。(8)选举最高人民检察院检察长。(9)审查和批准国民经济和社会发展计划和计划执行情况的报告。(10)审查和批准国家的预算和预算执行情况的报告。(11)改变或者撤销全国人大常委会不适当的决定。(12)批准省、自治区和直辖市的建置。(13)决定特别行政区的设立及其制度。(14)决定战争和和平的问题。(15)应当由最高国家权力机关行使的其他职权。

总之,法制新闻工作者首先要对人大机构的工作职能及其运作机制有所了解,才能在"立足政法口"时做到"心中有数"。同时,各大新闻媒体都应当热切关注"民愿—议案—立(修订)法"的过程、法律的传播和普及过程以及广大人民群众所密切关注的法律焦点、热点问题,及时、高效地采写出广大受众喜闻乐见的法制新闻报道,从而在激烈的媒体竞争之中脱颖而出,抢占先机。

(二)法院的审判活动

根据《中华人民共和国人民法院组织法》的规定,人民法院是国家的审判机关。国家的审判权由下列人民法院行使:(1)地方各级人民法院。(2)军事法院等专门人民法院。(3)最高人民法院。

最高人民法院是国家的最高审判机关,负责审理各类案件,制定司法解释,监督地方各级人民法院和专门法院的审判工作。其设置的机构主要包括:立案庭、刑事审判第一庭、刑事审判第二庭、民事审判第一庭、民事审判第二庭、民事审判第三庭、民事审判第四庭、行政审判庭、审判监督庭、执行工作办公室、研究室以及赔偿委员会办公室。

此外,我国法院审判案件实行合议制。法院审判第一审案件,由审判员组成合议庭或由审判员和人民陪审员组成合议庭进行;简单的民事案件、轻微的刑事案件和法律另有规定的案件,可以由审判员一人独任审判。法院审判案件实行两审终审制。我国的审判制度还实行以下原则:独立审判、适用法律一律平等、公开审理、辩护、陪审制、审判委员会制、回避原则等。

对于法制新闻从业人员而言,"立足政法口"应注意以下几点:

其一,人民法院是代表国家的审判机关,最具权威性。法律的尊严不容侵犯,法律的权威也不容挑衅。新闻媒体在对报道法院审判活动之时,必须牢记并时刻注意对法院权威和法律尊严的维护。

其二,法制新闻报道必须坚持以正面报道为主,切忌渲染暴力、色情、血腥等情节和场面;媒体要注重自身的舆论引导功能,维护审判机关的公信力;特别是在对法院的诉讼案件进行评论之时,要把握好报道的时机、尺度和力度,绝不能损害审判机关的权威性和独立性。

其三,法制媒体工作者对法院系统的报道应主要集中于审判活动,着力于"传播"而不是"批判"。要力戒"媒体审判",不可超越审判程序抢先对案情做出判断,进行定性、定罪、定刑期或提前对胜诉、败诉等做出结论。这种严重损害法律尊严的新闻报道越位现象,既违反了独立审判原则,又违反了诉讼原则。

(三)检察院的监督活动

根据《中华人民共和国人民检察院组织法》的规定,人民检察院是国家的法律监督机关。国家设立最高人民检察院、地方各级人民检察院和军事检察院等专门人民检察院。最高人民检察院对全国人大和全国人大常委会负责并报告工作。地方各级人民检察院对本级人大和本级人大常委会负责并报告工作。

最高人民检察院内部设立以下机构：公诉厅、反贪污贿赂总局、渎职侵权检察厅、监所检察厅、民事行政检察厅、控告检察厅（最高人民检察院举报中心）、刑事申诉检察厅、铁路运输检察厅、职务犯罪预防厅、侦查监督厅、法律政策研究室以及监察局等。

地方各级人民检察院根据最高人民检察院内部的机构设置，设立相应的处、科。全国各级检察机关的审查起诉部门全面推行主诉检察官办案责任制。各级人民检察院行使以下职权：(1)对于叛国罪、分裂国家案以及严重破坏国家的政策、法律、政令统一实施的重大犯罪案件，行使检察权。(2)对于直接受理的刑事案件，进行侦查。(3)对于公安机关侦查的案件，进行审查，决定是否逮捕、起诉或者免予起诉；对于公安机关的侦查活动是否合法，实行监督。(4)对于刑事案件提起公诉，支持公诉；对于人民法院的审判活动是否合法，实行监督。(5)对于刑事案件裁决、裁定的执行和监狱、看守所、劳动改造机关的活动是否合法，实行监督。(6)对于民事、行政诉讼实行监督。

近年来，涉及各类经济、婚姻、家庭等内容的案件逐渐增多。媒体在报道相关司法案例时，切记要勤动脑分析，要多思索选择。对典型案例的选取要严格把关，准确把握。

（四）公安机关的执法活动

我国的公安系统由中央公安机关（公安部）、地方各级公安机关、专业公安机关和中国人民武装警察部队组成。公安部是国务院主管全国公安工作的职能部门，设有办公厅、警务督察、人事训练、宣传、国内安全保卫、经济犯罪侦查、治安管理、边防管理、刑事侦查、出入境管理、消防、警卫、科技、信息通信等局级机构。各级公安机关是各级人民政府的职能部门。

我国公安机关的主要职责包括：预防、制止和侦查违法犯罪活动；维护社会治安秩序，制止危害社会治安秩序的行为；管理交通、消防、危险物品和特种行业；管理户政、国籍、入境出境事务和外国人在中国境内居留、旅行的有关事务;维护国(边)境地区的治安秩序;警卫国家规定的特定人员,守卫重要场所和设施;管理集会、游行和示威活动;监督管理计算机信息系统的安全保护工作;指导和监督国家机关、社会团体、企业事业组织和重点建设工程的治安保卫工作,指导治安保卫委员会等群众性组织的治安防范工作;负责预审工作和看守所秩序管理等等。

法制新闻工作对公安机关的报道应把握以下几点:一是应有助于社会和谐发展、助推人民道德素质的提高;二是要注意报道内容的可读性与高格调;三是注意培养公民的守法意识,维护公安工作人员的良好形象。四是新闻媒体记者要树立大局意识,注意报道的全面性和深入性。

法制新闻工作者还需要多接触司法行政系统,安全、监察、审计、民政、工商、税务、海关等行政部门和各级党委、政府、宣传部、纪检委、政法委等党务部门,掌握最新动态。

二、面向全社会

法制新闻不仅与纪检监察、公安侦查、司法检察和司法审判等公检法司有着密不可分的联系,还与人们的日常社会生活紧密相关。确切地说,法制新闻报道的对象和范围,比其他任何专业类报道所针对的对象和范围都要更为宽泛。

因此,法制新闻工作者不仅需要"立足政法口",也要学会"面向全社会",及时、快速地采集来自社会各个角落的丰富的法制新闻信息。

"面向全社会"意味着法制新闻记者要关注和报道以下几方面信息:

1. 关注社会主义民主政治建设的信息。

民主与法制是不可分割的两个方面。一方面,民主要逐步走向制度化、法律化;另一方面,依法治国又离不开民主权利的保障,需要依法监督和民主参与。

因此,国家的民主法制建设,必然是法制媒体关注的重要内容。法制新闻报道有责任为推进我国社会主义民主与法制进程摇旗呐喊。

2. 关注社会生活领域的法制信息。

当今社会生活之中,法律不仅已经渗透到政治、经济、文化等各个领域,也渗透到我们的社会生活各个层面。人与人之间的各种权利和义务的关系,不仅需要社会道德和伦理关系的维系,还需要法律和法治的保障。比如婚姻关系、家庭关系、赡养、抚养与扶养关系等。这就需要认真挖掘社会生活领域中的、有价值的新闻线索,关注这一领域的法制信息。

3. 关注经济领域的法制信息。

经济法制指的是用法律的形式对各种经济关系加以约束和调整。随着我国经济改革步伐的加快,计划经济体制的调整,社会主义市场经济的确立。国家调控经济的手段已经由过去以行政为主,经济、法律为辅,逐渐向以法律为主,行政、经济为辅的方向转变。

总之,法律已经全面渗透在社会生产、经营、流通、销售、分配、消费等领域,日益规范和调控经济的运行和经济关系的和谐。尤其是我国加入世界贸易组织之后,市场经济的法制化进程全力加速。因此,法制新闻工作者必须增强信息的敏感力,及时高效地捕捉市场经济领域中丰富多样的法制信息。

第三节 法制新闻报道的原则和要求

一、法制新闻报道的原则

对一篇优秀法制新闻报道的基本原则可以概括为如下"五性",即:真实性、客观性、及时性、严肃性和公正性。

(一) 真实性原则

法制新闻报道必须高度重视事实的准确以及有关法律规范的准确和评价的客观。"以事实为依据,以法律为准绳"是法制新闻报道必须始终秉持的根本宗旨。不管是对于新闻,还是法律而言,真实都是它们共同追求的价值目标。

真实性是新闻报道的第一生命。新闻真实重在发现事实发生的真相,法律真实重在寻找事实发生的证据。一般而言,只要是记者和新闻媒体通过细致全面地采访所掌握到的事实是客观存在的,新闻就可以被视为符合真实性原则。而对于法律而言,真实不仅是要求事实的真实存在,还要求能够提供充分有力且合法的证据予以证明事实的客观存在。因此,法律真实实质上可以被称为"证据上的真实"。

法制新闻报道就其传播内容而言,基本上分为两大部分:一是客观事实,二是对事实的分析而产生的评论观点。因此,它的真实性原则就包括以下两方面:首先,记者所报道的事实必须准确无误,绝对不能存在半点差错、虚构或捏造。新闻报道中的姓名、地点、时间、引语和法律条文等均必须与客观实际保持一致。其次,记者所阐述的评论观点,即对事实的评论、分析,也必须符合客观实际,绝对不能随心所欲、信口雌黄。

美国《华尔街日报》主编保罗斯·泰格曾主张,新闻业成功的最重要因素是遵循事实(go after the truth),不屈不挠,不迎合读者,尽最大努力告诉读者正在发生的事情和你发现什么,即使真相对于重要的人物或组织很痛苦。[①] 换言之,为了准确地对外传播新闻事实的真相,法制新闻媒体和记者必须始终坚持真实性的原则,站在客观事实的立场上报道法制新闻。

(二)客观性原则

法制新闻报道的内容必须符合客观实际。客观性指的是新闻报道的倾向不应是记者本人观点、态度的直接表现,而应该根据所了解的事实来进行对把所发生的事情如实写出来。[②]

法制新闻报道的客观性原则,是与其所报道的对象,即法制的客观性要求相一致的。"以事实为依据,以法律为准绳"是司法实践必须恪守的准则。换言之,所有的司法活动都必须坚持以客观事实为依据,绝对不可张冠李戴、添油加醋。因此,作为法制事实在新闻报道中的反映,法制新闻报道必须遵循新闻的客观性原则,力避主观臆断和"合理"想象,防止报道出现片面化、绝对化和夸张化。

[①] 赵剑飞:《商业世界与媒体责任》,载《经济观察报》2002年11月11日。
[②] 姜芳:《浅谈法制新闻写作的客观性原则》,载《黑龙江省社会主义学院学报》2002年第12期。

（三）及时性原则

"法制新闻报道是人们通过声音、文字、图像等手段,对于新近发生的具有为受众及时知晓意义的法制信息的传播。"[①]法制新闻报道的及时性原则,主要体现在以下三个方面:

首先,报道内容要具有时新性。法制新闻报道作为一种专业性报道,其报道的价值在于内容的时新性。换言之,法制新闻报道的内容必须是新近发生的,是受众尚未知晓且希望知晓的法制信息。

其次,传播信息应具备及时性。如同其他新闻报道一样,法制新闻报道的传播对象也是广大社会受众。法制新闻报道只有及时迅速地传播给受众,才能充分发挥它的舆论导向功能,产生传播效应。因此,这就要求新闻媒体和记者在传播过程之中追求高效率的新闻时效,努力做到迅速及时,以最快的速度把第一手的法制新闻传播给广大受众。

最后,新闻报道要求敏捷性。为了保障新闻报道内容具有时新性,新闻媒体和记者在传播报道活动中必须做到反应灵活、思维缜密、行动敏捷。这主要体现在对法制新闻信息的采、写、编、评无论哪一个环节都要出手敏捷,力求以最快的速度把最新鲜的法制信息制作成优秀的法制新闻报道。

（四）严肃性原则

所谓法制新闻报道的严肃性,要求新闻媒体和记者在报道时,必须言之有法、言之成理,不能存在半点差错和儿戏。法制的尊严和庄重要求法制新闻报道必须坚持严肃性原则,维护法律的权威和尊严。

法制新闻报道的严肃性除了上文所提到的真实性、客观性之外,还主要体现在以下几方面:

首先,要求确保新闻内容的严肃性。就本质而言,法制新闻所涉及的内容必须是严肃的。法制新闻报道在面对色情、犯罪等案件时,必须始终站在法制的严肃立场,客观真实地进行报道,绝不能以猎奇和宣扬的态度去肆意渲染。

其次,要求注意法制新闻报道的法言法语运用。法言法语是具有

[①] 李矗:《法制新闻报道概况》,中国广播电视出版社2002年版,第34页。

法律专业特色的、体现法律规定内容的、特定的法律规范用语,也称法律语言。① 作为法制新闻记者都应清楚在新闻报道中,无论是人物的称谓还是法律行为的表述,都必须严格使用法律专业术语,符合法律规范,才能体现出法制的尊严和庄重。

（五）公正性原则

法制新闻报道不仅要做到客观真实,而且要做到报道公正,以维护法制的公正性和公平性原则。所谓公正性原则,指的是法制新闻报道面对不同的报道对象时,必须坚持一视同仁,不可厚此薄彼,倾向某方。这就要求新闻媒体和记者在进行法制新闻报道时,特别注意以下几种关系：

其一,原告和被告之间的关系。在民事诉讼案件中,法制新闻工作者在面对原告和被告时,要坚持一视同仁,既要认真听取原告的控诉,又要认真听取被告的申辩。在报道之时,法制记者不仅要反映原告的诉讼请求和理由,也要顾及被告的答辩请求和理由。任何厚此薄彼、亲疏远近的做法都有损于司法的公平公正。

其二,政府和群众之间的关系。在行政诉讼案件中,原告是行政行为的相对人,即普通群众,而被告方是政府的行政部门。法制新闻媒体和记者既不能因为政府的行政权力而偏袒政府,也不能因为要为弱势群体仗义执言而无原则倾斜。法制新闻报道的公正性原则要求以法律为准绳,不偏不倚,公正客观地报道。

其三,公诉人和被告人之间的关系。在刑事诉讼案件中,公诉人是代表国家公诉机关出庭,而被告人是经有关机关侦查确认犯有罪行的嫌疑人。但是,二者在依法维权这一层面上,是处于平等地位的。法制新闻媒体和记者有责任和义务通过新闻报道维护被告人在法律上所应当享有的合法权利。

二、法制新闻报道的要求

法制新闻报道恰似一把双刃剑。报道得当,会起到正面作用;而如果报道不当,就会导致一定的负面效应。因此,做好法制新闻报道

---

① 韩少冲:《浅谈对法制新闻的几点认识》,载《东方企业文化》2010年第10期。

除了要时刻牢记以上几个重要的基本原则之外,也要注意把握以下几方面的要求:

(一) 强化法律意识,知法、懂法、守法

"法不阿贵,绳不挠曲"。① 法制新闻报道要纳入法制化轨道。对于新闻媒体和记者而言,首先要强化专业的法律意识,注重加强法律知识的学习,尤其是与新闻业务有关的法律知识。只有在知法、懂法、守法的前提之下,记者才能游刃有余地进行法制新闻报道,以防新闻官司缠身。

我国现行法律法规对采访权仍然存在一定的限制。因此,新闻媒体和记者只有在法律允许的范围内进行采访与报道,才是合法的,并受法律的保护。换言之,超越该范围的报道行为极易招致侵权后果。

如侵犯公民的隐私权。隐私,是指公民个人与社会化公共生活无关而不愿为他人知悉或者受他人干涉的私人事项。② 公民的隐私权是每个公民所享有的人格权和人格尊严固有内容之一,理应受到法律保护。这也是新闻报道所要遵守的真实性和公民知情权之间的合理界限之一。

然而,一些法制媒体和记者在报道时,未经当事人同意,有时随意披露受到性侵犯的被害人的姓名、身份、家庭住址和其他可能推断出其身份的信息。这是一种最为典型的侵害名誉权和隐私权的侵权行为。披露隐私和性侵犯有着共同的侵犯客体:妇女不幸成为性犯罪的受害人、被害人的人格尊严、身体和人格尊严已经遭受一次摧残,再向外界公开无异于再一次对其摧残。发生在美国的一起强奸案的女事主在看到报刊上公布了自己的姓名时说:"我的反应仿佛再一次被强奸。"③

此外,还应注重加强法制新闻报道中的证据意识。在以往新闻侵权的诉讼之中,尽管记者获取的采访事实是真实可信的,但由于记者没有证据意识,并没有保留真凭实据,最终被判侵权的案例也不在

---

① 李宏民:《法制新闻写作漫谈》,群众出版社2003年版,第312页。
② 曾雨楼:《论法制新闻真实性的几点要求》,载《声屏世界》2003年第5期。
③ 转引自魏永征:《中国新闻传播法纲要》,上海社会科学出版社1999年版,第36页。

少数。

作为法制新闻工作者,头脑里一定要紧绷住一根弦,时刻注意保留好采访到的各种资料,最好是在每次合法采访后请被访者在记录上签名,以表示采访经过被访者同意。通过类似的防范措施,媒体和记者才可以在做好法制报道的同时,也使自己免受无妄之灾。

(二)坚持正确的舆论导向,以正面宣传为主

法制新闻工作者肩负着扶正祛邪、惩恶扬善与舆论监督等社会责任,但少数媒体受经济利益驱动,追求所谓的"卖点",竭力渲染凶杀、暴力和色情等情节,给社会造成了负面影响。因此,法制新闻工作者在进行报道时应注意以下几点:

1. 服务于大众、服务于社会主义民主与法制建设。

一方面,法制新闻工作者必须以普及法律知识、提高受众的法律意识为己任。媒体和记者不仅要正确领会党和政府在法制建设上的政策,理解其中的法制精髓,还要善于深入了解人民群众对法制建设的愿望、要求以及意见,有的放矢地进行法制宣传。

另一方面,法制新闻报道的内容应贴近生活、贴近群众。这就要求法制新闻工作者必须深入实际调查研究,采集丰富的素材,倾听大众的心声,有针对性地报道法制热点问题。同时,还要代表大众利益,有效地进行舆论监督。

2. 坚持正确的舆论导向,正面宣传依法治国方略。

"舆论导向正确,是党和人民之福;舆论导向错误,是党和人民之祸。"[1]我国法制新闻工作必须始终坚持正确舆论导向,以正面宣传为主。

但是,坚持以正面宣传为主,并不排斥批评报道。面对某些消极现象和反面案例,媒体报道要有分寸,要通过揭露消极现象,使受众认识并总结教训,化消极因素为积极因素。只有这样,才能保障我国新闻事业始终朝着社会主义方向前进,才能维护国家的政治稳定和社会安定。

---

[1] 肖义舜、何勤华:《法制新闻学》,法律出版社2001年版,第62页。

(三) 找好媒体角色定位,避免"媒体审判"

从1997年的"张金柱案"、2002年的"张二江案",再到2006年广受关注的"许霆案",新闻报道影响司法独立和公正的"媒体审判"现象引发人们的关注,成为我国新闻学界与法学界的热点话题。

"媒体审判"(Trial by Media/Newspaper)是指新闻媒介超越正常司法程序,对被报道对象所作的一种先在性的"审判预设"。① 它是新闻业激烈竞争的产物,是媒体职能和价值标准的错位。"媒体审判"导致了司法独立和新闻自由的天平剧烈摇摆,有悖于依法治国方略的实施和社会主义法治国家的建立。

司法与新闻媒体的最终价值都在于追求社会公正。司法是通过神圣不可侵犯的法律来解决纠纷,以追求法律上的公正;而媒体则通过新闻报道来激发公众的道德价值标准来评判是非,以追求道德上的公正。但在新闻实践中,媒体应当划清与司法之间的界线,否则极易招致"媒体审判"现象。"媒体审判"给司法机关带来了巨大压力,法官一旦兼顾到公众的情绪和愿望,就会失去案件审判的客观、公正性,同时也就违背了"无罪推定""罪刑法定"的审判原则。

因此,法制新闻工作者应当牢记以下几点,以避免"媒体审判"的发生。

首先,要客观、公正地报道事实,用语要符合法律规范。1996年,中宣部、全国人大常委会办公厅、司法部和新闻出版署等部门就联合下发了《关于法制新闻的意见》,就有"不对正在审理的案件做有倾向性的报道"的规定。同时还要注意,避免在报道中使用"变态""禽兽""色情狂"等感情色彩较强的语言,否则极易招致新闻侵权现象的发生。

其次,媒体报道节奏要与诉讼程序保持一致,应在案件审理结束后再予以评论。媒体和记者在法制新闻报道之时,一定要尊重法律的权威性,保证报道和评论的公正、客观、真实。切忌掺杂个人情感和好恶,不能为案件任意一方发言,也不能对任何一方做出批判性言辞,注

---

① 张晨:《法制报道应避免"媒介审判"》,载《新闻传播》2009年第4期。

意掌握好新闻舆论监督与司法公正之间的平衡。

总之,新闻媒体和记者的角色应当是"守望者",而非"裁决者"。在法制新闻报道之时,新闻媒体应当认真分析并妥善处理好各种潜在问题,最大程度上避免"媒体审判"现象的发生,进一步处理好新闻自由与司法公正之间的平衡关系。

第三章 法制新闻报道的发展历程

第一节 报刊法制新闻报道的发展历程

报刊的法制新闻报道是指载于报纸、期刊、杂志等平面媒体之上的法制新闻报道。我国的报纸法制新闻自20世纪80年代以来,历经蓬勃发展的辉煌时期,也遭遇过都市报高潮迭起所带来的冲击,尽管发展至今已走过近三十年的历程,但在优胜劣汰的大环境下,随着经营模式和办报路径的探索和改革,报道范围在不断扩大,报道效果也愈发明显,发展之势非常迅猛。

一、法制新闻报道的初期(建国后至1995年前)

我国法制新闻报道经历了一个曲折发展的阶段。建国之初,报刊、广播电台作为当时的主要新闻媒介,配合党和国家的宣传需要,在土改—镇反—反腐、"54宪法"大讨论中发挥了重要的作用。在1957—1978年,由于"左"倾错误思想的影响和十年"文革"的冲击,国家民主法制建设遭到极大的破坏,法制传播被削弱、法制新闻报道失去了正常的生存土壤。

结束十年动乱,国家拨乱反正、改革开放,政治、经济生活走上正轨,各项事业逐渐得到恢复和发展,法制建设工作也重新提上党和国家的重要议事日程,法制报道也得以起死回生。20世纪80年代中期以后,具有现代大众传播意义上的比较专业的法制新闻报道,应普法宣传之需而发轫并逐渐兴盛。1980年8月中国第一张以法制命名的全国性法制报《中国法制报》诞生,以此为标志,我国专业法制新闻报刊进入了快速发展阶段。

从历史的角度审视,1980—1995年前后,这个时间段属于全国法制类报刊大发展的黄金时期,全国的法制报在宣传"一五""二五"普法的过程中日益壮大。除了中央级法制专业报刊之外,全国各省市地方及各政法机关部门主办的法制类报刊也不断涌现,很多省份的法制报刊发行量都曾达到过50—60万份,借助这一强大的平台,法制新闻报道在普法宣传中发挥了不可替代的作用,法制宣传深入人心。

1985年,中共中央、国务院批转了中宣部、司法部《关于向全体公民基本普及法律常识的五年规划》,六届人大常委会也做出了《在全体公民中普及法律常识的决议》,从而在全国范围内掀起了前所未有的法制传播高潮。从1985年至今,中共中央、国务院先后通过了五个"普法五年规划",在每一个五年规划里,都明确提出文化、新闻出版、广播影视等部门都要充分发挥大众传媒的作用,开展形式多样、生动活泼的法制宣传教育。

为配合大规模的普法宣传教育工作,一大批法制新闻报刊纷纷创刊,除了《民主与法制》《中国法制报》《法律与生活》等这样的大型法制报刊外,各省市的法制类报刊也纷纷创办,许多非法制类报纸也开辟有法制类专版、专栏和专题。

但是由于此时的法制新闻报道主要来源于政法机关,因此在报道内容上大多为政法机关活动,普法宣传色彩、官方色彩较浓,加之彼时我国新闻事业也在探索中前进,法制新闻报道的法制机关特色明显,而专业性、亲近性还有很大的发展空间。

二、受都市报冲击的萎缩停滞时期(1995—2003年)

这一阶段时间上是1995—2003年。追述过往,如果说互联网是中国新闻传播发展的高速列车,那么都市报就是功率最强大的发动机,引发了一场新闻革命,全新的新闻报道方式、新闻语言占据了读者的早餐桌。但包括法制报刊在内的机关报受制于旧有宣传体制,发展停滞不前。1995年1月1日,随着中国第一张都市报《华西都市报》的创办,拉开了都市报市场博弈的序幕,随后开始了近10年的"都市报时代"。

都市报迅猛发展了十多年,已经制造出了目前中国最主流的新闻报道模式。拥有广泛读者、具有强大的品牌影响力。而都市新闻报道也以灵活的形式、新鲜的语言深深地吸引广大读者。

都市报的崛起把行业报刊、机关报刊以及法制新闻报道逼上了背水一战的境地。面临这一强大的冲击,以机关报和行业报形态为主的法制类报刊同样陷入了被动的局面,很多报刊的发行量跌到只有2—3万份,特别是法制新闻报道在报道形式、风格、语言方面停滞不前,所占报刊的版面也愈来愈小。

三、改革冲击之下报刊法制新闻报道的成熟(2003年至今)

随着社会经济水平的提高,民主法制化进程的加快,信息化程度的飞速发展,以及日新月异的受众需求,报刊媒体的新闻传播面临着新的挑战。

2003年是我国法制类报刊发展的一个重要拐点。随着机关报和行业报刊群体日益膨胀,我国部门报刊散滥和利用职权摊派发行的现象变得愈发严重,为从根本上解决这个的问题,中央办公厅和国务院办公厅于2003年7月15日联合发出《关于进一步治理党政部门报刊散滥和利用职权发行,减轻基层和农民负担的通知》,决定通过压缩部门报刊总量,调整结构,有效治理报刊散滥现象。在此次调整中法制类报刊首当其冲,大量法制类报刊被整顿淘汰。

这一釜底抽薪之举也迎来了新的发展机遇,全国法制类报刊又开始了新一轮的生存探索。从机关报的转企改革、自主经营;到改文风,讲案例,适应读者需求;法治类报刊更贴近民生,实现了法制新闻报刊的复兴,这其中以《法制日报》《法制晚报》《民主与法制》等最具典型性。

社会背景的变化和传播平台的变迁和升级,也给报刊法制新闻报道的发展和成熟提供了新的机遇。为顺应新形势下市场化报刊的发展趋势,不少报纸新设置或增加法制报道版面的比重,将办好法制新闻版块作为报刊新的竞争点,像《法制晚报》这种以法制新闻为特色的都市法制报刊,不但成功地在市场竞争中生存下来,同时也获得更大的发展空间。

纵观数十年的发展历史,中国的报刊法制新闻报道作为一种专业性很强的报道类型,经历了"法制宣传—法制新闻报道"的转变,而这一转变与整个中国传媒行业的变革和发展密不可分。如今,随着对专业类法制报刊和综合性报刊法制新闻关注的升温,法制新闻报道已成为与经济新闻、政治新闻、社会新闻等传统新闻形式并重的重要新闻体裁之一,并不断走向成熟。

第二节 电视法制新闻报道的发展历程

我国电视法制节目从20世纪80年代开始起步,到21世纪逐步繁荣,现在已经成为中国的电视观众最为熟知和喜爱的电视节目类型之一。30多年来,电视法制节目从少到多,从弱到强。据有关部门统计,截止到2007年,全国有11家电视台开办了专业的法制频道,法制栏目已经超过了240个。我国电视法制节目的发展历程大体可以概括为三个阶段:

一、电视法制节目的开创期(1980—1992年)

早在20世纪80年代,与法制有关的节目就已经在中国电视节目中出现。1980年7月,中央电视台开办了一档评论栏目《观察与思考》,这可以说是中国电视法制节目的最早形态。正如其名称,节目内容涉及一些法律方面的知识,采用演播室录制的形式,对当时社会上发生的重大事件,通过法律专家和学者点评的方式对受众进行一些道德观念和法制观念方面的教育。《观察与思考》的创办,在中国的电视法制节目的发展历程中占有重大而深远的意义,为以后法制类电视节目的发展奠定了基础。

从1985年到1992年这段时间,中国电视法制节目从无到有,渐成气候,走完了它的开创阶段。1985年6月中宣部"一五普法",要求"报刊、广播电台、电视台都要由专人负责,办好法制宣传节目。"1985年12月,中央电视台最早的法制栏目《规矩与方圆》开播。1992年5月上海东方电视台的法制节目《法律与道德》开始试播,这是我国第一个专业的电视法制节目,不仅开创了电视法制节目最早的独立形态,更重要的是比起其他单纯以宣传为主要手段和目的的电视法制节目,它更积极地探索各种新颖的电视表现手法,使法律更容易为观众所接受。① 在普法教育要求下出现了大量省、市台法制节目,如南京电视台的《法制园地》、广东电视台的《公民与法制》、山东电视台的《道德与法制》等等。

我国电视法制节目的产生和发展与国家普法教育的工作要求密切相关,从外部环境方面给电视法制节目提供了迅速发展的推动力。同时,这个发展过程也不是一帆风顺的,过于宣传的特性导致我国电视法制节目发展缺少内部动力,先天不足。即使是这样,据不完全统计,到1993年之前,开办法制节目的省、市台近50家,全国电视法制节目已初具规模。②

二、电视法制节目的发展期(1993—2002年)

在这一时期,电视法制节目成为主流节目类型之一。这与我国社会主义市场经济的全面推进有关,经济的发展为法治建设提供了坚实的经济基础。中国法治进程不断完善,从1992年邓小平同志发表南方讲话,到1993年党的十一届三中全会对我国立法和司法工作的指示,再到1997年党的"十五大"上江泽民同志提出"依法治国"的政治方针,普法教育活动全面开展。同时,社会发展中出现的与法制相关的事件成为人们生活中迫切需求的重要信息。

电视法制节目在不断的发展和完善。1993年至1998年期间,全国开办电视法制节目的电视台从50多家发展到150多家。如中央电视台的《东方时空》《社会经纬》、北京电视台的《法制进行时》等等。1999年1月正式开播的《今日说法》,因其形式活泼新颖、贴近生活,在开播当年收视率就达到2.5%,成为最受欢迎的法制节目之一。

在全国各地电视法制节目蓬勃发展之际,专业法制频道出现了。

---

① 游洁、郑蔚:《电视法制节目新论》,中国广播电视出版社2007年版,第51页。
② 刘勇峰:《中国电视法制节目30年》,载《西部广播电视》2008年第8期。

法制新闻实证研究：对媒体法制新闻报道的监测与分析

1999年5月,长沙电视台政法频道作为全国首家政法类专业频道正式开播,定位"政法"这一专业主体,坚持自办新闻节目为立台之本。随后,我国法制频道越来越多,山西电视台法制道德频道、黑龙江电视台法制频道等等,逐渐形成规模。

这个时期的法制节目不仅是数量的增加和质量的提高,1994年成立的中国广播电视学会电视法制节目委员会还制定了新的法制节目发展策略,形成了新型的创作理念。这个时期的电视法制节目逐步强化其舆论监督功能,法制观念逐渐深入人心,影响力大大提高。

三、电视法制节目的繁荣期(2002年至今)

这一时期,立法、司法和相关政策的完善和发展,为电视法制节目提供了良好的发展环境和广阔的发展空间,电视法制节目犹如雨后春笋般出现。

2003年以来,中央电视台的法制节目发展更加专业化。《经济与法》针对经济人士,《法制编辑部》针对农民受众,《法治在线》以新闻资讯著称,这几个节目定位明确,满足了不同受众的不同需求。2004年12月,中央电视台"社会与法"频道正式开播,显示了作为国家级媒体对法制节目的高度重视。

在此期间,各个地方电视台也在不断的探索,寻求符合自身特点的法制节目个性化发展之路。例如江苏卫视的《迷情追击》、浙江电视台的《大侦探西门》、上海东方卫视的《律师视点》等等,电视法制节目形成高收视率和栏目品牌化的趋势,出现各式各样的电视法制节目类型,使得电视法制节目真正富有活力。

截至2004年6月15日,全国已经有8家电视台开办了专门的法制专业频道,并且在全国各级电视台的节目中,还有六十多个法制类的栏目在播出。法制类电视栏目的播出量一般占专题类节目的10%,而其收视率却占整个专题类节目收视的19%,其良好的播出效果可见一斑。① 2010年11月份央视索福瑞收视率调查显示,在北京地区主要

---

① 毕根辉:《中国名牌电视栏目〈经济与法〉案例分析》,中国传媒大学出版社2007年版,第123页。

频道节目前十名的收视排名中,法制节目有三个,分别为《治安播报》《大家说法》和《法治进行时》。可见法制节目在电视领域呈现繁荣发展的态势。

第三节 广播法制新闻报道的发展历程

新中国成立以来,广播媒体在我国的新闻传播领域一度处于一枝独秀的地位。20世纪80年代以前,在城市里基本是家家一台收音机;在农村家家一个小喇叭,村头一个大喇叭。由于广播对其使用者的文化素养要求较低,随时随地均可收听,不需要阅读,因此在新中国成立后的近40年中,广播成为满足全国人民基本信息需求的主要方式。但是随着人民受教育水平的提高,阅读能力的增强,以及电视媒体和网络新媒体的普及,广播由于其信息传递形式的单一,逐步沦为弱势媒体,广播听众锐减。当时就有人预言:广播媒体即将消亡。但之后的事实证明,广播通过革新传播思路,积极探索"窄播"的方式,并依托新媒体技术再次迎来生机。

在此背景下,我国广播法制节目的发展也基本经历了一个由"广播"到"窄播"的过程,从最初的零星法制信息,到专门的法制节目及栏目大量涌现,同时结合法制节目听众的特点,这些既有的法制节目和栏目也在不断改版,创新传播形式,针对不同的受众群体开发出形式多样的法制新闻节目,比如:法制资讯类节目、以案说法专题类节目、法制热线咨询服务类节目和娱乐形式类节目等。本节以时间为脉络,力图展示新中国成立以来我国广播法制类节目的发展脉络,帮助读者更深入地了解广播媒体的复兴之路。

一、广播法制新闻报道的孕育期(建国初期到20世纪80年代初期)

这一时期没有专门的法制节目,法制信息量较少,多穿插于日常新闻播报中。

新中国成立后,我国迅速建成了一个从中央到地方的国营人民广播电台体系。"到1954年底,全国共有县广播站101座,中小城镇广播站705座,有线广播喇叭49854个"。① 在传播方式上,根据新闻总署1950年4月10日发布的《关于建立广播收音网》的精神,"全国各县、市人民政府、人民解放军各级政治机关以及其他机关、团体、工厂、学校均设有专职或兼职收听员,收听或记录中央和地方人民广播电台广播的新闻报道,向群众介绍广播节目,组织群众收听重要节目"。② 传播内容坚持宣传本位,重点介绍国内建设和外交成就。在法制信息传播方面,"50年代《婚姻法》《土地改革法》《宪法》先后制定实施,初步奠定了法制的基础,国家发动各种媒体广泛进行宣传教育,掀起了社会主义法制新闻报道的第一次浪潮"③。

由此,我们可以看到,在新中国成立后的很长一段时间里,广播是面向基层群众宣传国家成就的主要媒介。但法制信息的专业性较强,同时在传播取向上法制建设的成就与经济建设和外交相比起来略显次要,因此法制信息的数量总体偏少。同时在传播方式上,基层民众信息的获取主要通过收听员的转述,因此在转述的过程中会将一些专业性强的、与民众基本生活关系不大的信息剔除,以保证传播的效率。因此,法制信息总量较小,尚未形成专门的节目也在情理之中。

而且,从20世纪50年代后期开始,我国社会主义法制建设受到了"左"倾思想的严重干扰,尤其是"文革"10年,社会主义法制建设遭受了严重的破坏,广播电台成为"四人帮"推行全面专政的工具,对法制信息的传播则更加稀少。

二、广播法制新闻报道的初始期(20世纪80年代中期至90年代中期)

这一时期广播法制类栏目开始出现,数量较少,竞争力较弱。

20世纪80年代中期以后,我国的经济建设逐步走向正轨。伴随着社会主义市场经济体制的建立和不断完善,商业活动不断增加,与之相伴的是民众对信息的渴求度越来越高,不仅需要从事商业活动所

---

① 丁淦林:《中国新闻事业史》,高等教育出版社2002年版,第393页。
② 同上书,第402页。
③ 黄永红,周红:《我国法制新闻事业发展历史和现状分析》,载《安徽警官职业学院学报》2005年第5期第4卷(总第20期),第73页。

需的市场、金融信息,还有法制信息,民众希望以此来了解政策、法规环境,了解维权的方式等等。1985年,我国开展了全面的普法宣传工作,司法部、中宣部明确要求"……广播、电视……部门都应当把加强法制宣传教育、普及法律常识作为经常的重要任务"[1]。拨乱反正后,我国新闻事业进入又一个繁荣发展期,最大的特点是广播电视行业的迅速成长。"1980年,全国拥有广播电台106座,电视台38座,到1995年分别达到1210座和976座"[2]。

在此背景下,法制类节目开始出现,在这方面最早的探索开始于电视媒体1980年7月,中央电视台开办的《观察与思考》栏目被认为是中国法制节目的最早形态。到1985年,上海东方电视台《法律与道德》栏目创办,标志着我国电视类法制节目的产生。广播类的法制节目的出现稍晚一些。1983年中央人民广播电台推出的《法制园地》标志着广播法制类栏目的产生。但是,当时法制类栏目的发展并未真正在广播界形成风潮,一段时间以来都是央广"一家独大"的局面。这在一定程度上与当时的媒介大环境有关,电视的兴起使信息传递方式多样、生动,发展势头强劲。但当时广播媒体似乎尚未意识到形势的严峻程度,仍旧坚持以"广"为本的信息大杂烩思路,殊不知民众的信息需求已逐步由"广"变"专",且伴随其受教育程度的提高,信息获取的方式已更多的转向报纸与电视。

三、广播法制新闻报道的发展期(20世纪90年代中期至2000年)

这一时期广播法制类栏目大量出现,且多集中于地方台,传播方式同质化严重。

由于受到报纸和电视媒体的冲击,广播开始走上了差异化发展之路。1986年首家经济广播电台——珠江经济广播电台开播。1993年,北京电台开始一系列改革,从此"频道专业化"开始成为寻求广播媒体复兴的重要方案,"各地陆续办起了新闻台、经济台、交通台、文艺台、

---

[1] 许晓倩:《北京地区广播法制节目的传播效果研究——以北京人民广播电台〈法制天地〉为例》,中国政法大学2011年硕士学位论文,第1页。
[2] 丁淦林:《中国新闻事业史》,高等教育出版社2002年版,第531页。

音乐台、儿童台、信息台等"①。

在这一趋势下,法制节目和栏目大量涌现,我国绝大多数省级以上广播电台均开办了法制栏目,例如北京人民广播电台的《法制天地》(现改名为《警法在线》)、陕西人民广播电台的《时代法制》、江西人民广播电台的《人与法》等。这一阶段,地方台在创办法制栏目的过程中积极性很高。

也许是处于广播法制栏目的初创期,在节目的形式上同质化现象比较严重,不是邀请法律界名人在节目现场进行普法知识的讲座,就是对案例进行描述。这些栏目没有把枯燥的法律知识转化为日常生活中的小常识,感觉只是在给受众上法律课,这使法制节目的传播效果大打折扣,给受众留下了生硬、呆板的印象。但是,这一时期地方台争相创办法制栏目的积极探索无疑具有更重大的意义,为下一阶段广播法制栏目的全面繁荣奠定了基础。

四、广播法制新闻的全新改版期(2000年至今)

这一阶段既有的广播法制类栏目纷纷创新改版,传播形式多样化,互动性增强,广播法制节目进入繁荣发展期。

党的"十五大"把"依法治国,建设社会主义法治国家"作为一项基本的治国方略加以阐释,这为我国法制新闻事业的发展提供了更加广阔的空间。由于前一阶段法制类栏目已普遍在各地广播电台创立,因此这一阶段栏目的发展主要集中在节目内容和形式的创新上。

中央人民广播电台在2001年创办《现在开庭》栏目,开创了广播庭审节目的先河②,该栏目的节目最初采用的是录播形式以保证内容的精细化和文稿用词的准确性。但是时效性的缺乏不利于节目与受众的互动,于是在2004年改版后的《法治中国·现在开庭》栏目与听众见面,开始探索法制广播节目的直播之路。此外,各地方台也在不断完善其既有的法制栏目:比如江西人民广播电台在2004年对《人与

---

① 丁淦林:《中国新闻事业史》,高等教育出版社2002年版,第522页。
② 孙莹:《从中央人民广播电台〈法治中国〉看走向直播的法制广播》,载《中国广播》2007年第12期。

法》栏目进行改版,推出《人与法·空中神探》,是一档寓教于案、寓法于案、寓乐于案、极具参与性和互动性的破案型法制节目①。河南人民广播电台的《律师热线》则主打服务牌,把著名律师和法律专家邀请进直播室,通过热线电话和短信平台来为观众答疑解惑。陕西人民广播电台的《896法律专线》曾推出"影像中的司法"节目,通过电影、电视节目中的事件向听众解读其中所涉及的法律知识。我们可以发现,这一阶段的广播法制类栏目已不再拘泥于"案例介绍＋专家解读"的常规套路,而是更加贴近生活,更加注重互动,把法律知识化身为身边的小事件、融入法制栏目剧乃至电影和电视剧中,更加注重对不同的受众群采取不同的节目形式,组织不同的节目内容。

法制节目走向成熟的一个重要标志就是法制节目形式的多样化。从我国法制节目出现至今,从最初单一的普法性、纪实性、庭审式,再到谈话类、互动类等,节目的形式日益丰富。相信随着广播媒介自身发展的完善和高科技手段的运用,网络视频广播的出现会使节目的形式更加多样化了。

目前,在广播媒介中,法制节目大部分是以专栏节目的形式出现的,很少独立地形成一个调频波段。但随着频道专业化趋势的深入发展,可以想象在不久的将来,广播也会有属于自己的法制节目调频广播。

第四节　网络法制新闻报道的发展历程

根据中国互联网络信息中心(CNNIC)发布的最新数据显示,截至2013年6月底,我国网民规模达5.91亿人,半年共计新增网民2656万人,互联网普及率为44.1%,②并且随着社会的发展数量还将继续增加。中国互联网的飞速发展也为网络法制新闻的发展拓宽了渠道。

---

① 邓斌:《法制节目可以这样听——由热线直播节目〈人与法·空中神探〉说开去》,载《声屏世界》2006年第10期。
② 数据摘自中国互联网信息中心(CNNIC)第32次中国互联网络发展状况统计报告,载中国互联网络信息中心, http://www.cnnic.net.cn/hlwfzyj/hlwxzbg/hlwtjbg/201307/t20130717_40664.htm。

网络法制新闻的发展经历了两条路径,一条是从平台的角度看,网络法治新闻从传统媒体的法制新闻中独立出来,突出其"网络"的优势;另一条是从题材的角度看,网络法制新闻逐渐从社会新闻中独立出来,彰显其"法制"的个性。这两条路径交互缠绕将一个个网络法制新闻事件串连起来,使得看似零散而偶然的事件变得有迹可循。

一、网络法制新闻报道发展的第一阶段

这一阶段网民成为法制新闻主体,法制评论推动立法进程。

标志性事件:孙志刚案。

2003年3月17日,由于没有暂住证,湖北籍男子孙志刚被相关部门从广州的街头辗转送至收容人员救治站,并在此站中被工作人员和其他收容人员殴打致死。《南方都市报》率先对此事进行详细报道,而后引发全国媒体联动。

在此事件中,传统媒体、网络媒体、网民各有分工,特别是广大网友,一改过去新闻信息消费者的姿态,积极参与法制新闻生产,成为新闻评论的主体,虽然大部分的网络表态还仅是只言片语,离成熟形态的评论尚有距离,但最终收容遣送办法的废止和救助管理办法的出台,无疑是对这次法制新闻报道效果的肯定,其中网络媒体和网民的努力不可抹杀。

此后,无论新闻媒体是否愿承认,无论互联网网民是否意识到,网络新闻都不再只是专业新闻机构独家的舞台。在网络环境下,以往的信息传播渠道中传—受之间泾渭分明的局面已破,任何媒体如果对自身既为传者又为受者的双重角色不够重视,拒绝承认网民"自媒体"的地位,则失守网络这块阵地也是迟早的事。

二、网络法制新闻报道发展的第二阶段

这一时期网络法制新闻调查困难重重,公民记者重新认识自身能量。

其标志性事件:躲猫猫事件、邓玉娇案。

"孙志刚案"之后,中国网民开始逐渐意识到自己手中的巨大能量,随着互联网的发展和普及,这种能量先是以"人肉搜索"的形式呈

现出来，2006年的"虐猫事件"和"铜须门"让人们不仅切实感受到了网络力量的强大，也看到其可怕的一面，"人肉搜索"的是非功过至今难以定论，但此时网民的力量尚未触及法制领域。

2007年末，网络"打虎"运动如火如荼，一直延续到2008年。网民的热情高涨，"天价香烟事件"再起波澜，网民的推断力、调查力被充分调动，大家一定要把谜团弄个水落石出。如果说"虐猫事件"和"铜须门"的负面效应让网友对网络的力量还有所忌惮的话，那么"网络打虎"和"天价香烟"的正面效应则使网民对于自身力量的认识进入一个急速膨胀时期，认为只要能汇聚网络的能量，人民便无所不能。但这种膨胀的自信心在接下来的"躲猫猫事件"中便遭遇空前的打击，让中国网民第一次感到有心无力。

2009年2月，云南男子李乔明于看守所死亡，而据当地公安部门称，李乔明是因为跟狱友玩"躲猫猫"时头部受伤经抢救无效死亡的。这一离奇死因使得整个案件立刻受到媒体和网友的关注，一些热心网友被邀请加入云南省委宣传部组织的事件真相调查委员会，被寄予厚望的网友"风之末端"，作为网民代表在委员会成立之初摩拳擦掌，却带着一份饱受诟病的调查报告铩羽而归。由于没有查看监控录像和会见犯罪嫌疑人的权利，调查报告并未提供任何与案情有关的新内容。

这样的结果，引导中国网民开始思索，为什么网络"打虎"运动和"天价香烟事件"中网络力量的完胜不能复制在这件事上？"躲猫猫事件"的特殊性在哪里？网络的力量究竟可以延伸到什么范围、什么程度？

同年5月，"邓玉娇案"由湖北媒体首先以通讯员来稿进行简单报道，但是第一个来到案发现场的不是专业媒体，而是网友"屠夫"，他说服恩施优抚医院院方，见到邓玉娇，并把会见的照片上传，这些照片导致网上对邓玉娇的关注骤升，随后传统媒体才跟进，层层挖掘此案真相。

以上两个事件，以网络传播为先导，使中国网民逐渐认识到网络法制新闻的独特性，那就是司法天然的封闭性、程序性、独立性使得法制新闻的采写和报道都与一般社会新闻不同，网络传播同样也要关注到司法的程序性。但需要强调的是,被称为"公民记者"的网民无论力量有多强大,也不能牝鸡司晨,介入司法调查。

三、网络法制新闻报道发展的第三阶段

这一阶段网络法制新闻主体进一步丰富,公安博客和法院微博发展迅速。

早在2005年底,"第一公安博客"现身新浪博客频道,这个由河北省公安厅新闻中心担任博主的博客,在不到八个月的时间里吸引了86万网民点击。随后,各省各地的公安机关纷纷仿效开设博客,内容以警讯和防范提示为主,也有一些反映公安工作的文艺作品。2010年之后,公安微博、法院微博、检察院微博相继出现,在2010年10月发生的河北大学车祸事件中,保定市公安局官方微博发布犯罪嫌疑人李启铭的父亲李刚接受央视独家采访的消息,此条微博立刻引来网友质疑,认为微博的内容表示保定市公安局的立场明显倾向犯罪嫌疑人一方,保定公安网络发言人在微博上解释,发布此条道歉信息是应博友的要求,披露李刚对此事的态度,不会影响案件的依法办理。

在传统的法制新闻中,公检法长期处于被报道的角色,而在网络环境下,公检法可以自己发声。这种变化,一方面极大地扩展了法制新闻的消息源,使日常的法制信息更丰富,满足人民对于此类信息的阅读需求,另一方面建立了重大法制事件中普通民众与公检法直接沟通的桥梁,使民众的意见和建议以及公检法的行动和态度以未经转述的本来面目呈现,专业的新闻机构得以从公检法和民众两面不讨好的窘境中解脱出来,三方共同构成法制新闻传播的新格局。

四、网络法制新闻报道发展的第四阶段

这一阶段广大网民与公安部门无间配合,网络法制新闻成为破案线索。

标志性事件:微博打拐。

2011年,借由微博的力量,被拐儿童彭乐文终于回到亲生父母的怀抱,由此拉开了微博打拐的大幕。截至2011年底,公安部打拐办利

用微博上1600多条拐卖犯罪的线索破获了大批案件①。微博打拐有两种基本模式,一种是由被拐儿童的亲属提供儿童的照片及详细信息,然后通过微博转发,直到有人提供孩子的线索;另一种是中国社会科学院学者于建嵘开创的模式,随手把流浪乞讨儿童拍下来上传至微博,同样通过转发,让被拐儿童的亲属来识别。无论哪种模式,线索的传播路径都与以往通缉或悬赏不同,过去的线索仅在提供线索的人和公安部门两点之间直线传播,而微博打拐的线索则呈网状传播,这种线索不再只是线索,同时也是一条新闻信息。

传统的法制新闻的主要功能之一,是报道正在发生或者已经发生的法制事件。作为报道者,法制新闻的记者理应置身于司法程序之外,类似"暗访""偷拍""偷录"等提供线索、采集证据行为本身的合法性屡遭质疑。而微博传播条件下,热心网友作为网络法制新闻的公民记者,以这种更阳光的方式将线索变成新闻传播开来,配合公安部门打击拐卖儿童的犯罪,赋予网络法制新闻不同于传统法制新闻的新功能。

总之,中国的网络法制新闻离不开一个"法"字。在民意能够成为影响立法的重要因素的时候、在网民自觉为其介入行为划定界限的时候、在国家公权力机关以更开放的姿态置身于民众监督之下的时候,中国网络法制新闻进一步得到发展。同样,中国的网络法制新闻更离不开一个"人"字,因为网络法制新闻的发展过程,其实就是媒体人、网友以及司法活动主体等各方加深对法制新闻特点认识的过程,是他们寻找自己在网络传播中地位的过程,也是他们合力推动中国实现"依法治国"的过程。

---

① 高鑫:《陈士渠:打拐办从微博上收到1600多条犯罪线索》,时间:2011-12-24 11:23:00,载正义网:http://news.jcrb.com/jxsw/201112/t20111224_779190.html。

第四章　中国法制报道的现状

随着中国法治建设进程的推进,民主法治、自由平等、公平正义的理念在全社会逐步形成共识,中国法制报道也迎来了一个新的快速发展期。一方面,法制新闻报道的深度、广度迅速拓展;另一方面,法制新闻报道引起的社会反响更为强烈,药家鑫案、李刚案、李庄案等均为新闻焦点,成为社会各界讨论的重要议题。本章通过对法制报道的现状的展示,剖析法制报道发展趋势和发展中的问题,以期能够为法制新闻报道的发展提供些参考。

第一节　报刊法制新闻报道的现状

报刊类媒体法制新闻发轫于20世纪80年代,应普法宣传之需而生,随着5个"普法五年计划"推进,法制新闻日渐繁荣,从1980年中国第一张法制报——《中国法制报》创刊,法制类报刊已经建构了一个覆盖全国的立体化格局。并且,近年来随着依法治国成为国策和民众共识,综合类报刊的法制新闻也呈增量发展态势。

一、报刊法制报道的发展

2003年,管理部门调整报刊结构,治理报刊散滥现象,一些处在生存困境的法制报刊被压缩。但是此番整顿也揭开了法制报刊发展新的一页,法制新闻走上了按照新闻规律办报的探索时期。纵观这十

年,报刊法制报道获得了以下大发展:

(一)法制报道更受重视

随着我国民主和法制建设的不断发展,法制报道近年来不仅发展更快,而且深入到社会生活的各个领域,更受社会各界的重视。这体现在两个方面:

第一,法制新闻见报数量激增。在报纸上的各类新闻题材当中,相比于财经新闻、社会新闻、甚至是体育新闻而言,法制新闻报道都一直作为一个较小的门类而存在。而根据此次的监测调查,我们发现法制新闻报道在平面媒体上的受重视程度超过了之前的一般认识,实际上占据了相当的比例。这一方面是因为我国法制化进程在客观上的推动作用,另一方面也是广大读者自身对于此类信息的需求所致。《法制晚报》是由北京青年报社创办的一份都市报,"离你最近的报纸"是其办报理念,课题组对2010年11月15日至12月15日历时31天的《法制晚报》进行了内容分析,结果显示《法制晚报》的法制类报道的绝对数量和比例是相当大的。在经过统计的三千余条新闻报道中,严格意义上的法制新闻所占的比例达到了11.42%;在所有的头版新闻的统计中,法制新闻的数量占到了12.82%;而在所有的要闻版新闻里,法制新闻的比例也占到了12%。而对同期的《人民日报》《南方周末》以及《法制日报》的内容分析也显示,严格意义上的法制新闻也都占到了每日所有新闻的10%左右。此外,还有大量涉及法制的内容但并非严格意义上的法制新闻信息大量存在于社会新闻、财经新闻、社区新闻等版面当中,与其他题材的新闻报道结合在一起,在传递各类资讯的同时,也包含了一定程度的法制信息。

第二,越来越多的法制新闻成为引爆舆论的热点。以2010年全国舆情事件为例,全年舆情事件"近一半事件集中在社会与法领域"[1],并且,"大量热点事件属于司法领域的事件,与2009年相比,社会与法领域的事件增长了近15%"。"全年舆情事件的关涉主体:公检法系统、

---

[1] 喻国明:《中国社会舆情年度报告(2011)》,人民日报出版社2011年版,第18页。

明星、县处级官员"①。药家鑫案、李庄案、宜黄拆迁案、吴英案等诸多案件引发公众大讨论。值得关注的是,这些案件之所以被关注,不仅仅在于案情本身,公民对法治国家建设的意识随之苏醒。

例如李庄案。2009年中国重庆市黑社会性质团伙主要嫌疑人龚刚模被起诉,原辩护律师为李庄。当地检察院以诉讼代理人毁灭证据、伪造证据、妨害作证等罪名对李庄提起公诉。这一刑事案件被称为李庄伪证案,俗称李庄案。该案被中国诸多媒体所报道,关于法治、司法独立和程序正义、律师职业道德和人身权利、金钱利益和腐败、媒体"通稿"及更多内幕的争议,在社会上,特别是在法律界引起了诸多讨论。该案于2009年末、2010年初进行了一审和二审,李庄二审被判处有期徒刑一年六个月。2011年4月进行了李庄遗漏罪行的审理,但最后因证据存疑,检方撤诉。这一案情复杂的案件引发了社会各界特别是法律界的深思及反思,律师尤其是刑辩律师执业环境问题、司法界潜规则、"打黑"和"黑打"等一系列问题的深层思考具有社会意义。

再如,重庆网民"方竹笋"发微博遭劳教事件。2011年4月19日至22日,重庆市涪陵区林业局职工方洪在微博上多次以网名"方竹笋"发表言论。4月22日,在得知李庄因"漏罪"被撤回起诉的消息后,发表了一则内容为"这次就是勃起来屙了一坨屎叫×××吃,×××端给检察院,检察院端给法院,法院叫李庄吃,李庄原律师说他不饿,谁屙的谁吃,这不退给王博士了,他主子屙的他不吃谁吃"的言论。2011年4月24日,重庆市劳教委向方洪送达了《重庆市人民政府劳动教养管理委员会聆询告知书》,告知方洪因虚构事实扰乱公共秩序,根据《劳动教养试行办法》第十条第(四)项的规定,拟决定对方洪劳动教养一年。2012年5月,方洪劳动教养期满后向重庆三中院提起行政诉讼。法院经过审理后认为,原告方洪用网名"方竹笋"在微博上发表的评论,虽然言辞不雅,但不属于散布谣言,也未造成扰乱社会治安秩序的严重后果,更不具备"严重危害社会秩序和国家利益"这一基本要件。被告以原告方洪虚构事实扰乱社会治安秩序作出劳动教养一年

---

① 喻国明:《中国社会舆情年度报告(2011)》,人民日报出版社2011年版,第20页。

的决定事实不清、证据不足。法院同时认为,国家公务人员对公民基于其职务行为的批评,应当保持克制、包容和谦恭的态度。法院审理认为,被诉劳动教养决定违法,本应撤销。但由于该行政强制措施已经执行完毕,不具有可撤销内容,故依法确认该劳动教养决定违法①。被网友戏称为"一坨屎劳教案"至此告一段落,此案判决宣布后,庭审现场一片掌声,微博一片喝彩。辩护律师斯伟江的辩护词说:"公民选举政府官员,不是用来赞美的,而是用来服务自己的。方洪的微博在言论自由范围之内,劳教委的决定是一种严重侵权行为。方洪的行为是公民行使言论自由,其言论并没有煽动起即刻的暴力,也没有人会因此而闹事。离言论自由的边界,有很远的距离。公权力尤其是对政府及政府官员的批评上,一定要容忍说错话。"②这段铿锵有力的辩护词代表了司法界乃至公众对此案的思考。一系列公众所关注的法制报道激发了非常广泛的讨论,这些舆论使我们意识到,热点法制报道在一定意义上不是在普法,而是在普及法治中国的意识和理念。法治中国成为公众在近年乃至未来最重要的诉求。

(二)法制新闻报道范围扩大

由于报道理念的提升,专业风格的变化,我国的报刊法制报道的对象范围逐渐扩大,关注的内容已经超出了传统的政法部门信息,而囊括了社会生活各方面与法治有关的一切内容。从政法新闻到法制新闻,从法制新闻到法治新闻,法制媒体的报道范围经过了一次淬炼。

我国的报纸法制新闻报道从"政法报道"到"法制报道"的过渡,摆脱了早期法制新闻紧盯公检法,报道多关涉诉讼、犯罪等题材的狭窄报道范围,从单一地报道政法系统单位的资讯和活动,扩大到了对法律制度、法律实施和法律监督多方面的报道,初步实现了法眼看社会。例如对《法制晚报》的法制报道数量监测显示,该报十分注重跟踪各种

---

① 朱薇:《重庆法院:劳教委对网民发微博被劳教决定违法》,2012 年 06 月 29 日 14:31,载中国经济网: http://news.sohu.com/20120629/n346878555.shtml。
② 斯伟江:《直面历史,才有未来——方洪诉重庆市劳教委一坨屎劳教案代理词》,载斯伟江新浪博客: http://blog.sina.com.cn/s/blog_4b9cb36b0101548u.html。

法制信息,包括立法资讯、执法情况、纪检监察、案件新闻、法律法规解释适用、反腐维权、司法机关动态等等(见图4-1),显示出《法制晚报》致力于帮助市民解读我国法制化进程的意图,并同时为我国的司法部门做好宣传工作;另一方面,专门设立的法制副刊则定位于市民所关心的民法、商法等领域的纠纷,聘请专家答疑解惑,替市民排忧解难的同时也致力于做好传统媒体的普法工作。所以,我们也可以从这个方面看出《法制晚报》独特的"法眼"角度,它正是利用这一独特的角度来理解社会、理解新闻,以此为基础向读者提供一种全新的新闻资讯服务。

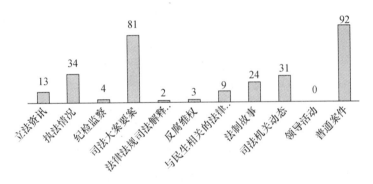

图4-1 《法制晚报》各类法制新闻的题材数量
(2010年11月15日至2010年12月15日)

事实上,不仅都市报,综合性报纸的法制新闻报道范围也逐步拓展,课题组对《人民日报》从2010年11月15日到12月15日的法制报道做了内容分析,如图4-2所示,领导活动和司法机关动态仅占2%,与民生相关的法律资讯占7%,执法情况占34%。从我国现实情况来看,能与国家法律制度相联系的事物,绝不限于立法、司法等专业法律部门的活动,而是牵涉十几亿人民的生活,人民日报法制报道题材的分布显示,法制新闻逐步拓展,与法治中国进程框架下的国情民意吻合。

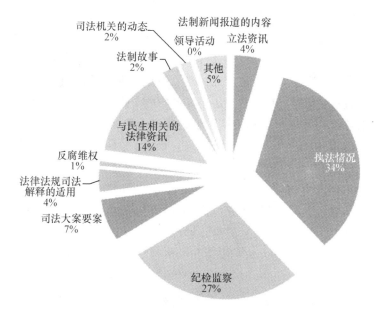

**图 4-2　《人民日报》各类法制新闻的报道题材数量
（2010 年 11 月 15 日至 2010 年 12 月 15 日）**

（三）法制新闻的专业性增强

"专业性"一词,有多种含义。在《现代汉语词典》中,"专业"一词在"专业化""专业生产"等词组中的含义为"产业部门中根据产品生产的不同过程而分成的各业务部分"[①]。新闻专业主义是西方新闻学中的重要概念,是美国政党报纸解体之后在新闻同行中发展起来的"公共服务"的信念。"在微观层面,对从事专业型职业的人来说,专业主义体现在他们对自己工作的基本信念和态度,其中包括:(1)服务公众的意识;(2)专业自律意识;(3)遵循专业社区共享的专业标准;(4)以专业的内在因素(如服务、贡献及专业成就)为基本动力;(5)工作自主。"[②]这一提法较好地诠释了新闻专业主义中所提及的"专业性"的内涵。

---

① 中国社会科学语言研究所词典编辑室:《现代汉语词典》,商务印书馆 1998 年版,第 1650 页。

② 转引自吴飞、吴风:《新闻专业主义理念的建构》,载《中国人民大学学报》2004 年第 6 期,原文出处为 Hall, R. H. Professionalization and Bureaucratization[J]. American Sociological Review, 1968, 33(1):第 92—104 页。

法制新闻实证研究：对媒体法制新闻报道的监测与分析

法制新闻的"专业性"，并无严格意义的概念，约定俗成的提法中，一般是指它既含有新闻因素，又显示出法律专业的行业色彩。对法律专业的报道的复杂性，法律知识储备的高要求决定了法制新闻专业化生产的难度。从这个角度来说，对法制新闻"专业性"的要求兼有对新闻内容生产的专业性要求和服务于法律读者的对法律性内容的专业性要求。

随着社会各界对法制信息需求的激增及法制新闻受众不断成长，法制新闻报道的专业性也有所增强。而且，与网络媒体等新媒体相比，权威性和专业性是以报纸为代表的传统媒体的重要特征，而报纸提供的可信度高、专业性强、较为系统全面的信息，也是广大读者们所需要和信赖的。我国报刊法制新闻公信力为受众所认可，信息来源的可信度较高，关于新闻信息的具体解释也较为专业、权威。

课题组对法制报道的专业性和权威性做了评价，以中国政法大学新闻与传播学院研究生一年级的阅读水平为基准，对《法制晚报》《法制日报》《人民日报》几份报纸的法制报道进行人工统计评价，统计结果显示，在对新闻信息"解释的评价"这一项当中，同学们认为《法制晚报》法制新闻解释评价"权威"的比例占84.6%，评价"较权威"的占15.4%，评价"专业"的占61.5%，评价"较专业"的占38.5%；《人民日报》法制新闻解释评价"权威"的比例占91%，评价较权威的占9%，评价"专业"的占96%，评价较专业的占4%。

在"谁提供解释"这一项中，《法制晚报》信息解释人里由"专家"提供的比例占50%，由"业内人士"提供的比例占41.7%，由"司法部门工作人员"提供的比例占8.3%。《法制日报》的法制信息解释提供人中，"专家"的比例占45%，"业内人士"占7%，"司法部门"占40%，"非法律专家"比例占8%。

在法制新闻消息"信息采集能力"一项中，《法制晚报》的法制新闻来自"权威消息源"比例占到了53%，来自"新闻核心消息源"的比例占到了33%，《法制日报》要闻版新闻来自"权威消息源"的比例占到了87%，来自"新闻核心消息源"的比例占到了13%，而《人民日报》的同项比例分别是89%和11%。

这些数据充分说明了我国法制新闻报道十分注重法制新闻事实的准确性和对法制新闻信息解读的权威性和专业性。

法制新闻专业性的增强还体现在法制新闻的深度报道和组合式

深度报道的数量在增加。报纸法制新闻整体加强了对法制新闻的深度阐释。媒体针对一个法制事件的报道,可以是追求短平快的资讯传递,可以是深度的调查性挖掘,也可以是评述性质的发表观点。目前我国的法制类报道可以说是体裁完备,构建起了对新闻事件的立体化传播。媒体对于一个法制事件的追踪报道往往呈现出这样的链条:资讯快递—读者互动—调查性报道深入—专题汇总—发表评论观点,最终为读者构建出一个由浅入深、由点到面的完整的新闻图景,从而帮助读者更好地审视、解读一个新闻事件。例如一篇名为《报警一年 假证网站仍在骗》[①]的专题报道,讲述的是一个假学历网站遭到举报后一年多仍旧"正常营业"的社会不良现象,就是由记者观察到的新闻线索开始,对事件进行调查、取证,其间采取了暗访等操作手段,最后总结出事件的概貌和结果,并且提出了自己的疑问和观点,整个专题策划体现出了采编人员对法制类题材的良好把握。

(四)法制新闻评论崛起

我国正处在经济转轨、社会转型的大变革时期,随着社会矛盾的剧增,与时事紧密关联的新闻评论越来越引发人们的重视。其发展趋势呈现时评规模化、评论主体逐渐扩散、评论范围逐步扩大、评论读者不断下移的过程。具体表现在以下几个方面:

第一,法制新闻评论数量增加,形式更为多样。法制新闻评论的重要职能就是传递观念和意见、引导社会舆论。从课题组所做三份日报的数量统计来看,2010 年 11 月 15 日至 12 月 15 日《法制日报》共有 70 篇法制新闻评论,日均 2.3 篇,《人民日报》法制新闻评论 36 篇,日均 1.2 篇;《法制晚报》法制新闻评论则较少,总共 6 篇,日均 0.2 篇。法制新闻评论通常针对新近发生的法制新闻事实和法制新闻信息,直接发议论,讲道理。随着法制新闻事件增多,法制新闻更受关注,针对法制事件的新闻评论也呈现整体增加之势。

而且,从法制报刊新闻评论的现状来看,目前,法制新闻评论已经走出了早期新闻评论政论化,八股套路的单一、僵化风格。一些报纸专门开设有法制新闻评论专版,这些评论取材灵活,绝大多数的社会现象和社会问题都可以成为评论的题材,上到国家大事,下到老百姓

---

① 马熹哲:《报警一年 假证网站仍在》,载《法制晚报》2010 年 11 月 25 日 第 A10 版。

的市井生活,在评论员的细心观察之下都有可以论道之处。以《法制日报》2011年9月2日的法制新闻评论专版《声音》为例,刊登了《税收,如何才能听到最少的"鹅叫"》《"见死不救罪"应该入法》《公民隐私权需要公权与媒体共同呵护》《发言人,先说人话再说官话》《强制捐款,没有人们想得那么善良》《11刀自杀,质疑前不妨补点法医课》等等文章,评论选题论及税收、慈善腐败、立法、公民权利、发言人制度等诸多问题以及一些社会热点司法案件。这些评论文章文笔犀利,标题引人注目,思想活跃,振聋发聩,有效传播了法制观念,引领了大众舆论,兼具批评性、建设性、引导性。也有一些报纸采取评论专栏、专家评论、长篇新闻述评等多种操作模式。

第二,对法制事件的评价针砭时弊,非常及时。早期的法制新闻评论带有强烈的时代特征,以政论为主,近几年法制新闻评论的热潮伴随着时评的再次兴起,亦有明显的时代特色。以《检察日报》的"法治评论周刊"为例,在2011年该刊引起较大社会反响的话题评论有《代课教师,被劳动合同遗忘的群体》《五问小升初》《打折机票,订错只能认倒霉?》《郭美美事件的法律解读》《法律真的管不着见死不救吗》《同样拿稿酬,编辑记者凭啥多交税?》《转载稿酬,多少能进作者腰包?》等。这些法制评论每一篇后面都是一个公众关注的事件或现象,评论及时并且有针对性。

(五)报纸法制报道多元传播格局形成

伴随经济社会多元发展,社会舆论的复杂性和多样性特征愈益突出。法制新闻和评论作为社会舆论的现实反映,亦呈现出多元化特征。换言之,法制报道的多元传播格局正在形成。

报刊作为一种传统的大众媒体,时至今日仍拥有大量的读者。报刊读者的身份背景各不相同,读者的需要也差异化的。在以读者需求为核心的新闻操作理念影响下,目前的报刊法制新闻报道,也已经初步形成了多元化的传播格局。

第一,从受众群体的角度出发,法制新闻报刊受众细分,定位细化,给法制类新闻的读者以一定的选择空间。事实上,目前我国的法制类报刊已经对背景不同、需求不同的读者群做到了基本的覆盖,有受市民读者欢迎的都市报类的《法制晚报》;有专供司法机关读者阅读的《人民法院报》《检察日报》《法制日报》等行业机关报;也有供研究者、业内人士阅读的学术期刊《中国法学》《法学研究》。从报道内容、体裁的分类角度出发,《法制晚报》《法制日报》等媒体,满足了读者对于新近法制资讯的需求;《南方周末》《民主与法制》等则更倾向于满足读者对于法制新闻事件深度阅读需要。

第二,不同类型媒体的法制新闻报道已经形成差异。课题组的内容分析显示,《法制晚报》将法制特色较好地与都市报风格结合在一起,法制新闻体裁多样,消息、通讯、深度报道、评论、漫画等无不包含,将对法制类事件和资讯的关注充分"立体化",同时还设有法制副刊,刊载法制服务信息、普法专栏等。因报纸定位服务于市民,故事性强,例如《法制晚报》名专栏《丽案调查》就以法制故事取胜,以情动人。而《人民日报》的法制报道涉及内容多种多样,排名前三依次为执法情况、纪检监察以及与民生相关的法律咨询,而领导活动以及反腐维权则相对较少涉及。(见图4-3)

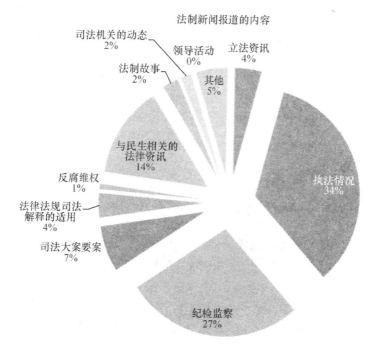

图 4-3 《人民日报》法制报道的题材分布

第三,法制新闻评论呈现多元格局,主流媒体法制新闻评论倾向以法说理,富有建设性,市场化运作的媒体法制新闻评论则倾向于批判。党报及政法系统机关报法制评论的意见表达角度主要以法制性建议为主、对于倡导法治精神,建构健康法制舆论环境发挥了正面作用。课题组对《法制日报》《人民日报》的法制新闻评论内容分析,结果显示,主流法制新闻评论具有建设性。《法制日报》的评论立场如表4-1和表4-2所示,以案说理、提出法制建议的共占71.42%;《人民日报》则倾向于直接提出建议,如图4-4所示,51%直接提出建议,25%先批判再提出建议。但是,与此不同的是,市场化运作的报纸则呈现出相反的态势。例如《南方周末》,同一时间的法制新闻评论超过半数是批判型的意见,占54%,中立型和支持型各占23%。

表4-1 《法制日报》法制新闻评论的角度

日期	意见表达的角度				
	倡导法治精神	以法说理	点评案件各方	法制性建议	批判现行法律规制
总计	10	32	5	18	5
比例	14.29	45.71	7.14	25.71	7.14

表4-2 《法制日报》法制新闻评论的态度类型

日期	意见立场		
	批判型	中立型	支持型
总计	26	30	14
比例	37.14	42.86	20

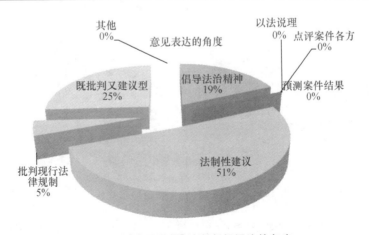

图4-4 《人民日报》法制新闻评论的角度

二、解析报刊法制报道的现状

从法制新闻媒体的环境监测功能、普法功能、舆论引导功能、舆论监督功能等方面综合评价报刊法制报道的现状,课题组得出如下结论:

(一)具备较强的内容生产能力,及时报道法制领域的事实变动,但是题材覆盖不均衡。

从课题组文本分析的结果来看,《人民日报》《法制日报》《法制晚报》《南方周末》等报刊的法制报道充分显示了法制报道在信息采集、编辑制作方面的成熟。

首先,各报刊重视法制新闻报道。《人民日报》在2010年11月15日到12月15日,每日法制新闻占新闻报道总数的比例最多为27.40%,最少为2.00%,平均占了14.15%。每周三还设有《民主政治》周刊。作为《人民日报》最具代表性的法制周刊,它占据着党报法制报道"领头羊"的地位。它包括民主政治周刊、法制建设、法治实践以及议政建言等版面。而《法制晚报》同期版面统计中,头版新闻的12.82%都为法制新闻;要闻版新闻中12%为法制新闻。法制新闻绝对数量大,报社投入版面多是法制新闻良好发展态势的一个特征。

其次,法制报道报道及时,较注重新闻采写操作的规范。例如《法制日报》法制新闻自采率为90.86%,新闻报道权威性消息源的比例为87%,对核心消息源的使用比例为13%;《法制晚报》的法制新闻57%为次日发出,22%的新闻为非事件性新闻,53%的报道使用权威消息源,33%的消息源为核心消息源。新闻操作的及时与规范表明报刊的法制报道具备良好的新闻捕捉能力和编辑制作能力。

再次,值得注意的是,报刊法制报道呈现出题材方面的不均衡,这使得法制报刊在还原和再现真实法制环境时不可避免地会出现偏颇。这主要体现在法制新闻报道以案件为主,对其他层面涉及较少。《法制晚报》的法制新闻在题材选择方面,案件新闻就占了绝对多数的比例。31天的监测活动中,司法大案、要案和普通案件的报道共有173篇,占总数的46.8%。反观其他与民生相关的、法制社会中应该得到足够重视的题材,则是少之又少:法律法规解释的题材仅有2篇,反腐监督的题材仅有3篇,民生相关的法律资讯仅有9篇。并且案件报道体现出重刑轻民的取向。根据课题组文本统计,具有代表性的几家报刊在法制新闻的案讯题材选择上,都体现出了这一特征,选取刑事案件的数量远远超出其他类型的案件,《法制日报》的刑事类案件题材数量达到了75%;《法制晚报》的刑事类案件数量达到了53%;《人民日报》的刑事类案件数量达到了82%;其余的民事案件和其他类型案件数量整体上处于绝对的少数。(见图4-5)而中国案件类型实际分布情况并非如此。如图4-6所示,实际上民事案件远多于刑事案件。"中国改革开放以来,人民法院所受理的一审、二审、再审各类案件的数量已经由1978年的61.3万件上升到2009年的746.2万件,增长了11.2倍;其中刑事案件由29.5万件增长到87.2万件,增长1.9倍,民事案件从31.8万件增长到643.6万件,增长19.2倍,行政案件由1987年的6千多件增长到2009年的15.4万件,增长23.7倍。各类案件中刑事案件所占的比例越来越少,由1978年的48%下降到2009年的11.7%,民事案件的比例越来越大,由51.9%上升到86.2%,行政案件虽然增长很快,但份额很小,由1987年的0.3%上升到2009年的2.1%。"①就可读性而言,刑事案件往往有离奇的情节、有凶杀和色情故事,更能吸引读者,这恐怕是媒体选择出现偏重的重要原因。但是绝大多数人只能通过媒体提供的报道去了解身外世界,人的行为已经不再是对客观环境及其变化做出的反应,而是对新闻机构提示的某种"拟态环境"的反应。从这个意义上说,媒体对题材选择的倾向影响了受众对所处环境的认知。

---

① 朱景文:《中国近30年来诉讼案件数量分析——〈2011中国法律发展报告〉节选》,载《法制日报》2012年1月18日第9版。

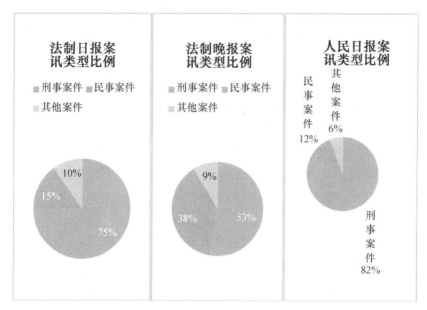

图 4-5 各报报道案件类型分布

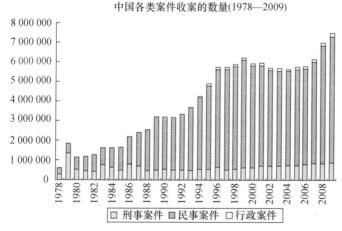

图 4-6 1978—2009 年我国各类案件收案情况①

---

① 朱景文:《中国近 30 年来诉讼案件数量分析——〈2011 中国法律发展报告〉节选》,载《法制日报》2012 年 1 月 18 日第 9 版。

(二)报刊法制新闻在法制领域坚持以正确的舆论引导人,树立了正确舆论导向,但是舆论引导的方式、方法还可进一步提高

舆论引导工作是政法工作的重要组成部分,社会转型的特殊历史时期,社会矛盾复杂交错,给法制媒体的舆论引导工作提出新的挑战。随着网络规模和网民数量的扩大,社会思想多元、多样、多变的趋势日益明显,信息传播和舆论参与主体、参与方式日趋复杂。有效引导舆论,赢得话语权,掌握主导权,构建良好的法制舆论环境非常重要。

从现状来看,报刊法制报道在履行媒体的舆论引导功能,维护良好法律舆论环境方面起到了很好的作用。以2010年12月18日—20日召开的全国政法工作会议报道为例,法制类报纸全国政法工作会议的新闻报道策划是在广播电视网络等不同媒介及党报、都市报等不同定位的报纸共同建造的传媒丛林中完成的。该策划以正确舆论导向、大局意识、全局意识独树一帜。《法制日报》《检察日报》《人民法院报》等几家法制媒体的新闻报道策划注重营造会议氛围,注重对"推进社会矛盾化解、社会管理创新、公正廉洁执法"等三项重点工作的总结性报道,注重对"十二五"期间政法工作重点的解读,突出主题、凝聚信心、汇集力量,形成了正确的舆论导向。再如2012年的"两会",素有"小宪法"之称的刑诉法大修成为热中之热。重大修法事件的报道有其特殊性,修法程序的复杂性和法律的专业性使这类题材往往有大量需要报道的内容和需要深度解读的内容。但是出于新闻理念、稿件来源、受众关注度、采编力量的考虑,以往的立法修法报道并非都市类媒体、大众性媒体的着力点。但是随着言路进一步开放,法治建设进程加快,依法治国形成社会普遍共识,立法修法事件已成为各类媒体的报道重点,专业性媒体和都市类媒体、综合性机关报遥相呼应。刑诉法修法报道在"两会"期间获得如此广泛的社会关注,与其报刊法制报道的新闻落点的读者意识相关。要进行有效舆论引导,媒体需要发挥媒体议程设置功能,使受众能够对新法有全面正确地认识。各报从大处着眼,小处落笔,把刑诉法修改与民生联系起来。法律与民生息息相关,起到了良好的舆论引导作用。例如,《法制晚报》在2012年3月8日见报的《聚焦刑诉法》两个专版分别以《王兆国作刑事诉讼法修正案(草案)说明 新增尊重和保障人权 另外明确规定除无法通知外——

逮捕嫌犯24小时内通知家属》《被害人死亡或丧失行为能力 近亲属有权提附带民事诉讼 此外——贪官死亡赃款也将依法追缴》为题,其中"逮捕嫌犯24小时内通知家属""贪官死亡赃款也将依法追缴"为主题,通栏编排。这一版面处理方式抓住了老百姓最感兴趣的点。《新京报》在3月8日作了6个版面的"关注刑诉法"专题,6个版的头条标题分别为《"尊重和保障人权"写入了刑诉法 危害国家安全被拘可不通知家属》《不得强迫任何人自证其罪》《贪官外逃面临"人财两空"》《严格监外执行 避免花钱减刑》《律师代表委员合力助推修法》《陈光中:"保障人权"条款须继续修订》,显然这6个版面每个都是当前社会讨论最多的、民生视野中最受关注的新闻。引导受众关注热点问题,在受众关注的热点新闻中担负起解读的作用,并加以引导,这是长于深度报道的报刊法制新闻的成功之笔。

但是,从另一个角度来说,报刊法制新闻目前仍存在是舆论引导不充分,引导效果不突出的问题。报刊进行舆论引导的情况有两种,一是舆论建构时发出有力声音,一是出现不当舆论时能够廓清迷雾,引导舆论走向。但是,从现有法制报道来看,在这两个方面,报刊影响都不充分。

首先,体现在法制评论中正面建构舆论的评论数量较少、影响力有限。例如《法制晚报》的法制评论总数量仅占全部文章的1.6%,这对于在合适时机表达意见,显然是远远不够的。再如,每年的政法工作会议的时候,堪称盘点全年政法工作走向的重要时刻,《法制晚报》几无重头新闻报道,更遑论法制新闻评论。类似情形也出现在其他市场化报刊。大众化报刊的正面法制舆论建构不足,造成的局面是专业法制媒体受众接触舆论引导多,综合性机关报受众接受舆论引导多,而大众媒体受众即广大市民对舆论导向的接触少,多元传播格局之中舆论引导出现失衡。

其次,报刊的舆论引导的方式方法也还有不尽如人意之处。例如李庄案,舆论沸沸扬扬之时,公众往往更需要在真相面前建构正确的舆论,并慢慢归于秩序。但是当时一些报刊,甚至是一些大报机关报,在未做充分调查的情况下,拼凑摘发通稿,用词偏激,反而引发不良效果。此外,在一些案情复杂的舆情事件中,一些报刊也存在反应迟滞等问题。

（三）舆论监督还欠规范，既需要提高技巧，也需要提高法制意识

舆论监督是新闻媒体拥有运用舆论的独特力量，帮助公众了解政府事务、社会事务和一切涉及公共利益的事务，并促使其沿着法制和社会生活公共准则的方向运作。近年来，因中国正处于社会转型期，社会矛盾渐渐显露，国民法治意识增强，政法领域的舆论监督报道备受关注。但是，值得注意的是，这些舆论监督类的法制新闻在针砭时弊、"治病救人"的同时，也存在一些误区，引发双重社会反应，特别是一些报道很不规范，为社会所诟病。在有悖法治精神的逻辑下进行法制新闻的舆论监督报道，有陷入迎合部分民众极化情绪的危险，不利于客观公正地报道事实真相。

（四）实用性和服务性有所增强，但离读者需求尚有距离

注重普法功能，更强调实用性与服务性是近年来法制报刊的一个显著变化。从一定意义上说，这也是为了满足读者需求。随着法律纠纷的增加，读者对法制新闻的需求也不仅仅局限于新闻价值，也需要资讯的实用性。事实上，法制类资讯就是广大读者迫切需要的实用性的信息。当下，我国已经正式建成社会主义法制体系，老百姓的日常生活已经离不开法律；社会生活中出现的各式各样的问题、纠纷越来越倾向于通过法律手段解决；而国家完善立法进程正在进一步加速，新近立法、新增法规以及关于法律法规适用的司法解释也在不断出台；考虑到法律是一门艰深复杂的知识，普通百姓在理解和运用上存在着一定困难，因而法制新闻报道的另一重大功能——服务功能，则显得不可或缺。

报刊法制新闻报道的服务性在于着眼解决现实问题，关注社会民生。各报主要采取这样一些措施：设置形式灵活多变的法律服务专栏，有专家专栏、读者来信解答、律师答疑、专题讨论、公检法权威人士解读等等方式，为读者积极解决问题，并加强与读者之间的交流，实现实时互动，了解读者需要，及时为其提供实用性、服务性强的各类法制信息。此外，加强新闻或话题选择的实用价值，如对立法、修法的报道。近两年《国有土地上房屋征收与补偿条例》《著作权法》《预算法修正案》等一系列法律的修订显示在立法、修法的过程中，倾听民意成

为常态,这不仅体现出科学立法、民主立法的理念,同时亦使修法立法成民众关注的焦点。

报纸法制新闻也比较擅长以案说法,将普法意图渗透进此类报道,很有意义,如《婚姻法》新司法解释出台前后,报刊纷纷以此为话题,为读者介绍父母买房将来的归属等问题,具有较强的现实指导意义。特别是在2011年8月19日,各大报纸都报道了北京市西城区法院受理的一起夫妻离婚财产纠纷案件,而此案件则是新近出台《婚姻法司法解释三》之后我国法院首次适用该司法解释。由于《婚姻法司法解释三》对于夫妻双方的离婚财产分配问题做出了最新的规定,较原来的司法习惯和规定有重大改变,具备重要现实意义,受到社会的热切关注,因而各家报纸都对此案进行了重点报道,并借助此案的审判结果,来向读者详细解读新出台的司法解释究竟是如何规定和实施的,服务性很强。

《法制晚报》的法制新闻版块承担了主要的资讯传递功能,而其专门的法制副刊则承担了主要的普法功能,法制副刊任务就是制作服务性的法制内容,为读者提供专业实用的法律服务,目前形式较为成熟,在国内都市报当中独树一帜。据统计,在31天的《法制晚报》当中,法制副刊共计刊登了法制服务类文章71篇,其中关于民事法律纠纷方面的服务性文章有46篇,占绝对多数。首先,《法制晚报》的法制副刊做到了文章数量充足,版面形式固定。法制副刊已经是《法制晚报》固定的一个法制服务刊物,登载在报纸的B版,每期占有2—4个版块,栏目类型主要有专家专栏、读者来信解答、司法看台解答以及新闻焦点解读等,聘请对象大都为法律专家、权威人士,主要的诉求是为读者答疑解惑,普及法律知识,并且对焦点新闻事件进行法制解读。其次,从内容取向上看,《法制晚报》在副刊里的法制服务文章虽然涉及了刑法、民法、商经、社会治安等方方面面,但是还是以民法服务为主,民法类的法制服务文章数量占了总数的64.8%。例如,法制副刊目前较为关注房地产纠纷、婚内纠纷、遗产纠纷等题材,从这点上我们可以看出,《法制晚报》抓住了目前社会民生的重点,着重关注了民事法律案件,对老百姓最为关心的民事法律关系调整进行答疑解惑和法律普及。

不过,值得关注的是,多数报刊的服务性和互动性还相当薄弱,且不充分。

(五)猎奇心态严重,娱乐化现象普遍

报刊法制新闻也出现了一些值得深思的问题——猎奇心态严重娱乐化现象普遍。甚至,一些严肃题材也被娱乐化了。这体现在一些本应该以硬新闻形式出现的关于司法大案要案、法律常识、甚至是政府行政行为等信息居于次要位置,而更多地突出案件当事人的隐私、日常事件及带煽情性、刺激性的犯罪过程、暴力事件、当事人的桃色新闻等软性内容,并以此作为新闻的重点,以迎合读者对于这类资讯的窥探欲。

例如药家鑫案。2010年10月20日晚,这个21岁的大三学生驾私家车与一名骑车的女子相撞,见对方记自己的车牌号而拔刀行凶,连刺8刀致其死亡。此案本应该是一个严肃的刑事案件,但各大报刊媒体相继发文拷问药家鑫的身世背景,并对此案中的具体行凶细节进行赤裸裸的描绘,甚至刻意激化所谓富二代、官二代与农村民众之间的矛盾。《重庆晚报》甚至直接以药家鑫自首时的一句话"怕撞到农村的人,特别难缠"作为报道的醒目标题。媒体的这些做法激起了全国读者的极大愤怒,并引起了全社会对"富二代""官二代"的再次讨伐潮。从此事件中报刊媒体的反应我们可看出,此案本应是一个标准的对交通肇事案件、故意杀人案件的法制报道,但报刊媒体采用了娱乐化的报道方式让硬新闻软化,添加了大量"案外因素",以期获得读者的高度关注。

再如郭美美事件。在对郭美美事件的报道当中,媒体在以郭美美事件作为突破口切入中国红十字会以及我国慈善事业整体问题的同时,仍不忘记对郭美美事件本身进行大肆炒作。2011年6月23、24日,《潇湘晨报》发表两篇文章《"红十字商会老总"其实是演员》、《郭美美身世没查清,没心情逛街了》,对郭美美的身世背景进行拷问,在文中陈述了对郭美美的人肉搜索结果以及对其傍上富二代、被包养等情况的疑问和揣测,而这样的报道处理方式在近年来的报刊法制新闻报道中屡见不鲜。从郭美美事件出发,引出对我国慈善机构尤其是中国红十字会财务问题的监督调查。本应该是一个严肃的法制案例,但在媒体的操作之下悄然演变为带有低俗化、娱乐化倾向的炒作。这本应该成为全社会认真思考和探讨的话题,却最后成为读者们茶余饭后的娱乐谈资,这是法制新闻娱乐化报道方式下的必然现象。

此外,一些报刊法制报道在采写编过程中过分追求可读性,制造噱头,渲染离奇细节。对于法制新闻的报道来说,将新闻案件完整地报道给受众,通过对新闻案件的整个过程以及由案件带来的现实借鉴意义的传播,在全社会形成遵纪守法的民众意识,这才是媒体利用法制新闻报道创建和谐社会的责任和义务。但是,由于一些法制新闻采取娱乐化的报道方式,媒体对法制新闻的报道方式开始更多地注重在报道形式上制造各种噱头来吸引受众。例如制作一些匪夷所思的标题,甚至使用低俗的新闻语言;在新闻报道内容选择上,更加强调法制事件的故事性、情节性,从最初强调在法制新闻的硬新闻写作中适度加入法制案件当事人的人情味因素,到通过描述法制事件中离奇的故事、情节、细节,以此跻身众多媒体的竞争中。例如《古稀之年尚风流 七旬翁背着24岁娇妻"追女友"》《出租房"交易"妻子当"小姐"丈夫伸"黑手"》等,好奇的受众被颇具噱头的新闻标题及戏剧化的情节所吸引。

我们看一下全国媒体在2011年竞相追踪郭美美事件的部分报道:《炫富女惹猜疑 一深企急撇清》(《晶报》6月24日头版)、《装成郭美美 病毒袭微博》(《晶报》6月29日头版)、《网友首都机场围堵郭美美》、《南方都市报》6月28日A23版)、《郭美美引爆传言潮 各方紧急撇清关系》(《南方都市报》6月24日A32版)、《郭美美:我不是二奶》(《东南快报》6月24日A15版)、《"郭美美Baby"炫富惹了一身腥》(《半岛晨报》6月25日6版)。这些标题无疑充满了吸引读者眼球的元素,但是也远远背离了报道初衷。(见图4-7)

法制新闻实证研究：对媒体法制新闻报道的监测与分析

图4-7 "郭美美事件"各报新闻标题汇总

第二节 电视法制新闻报道的现状

一、电视法制新闻报道的发展

电视法制节目的发展与国内法制建设进程息息相关。20世纪80年代，电视法制节目应普法教育的需求应运而生，从最初一些地方电视台的《法制园地》《道德与法制》《公民与法制》……开始到21世纪初遍地开花。截至2004年底，全国已经有11家电视台开办了专业的法制频道，法制栏目已经超过200个，而到2010年法制栏目已超过300家，其中20家电视台的法制栏目达到了日播。中央电视台也建成了"上星"的覆盖全国的"社会与法"频道。综观法制电视节目的发展，有如下一些特点：

（一）法制电视节目已经发展成为备受欢迎的电视节目类型

法制节目经过近30年的发展，已经成为我国电视节目体系中比较活跃的一种节目类型，在一些电视台，法制节目作为收视热点得到重视和扶持。

第一，法制电视节目播出时长不断增加。自2004年以后，尽管电视频道及播出栏目屡有波动，法制类电视节目始终维持在200个左右。法制电视节目播出时间不断上升。根据CSM的调查数据，法制电视播出时间从2005年日播出19分钟，增加到2010年的日播出43分钟，如图4-8所示。

第二，法制电视节目备受观众青睐，收视率较高。从2012年上半年各级频道不同类型节目收视贡献来看，法制类电视节目对收视率的贡献排名第9，高于财经、音乐等热门类型。[①] 一些经典法制电视栏目的收视率甚至曾创下观众满意度第一的纪录，例如中央电视台《今日说法》栏目创办多年，收视率曾在白天名列全台第一。[②]

---

① 周欣欣、封翔：《2012年上半年电视市场盘点》，载CSM《收视中国》2012年8月刊。
② 游洁、郑蔚：《电视法制节目新论》，中国广播电视出版社2007年版，第1页。

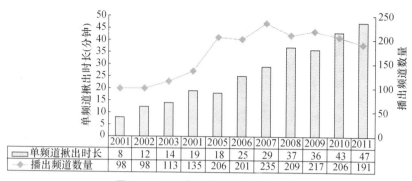

图 4-8　法制电视节目播出时长一览
（数据来源：CSM 媒介研究）①

值得注意的是,非法制电视栏目中的法制电视新闻也日益增加。在近年颇受瞩目的电视民生节目中,法制新闻占据了相当的比例。

（二）电视法制节目类型化发展特征明显,已经衍生出很多成熟的模式

尽管电视节目形态千变万化,但是类型化发展是重要趋势,包含了不同表述和表现类型的电视本身就是"配方式"的媒介,好的配方会留存下来,节目类型化发展有利于电视行业产业化。实际上,电视节目类型化使得电视节目市场化的趋势进一步强化,各种电视节目制作机构也在此大背景下迅速成长起来。在这一行业背景下,在电视法制节目的发展和完善的过程中伴随着法制节目类型的多样化和体系化,由刚开始的一种类型演变成几种有代表性的类型,又由这几种代表性的类型不断的细化分类,变成多种法制电视节目类型,逐渐演变成了系统的节目体系。目前,我国法制节目已经建立了相对合理的形态构架。

从不同的分类角度划分电视法制新闻节目,可以分为不同的类型。从内容上划分,可以分为新闻类、科教类、娱乐类等等;从题材上划分,可以分为法庭类、案件类、警事类、监狱类等等;从节目形态上划分,可以分为资讯节目、专题节目、谈话节目、庭审节目、娱乐节目等等。这里试从节目形态角度,对各类型法制节目发展做个梳理。

---

① 王平:《地面法制节目和法制频道收视分析》,载 CSM《收视中国》2011 年 6 月刊。

1. 法制资讯节目。

法制资讯节目是出现最早的电视法制节目之一,它主要从广播类法制节目衍生发展而来。法制资讯节目表现为将法制事件以信息资讯的形式播报出来,在电视法制节目中具有独特的时效优势。

资讯类的法制节目一般都有互动环节,早期是电话互动,随着科技的不断发展和进步,现在又增加了短信平台互动和网络留言互动。时时把握咨询脉搏,充分展现了资讯类法制电视节目的时效性。如央视《法治在线》的"互动地带",直接地为观众提供互动交流的服务,具有很强的服务性。

随着法制电视节目的不断发展和细化分类,资讯有时涵盖在综合新闻栏目中,有时也出现在法制栏目中的资讯版块,资讯类法制电视节目可以和各种形式的法制节目编排在一起,也可以作为单独的小板块在固定的时间内播出,如中央电视台的《中国法治报道》等,往往整点播出,辅以资讯字幕版滚动的形式,给观众提供大量的信息。

2. 法制专题节目。

专题指围绕一个主题或方向、事件展开的节目,是在众多法制节目形态中最受观众欢迎的一种类型,也是最具广泛性和实践性的节目。专题类的法制节目融入了专题片的表现手法和法制节目的功能特色,不会局限于对于法律相关的报道和披露,更多的是通过一个个细腻而真实的故事将蕴含深刻的法理呈献给观众。专题类节目具有完整性、悬念性和功能性,因而是最具法制宣传和教育内涵的法制节目类型。全国多家省市电视台纷纷制作专题类法制电视节目,比如北京电视台的《法治进行时》、中央电视台的《天网》、贵州电视台的《真相》等等,以案说法,以案论理,专题法制节目以其贴近性和深刻性受到了广大观众的欢迎和认可。

3. 法制谈话节目。

法制谈话类节目随着电视节目"谈话风"也逐渐盛行起来,1996年推出的《实话实说》就是轰动全国的一批谈话类节目中的佼佼者。正是因为看到了谈话类节目的先天互动性强,趣味性浓厚的特点,国内法制类的谈话节目也不断涌现。

目前,我国的电视法制谈话节目可分为几类:法制访谈类节目,如中央电视台的《今日说法》;法制研讨谈话节目,如重庆卫视的《拍案说法》;法制讲座节目,如中央电视台"社会与法"频道的《法律大讲堂》等电视法制谈话节目的出现,使得法制节目更具有实用性与亲和力,尤其是研讨谈话以一种平等的"视角"进行交流,既实现了宣传和教育的目的,更达到了沟通、交流的效果,也使谈话更具趣味性。

4. 法制庭审节目。

法制庭审节目是以再现法庭庭审现场为主,庭内纪实和庭外采访相结合的方式,以案说法,以达到实施普法教育和震慑对方目的的一种法制节目形式。1994 年南京电视台的《法庭传真》是我国第一个真正意义上的法制庭审节目,在第一期的节目中就现场直播了南京市中级人民法院开庭审理的一起故意杀人案,具有很强的震撼力,起到了较好的普法效果。这与法院审判公开原则的落实具有密切的关系,也是实现新闻对司法监督的最直接形式,随后的《庭审纪实》《现在开庭》《法庭直播》等等都是比较成功的法制庭审节目。

5. 法制娱乐节目。

法制娱乐节目的出现是满足受众对节目趣味性和休闲性要求的重要体现,其时效性相对于资讯类的节目较差,主要是从新近发生的法制事件中发掘兼具趣味和法制的内容,经过策划和制作从而形成的一种独具特色的电视节目。狭义的法制娱乐节目主要包括电视法制竞猜和判案竞猜节目等等,其中电视法制竞猜节目如《有奖有法》、判案竞猜节目如江苏卫视的《迷情追击—探案俱乐部》等等,体现了集知识性、纪实性、娱乐性、参与性于一体的特点,拓展了法制节目的发展空间。

(三) 电视法制节目以"普法"为重要社会责任

事实上,多数法制电视节目都是伴随我国民主与法治进程,以普法教育为目的设立的。我国电视法制节目产生的直接推动因素就是 1985 年的"一五普法"工作。随着我国法律普及教育的展开和完善,电视法制节目迅速普及,成为受众最受欢迎的节目形式之一。民众通过法制节目及时了解国家法律政策的变化、新的法律法规的颁布实施,学习和掌握法律知识,同时满足了解法制新闻、社会法治状况的需求。

电视法制节目在制作过程中,通过法制报道、热线服务、法制专题、智力竞猜等多种多样的贴近性强的形式吸引受众积极参与,提高受众法律素养,完成普及法律的目的。例如中央电视台的《经济与法》栏目,其栏目宗旨就是"用案例说话",以"推进中国市场经济规范进程"。中央电视台的《今日说法》诞生于1999年1月2日,是中央电视台第一档全日播法制栏目,已经成为家喻户晓的品牌栏目。栏目秉持"点滴记录中国法治进程"的理念,以"重在普法,监督执法,促进立法、服务百姓"为宗旨,全力打造"中国人的法律午餐"。

因为在节目定位上,重视普法功能,加之电视媒介自身在大众教育方面具有其他媒介不可比拟的优势,法制电视节目在"普法"方面积累了一定经验,获得较好效果。以《今日说法》为例,《今日说法》是"以案说法"模式的专题普法节目,大多选取贴近老百姓生活的案件作为切入点进行普法。《今日说法》主要从群众身边小事出发,为百姓办实事,以满足老百姓法律服务需求的栏目为宗旨,实现了较好的普法效果。如拐卖儿童是多发的刑事案件,《今日说法》栏目组先后制作了《消失在黑夜里的孩子》《寻找失踪的孩子》《婴儿的哭声》《东东失踪记》和《万里寻子》共5期与拐卖儿童有关的案件,不仅从多个角度全面展示了公安机关打击拐卖儿童犯罪的过程,而且提供公众预防的措施,起到普法教育的目的。

在案件选择上,如图4-9所示,该栏目主要选择与观众日常生活相关、观众感兴趣以及与公众利益相关的案件。

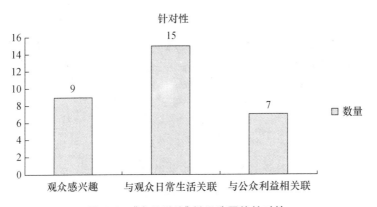

图4-9 《今日说法》栏目选题的针对性

在节目表现风格上,如图 4-10 所示,《今日说法》以故事化的生动方式完整呈现案件全貌,克服了传统法制类节目枯燥、晦涩难懂的缺点。

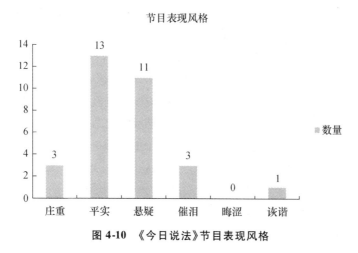

图 4-10 《今日说法》节目表现风格

在普及法律类型上,如图 4-11 所示,《今日说法》也主要选择与老百姓生活联系较多的部门法,如刑法、民法作为普法类型。此外还包括诉讼法和教育类法律。

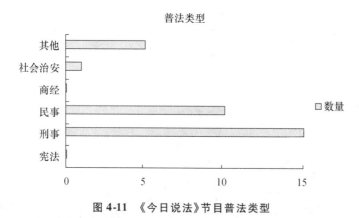

图 4-11 《今日说法》节目普法类型

(四)法制电视节目制作形成了独特风格

经过近 30 年的探索和积累,法制电视节目的质量不断提高,目前已经形成独特风格和多样化的表现形式。从制作角度来看,法制电视节目有如下特点:

1. 法理性、专业性与可视性并存。

电视法制节目与其他电视节目最大的区别就是其专业强,不仅节目的内容取材来自立法、司法、执法等部门和相关事件,而且蕴含复杂的法律知识、法理规律。一定意义上说,电视法制节目是在宣传报道一种准则规范,不仅需要扎实的新闻知识和技巧,而且需要相当高水平的法治观念和专业的法律知识。例如媒体对"药家鑫杀人"事件的报道,对于一般的电视节目可以从各个角度对该事件进行策划报道,但对于电视法制节目,专业性要求更高,面对这种"情"与"法"的矛盾时,不仅全面报道事件真相,而且要从法律角度进行专业解读,邀请相关法律专家对案件评析,从而达到引导舆论,教育受众的目的。

如在2011年4月24日播出的《法制进行时》中"本周热点法律问题点评"环节中北京市律师协会的刘凝律师点评:"备受关注的药家鑫案,本周已经做出一审判决,药家鑫以故意杀人罪,被西安市中级人民法院判处死刑剥夺政治权利终身。从案件之后发生的一系列事件,令公众倍感困惑,有辩护律师的激情杀人说,犯罪心理专家的弹钢琴动作强迫说,又有法院当庭征求量刑意见的意外做法以及药家鑫师妹的'要是我,我也捅'的雷人说法,引发了极大的社会争议,现在一审判决揭示了案件本质,维护了司法公正,也消除了公众的担忧,真正做到了给死者以公正,给生者以慰藉。"

2. 案件报道多,节目故事性强。

通过事件及当事人,来展示法律的刚性、关注法律进程、普及法律意识,是法制类节目制作的共同特点。故事性的讲述,情节化表达增强了法制电视节目的可视性和感染力。以中央电视台的《法治在线》栏目为例,根据课题组2010年11月15日至12月15日该栏目报道题材的统计,如图4-12所示,一般性案件的报道最多,占46%(不包括评论),其次分别为执法情况20%,司法大案要案17%,司法机关的动态7%,法制故事4%,法律法规司法解释的适用3%,其他3%。可见《法治在线》栏目在选择报道对象时,案件报道占据了80%的比例,而该栏目更注重与百姓生活贴近的一般性案件。这一题材比例在其他法制新闻栏目中也较为接近。

在表现手段方面,法制电视节目另一个显著特征就是故事化表

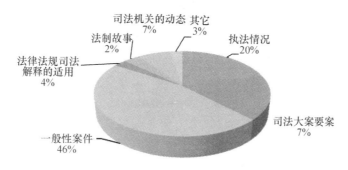

图 4-12 《法治在线》报道题材一览
（2010 年 11 月 15 日至 2010 年 12 月 15 日）

达。在收视率竞争和市场压力的作用下,电视法制节目在题材选择和处理上多选择画面可视性、现场感和纪实性强的刑侦类案件,并通过"故事化"的叙事手法赋予案件更多的故事性、曲折性、悬念性。在现有近200个法制电视栏目中,直接取材案件并以故事为表达手法的节目占了一半。而在其他栏目中,也融合了故事化的叙事元素。央视的《天网》栏目,即善于运用这一手法,推动情节发展,设置悬念,使观众身临其境,步步深入,最终发现谜底,获得教益。再如江西电视台的《传奇故事》迅速走红;央视《经济与法》在改版后以"讲故事"为宗旨成功实现收视翻番,这些都是电视法制节目故事化的成功体现。同时,央视—索福瑞媒介研究公司对《拍案说法》的监测曲线显示"'情景再现'部分的收视率远高于专家点评等其他部分"[①],而情景再现是故事化表现手法的一个重要创新。

电视法制节目作为普法教育的重要途径之一,其目标收视群体具有大众性,这也是电视作为大众传播媒体以平民视角和接受水准来传播信息的体现。趣味性,生动形象的故事化表现手法是吸引广泛大众的有效手段。

二、法制电视节目的问题与不足

总体而言,法制电视节目融知识性、娱乐性、新闻性于一体,已经

---

① 于春生:《电视法制节目"情景再现"运用尺度探析》,载《东南传播》2010 年第 1 期。

成为广播电视节目中收视率位居前列的节目之一,在向社会普及法治观念,报道法制事件方面起到了积极作用。但是随着法制节目的繁荣,各种问题也层出不穷。

(一)电视法制节目同质化严重

第一,节目形态同质化。截至目前,全国已有300多家电视台开办了法制电视节目,但总共的节目类型却不超过20多种。节目类型比较单一,活跃在电视上的主要还是以案说法类、纪实刑侦类的节目,而在其他形式的开掘和创新上相对欠缺。即使同一种形态的节目,挖掘各种不同的表现样式也做得不够。每种节目类型里真正做得好的只有几个龙头节目,其余节目大多有山寨痕迹,模式基本固定,创新性不强。例如浙江电视台科教频道于2003年创办《大侦探西门》,以虚拟青少年"西门"为主持人,将虚拟与现实沟通,通过再现案件或故事,提出悬念进行推理,直至真相大白,该栏目创下了很高的收视率。很快,其他法制节目纷纷效仿,不久央视《今日说法》也随即推出《说法做客,请您断案》特别节目,以"娱乐做主,普法当家"为宗旨,现场演绎,专家点评,"最佳神探"评选等环节一个不少[①]。

目前法制类节目大致存在三种形态。一种是个案片,叙述案情来龙去脉,犹如纪实片;第二种是以案论法,主持人串场,穿插案情介绍,犹如法制教育课;第三种是"电话互动、短信互动或资讯字幕"是法制资讯类节目制作方式;第四种是专家介入式评点,如"今日说法"栏目,先讲案例,再让专家介入,冷漠的法律问题成为亿万观众可学可用的"法律午餐",目前此种形态在各地电视台最为常见。虽然各级电视台均设置了不同的电视法制节目类型,但是同种类型的节目同质性严重。

第二,题材同质化。目前我国电视法制节目在选材方面局限性比较明显,题材狭窄,更多关注司法、执法机关的活动,刑事、民事案件等情节性、可视性较强的案例较多,相比起来,对于立法解释,行政法、合同法、国际法等方面话题关注的明显不足。这是因为刑侦类的题材可视性、现场感和纪实性强,合乎电视的表现优势,在某种程度上满足或

---

① 陈虹、娄云:《电视法制节目的问题与对策》,载《视听界》2010年第2期。

者迎合了部分观众的"猎奇"心理和收视欲望。但如此一来,就造成了法制节目千人一面的情形。从对中央电视台《法治在线》节目为期31天(2010年11月15日—12月15日)所做的实证监测可知,《法治在线》在这个时段的案件报道中,刑事案件61起,民事案件4起,以刑事案件为主,占报道案件总数的94%。同时,也有调查资料显示《今日说法》与《经济与法》两个栏目的节目选题重叠率达到了76%,涉及的领域大致是婚姻纠纷、医患纠纷、侵犯名誉权、交通事故、政府机关行政不作为等。[①]

第三,表现技巧同质化。法制电视节目侧重讲故事,这一表达方式注重情节,注重悬疑设计,确实增强了法制电视节目的可视性。但是,打开各频道法制节目,处处是"悬疑",难免会形成审美疲劳。近年来,法制电视节目的表现手法创新性不足,往往是新的表现手法一出现就被众电视台效仿,观众很难有历久弥新之感。例如"情景再现",电视法制节目中的事件,多数是既已发生、有了结果和定论的。运用"情景再现",恢复事件发生、发展的过程,可以增强真实性。因为"真实是通过过程来实现的,而过程又是真实存在的基础"。以虚拟的现场和过程将完成时变为现在进行时,使叙事时间与事件发生时间在荧屏上同步,观众仿佛"亲历"、"在场",更有收视热情。"情景再现"表现手法刚出现时,曾吸引业界、学界广泛讨论,但旋即观众就发现到处都是"情景再现",这种过度使用很快引起业界警觉,一些专家呼吁切勿滥用"情景再现"。

(二)电视法制节目低俗化、娱乐化倾向引发业界忧虑

由于某些电视法制节目为了赢得更高的收视率,迎合观众猎奇心理,片面追求感官刺激,节目制作低俗、娱乐化倾向严重。

一方面,一些法制电视节目选材娱乐化。以陕西广播电视台公共政法频道《新说案》为例,2013年8月前半月的节目标题如表4-3所示:

[①] 陈虹、娄云:《电视法制节目的问题与对策》,载《视听界》2010年第2期。

表 4-3　陕西广播电视台公共政法频道《新说案》标题

（2013 年 8 月 1 日—8 月 15 日）

日期	节目标题
2013 年 8 月 15 日	成都七中学生遇害案
2013 年 8 月 14 日	女歌手坠楼之谜
2013 年 8 月 13 日	上海法官集体嫖娼事件
2013 年 8 月 11 日	一块冰引发的连环悲剧
2013 年 8 月 10 日	被烤死的女婴
2013 年 8 月 9 日	被赶出家门的高龄产妇
2013 年 8 月 8 日	"万人迷"和"情场杀手"的生死对决
2013 年 8 月 7 日	被蹂躏的裸体女尸
2013 年 8 月 6 日	警察"追死"小偷
2013 年 8 月 4 日	跟踪丈夫的人
2013 年 8 月 3 日	蹊跷的杀人焚尸案
2013 年 8 月 2 日	酒鬼老公还是痴情老公
2013 年 8 月 1 日	变了质的婚姻

很多法制电视栏目的选材与此相似，集中在情色、凶杀、猎奇等元素上。法制节目的故事化和娱乐化消解了法制节目本来的真实性和严肃性。特别是一些节目为了吸引眼球，在节目制作时还可以渲染"鲜血"、"情色"元素，不惜在涉及伤害、抢劫、强奸、色情、诈骗等恶性刑事案件的报道中过分夸大渲染，形成恶劣影响。以 2011 年 12 月 1 日《法治在线》的"云南泸西煤矿爆炸枪击案调查"为例，这一期二十几分钟的节目就围绕这一个案件展开，煤矿爆炸枪击案题材本身具有轰动性和吸引力，叙述方式采用倒叙，主要内容分为三部分，从最动人心魄的案件死伤情况讲起，"9 人死亡，48 人受伤，涉案矿主归案"。记者实地调查采访相关当事人："80 人赴现场，目击者还原案发时刻"，并且动画模拟案发当时的情况。现在很多电视法制节目都会运用这种蒙太奇和倒叙的电影手法来描述案情。然而，从

第三部分"两矿主其人其事"开始,节目带有过度煽情的色彩,"两个煤老板之间有着怎样的恩怨,又是什么点燃了罪恶的火焰?"虽然成功吸引观众注意,但是悬念设置过度,无论从画面还是解说,都给人血腥的感官刺激,与《法治在线》高端理性的定位和人文关怀的宗旨背离。

另一方面,值得重视的是将犯罪分子作案的细节和方法都淋漓尽致的展现出来,不仅误导受众,而且成为一些不法分子模仿的对象,使本以普法和敲响普世警钟为宗旨的节目出现相反效果。"2007年2月6日,《三湘都市报》登出长沙铁路公安处通报一起特大贩卖假币案,犯罪嫌疑人被抓后交代,为躲避警方打击,团伙要求成员经常研究警方的侦破手段,央视的《今日说法》等法制节目必须看。法制节目竟然成了一种'犯罪教材',实在让人警醒。"[1]类似案例并非孤证,类似报道屡见不鲜。

(三)选题面狭窄,从法治角度报道社会矛盾的题材不足

我国电视法制节目在内容选材时多注重刑事案件,对有噱头、有"卖点"的刑事案件不吝篇幅,对曲折离奇的犯罪情节津津乐道,对日常生活总的民商事案件却报道不多。早在1976年,美国著名传播学者乔治·格伯纳等人就电视的接触量与人们对环境危险程度的判断之间的相关性进行了调查,结论显示:电视节目中充斥的暴力内容增大了人们对现实社会环境危险程度(遭遇犯罪和暴力侵害的概率)的判断。而且,电视媒介接触量越大的人,这种社会不安全感越强。从我国现状来看,现实生活中正常、有序的事件远远多于血腥、暴力的事件的总和。然而,反映在我们电视法制节目中却恰好相反。导致人们对现实环境中社会治安状况的担忧。如图4-13所示,《今日说法》的选题范围仍然相对比较狭窄,多集中在刑事犯罪案件上,对民法、经济法、劳动法、行政法等在日常生活中与公众的自身利益密切相关的法律关注较少。

---

[1] 陈虹、娄云:《电视法制节目的问题与对策》,载《视听界》2010年第2期。

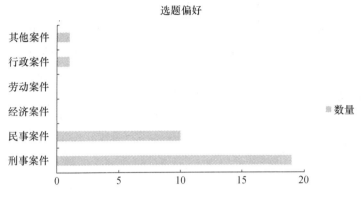

图 4-13 《今日说法》选题偏好
（2010 年 11 月 15 日—2010 年 12 月 15 日）

而且,随着中国民主法治建设进程加快,法制领域出现了很多新的社会矛盾,一些社会矛盾已经成为社会焦点,例如小区和物管、医患矛盾、行政执法引发的纠纷等带有时代见证意义。而法制资讯节目对此跟进不足,不能及时报道并引导舆论,造成这一领域专业性报道不足,各种非理性声音不绝于耳。

一些法制节目的切入角度也很值得推敲,政策把握能力和专业知识都显得薄弱。

（四）电视法制节目专业性、规范性不足

值得重视的是,法制电视节目制作的规范性专业性不足,这导致了内行不爱看,外行看热闹的现象。

首先,我国法制电视节目特别缺少具有综合素质的从业人员。由于电视法制节目的专业要求较高,从从业人员的角度来考虑,单纯广播电视编导的人员很少涉猎法律方面的专业知识。在报道案件时,对专业法律术语不容易把握准确,描述和分析事件时达不到法律方面的深度和广度。法律苛求准确和严肃,电视法制节目作为普法教育的重要途径,制作应当更精良和规范。

其次,一些节目存在"媒介审判"倾向,有失客观中立。法制节目经常有这样的镜头,犯罪嫌疑人被记者以居高临下之姿态严厉责问,新闻报道者动辄以"罪犯""犯人"称呼之,在法院未判刑之前,就给犯罪嫌疑人话语定罪,形成"媒体审判",违反了未经审判、不得定罪的原则。媒介审判不仅会对电视机前的观众造成误导,也对法院的法官们的审判造成了舆论压力,不利于司法公正。例如在2010年10月23日《新闻1+1》以"我爸是李刚"题材制作的专题节目"可怜的孩子"处于案件审理之前,采访了案件受害人和河北大学的学生,舆论倾向明显是谴责肇事者李启明,并且将李启明的个人资料和住址纷纷在电视上详细显示出来,曝光其父亲李刚的真实工作单位和职务,在描述李启明时用到"冷血""狂妄"等字眼。采访《新京报》的记者时,受访记者引用了一位北京知名律师的观点,认为"河北警方涉嫌交通肇事刑事拘留了李启明的做法是比较正当的"。白岩松将李明启和其他酒驾肇事已经判刑的进行对比,虽然意图在进行给予公众警醒,不可否认李启明的行为应该受到法律的惩罚,但是在案件还没有审理时,进行非专业对比可能会对公众造成一定程度的误导。

再次,法制电视节目采编过程也经常因为专业性不足有失范现象出现。电视法制类节目大多关注的是那些有争议、存在矛盾的法制事件,往往涉及公民或法人之间的敏感问题,在正常的采访过程中往往存在困难,因此某些法制节目为了满足观众了解社会现实、揭露社会问题的需求而使用隐性采访,由于记者的介入性暗拍,故事曲折,展示出来的画面真实感和现场感强,很能吸引观众,但是过度使用隐性采访,有意无意暴露个人隐私,经常导致媒体侵权的发生。例如,一些法制电视节目甚至公开展示相关人员的身份证,不适宜公开的未成年人的镜头也不打马赛克。

第三节 广播法制新闻报道的现状

一、广播法制节目的发展态势

新中国建立六十多年来,随着我国民主法治进程的不断加快,法治报道无论从数量还是质量上均呈现出突飞猛进之势。经国家新闻出版广电总局批准,目前全国广播电视法制栏目远远超过300个,节目内容多种多样,节目形态千变万化,社会影响越来越大,受众认可度越来越高,初步形成了覆盖全国的广播电视法制节目播出格局。

（一）我国法制类广播节目形成多种类型

纵观我国当前法制类广播节目，大致分为综合类资讯节目、法制类资讯节目、以案说法专题类、法律热线咨询服务类、娱乐形式类共五大类节目。其中综合类资讯节目起步最早，以案说法专题类和法律热线咨询类占据了当前法制类广播节目的重要部分，而新兴的娱乐类法制广播节目作为新鲜血液使得各类栏目各具特色、各有代表。

1. 综合类资讯节目。

综合资讯类法制广播新闻报道，顾名思义，即以综合性的新闻报道形式报道当天发生的重要新闻，而法制类新闻作为其中的一个方面，同政治、经济、社会、民生等方面的消息共同被涵盖在综合报道之中。报道数量、报道时间长短均不确定，往往根据当天是否有重要主题、突发性事件、大案要案紧密联系，而报道形式多为简讯等消息类。以中央人民广播电台的《全国新闻联播》等为代表，该栏目为典型的综合资讯类节目，旨在为听众"汇总梳理全天资讯"。栏目以消息资讯为主，通过"今日头条""各大媒体网站讯息""重点关注""国内资讯""国际资讯""省部长访谈录""记者调查"等环节向听众全面报道时政、经济、财经、文体、科教、法制、国际、医疗卫生、社会民生等方面的最新动态。同时也有少量记者调查、评论等可以让听众深入解读新闻事件背后的真相。作为中央级的主流广播媒体，《全国新闻联播》反映了法制报道在国家主流广播媒体中的发展状况。

2. 法制类资讯节目。

相比包含在综合资讯报道中的法制新闻来说，法制类资讯节目算得上是真正意义上具有法制新闻特色、专门的法制新闻报道栏目。该类栏目关注社会生活中与法律息息相关的最新动态，从突发事件、大案要案到司法动态、再到法律事件、法律纠纷等，第一时间为听众传递最新的法律新闻，解读其背后的法律问题。例如，河南人民广播电台的《法制快报》，以报道法制方面的政策、动向、信息及新闻事件为主，给听众送上了一道法制新闻大杂烩，将法制新闻一网打尽。此外，如天津人民广播电台的《法律纵横》节目，站在法治的最前沿，以敏锐的目光和高度的新闻敏感，时刻捕捉发生在全国及本市的突发事件、大案要案和法律事件，密切关注转型期间出现的新类型案件，进行追踪报道,传播现代法治文明和法律文化。

3. 以案说法专题类节目。

以案说法专题类节目,比法制资讯类节目更具深度。选取身边有争议性或典型性的法制新闻、故事、人物和现象作为节目的立足点,再通过现场访谈、采访等手段邀请专业法律专家进行深度解析和评论,从而普及法律知识、构建法制舆论。

例如,山东人民广播电台的《法眼看社会》。该栏目密切跟踪大案要案,求新、求快,突出新闻性和时效性,追求案件的典型性和影响力;以法律视角观察社会,以法律观点评价是非,以生动案例警示人生;力争以独家法律报道,真实记录当前社会生活的一个侧面。

再如,天津人民广播电台的《法治纵横》。该栏目通过对案件的报道,剖析案件产生的原因和深刻法治理念,透过案件的表象寻找改革发展过程中,法治的漏洞和弊端,进一步完善法律。

北京人民广播电台的《警法在线》则是一档将法制资讯与深度专题很好结合的栏目。每期节目基本分为即时法制资讯和警法故事两大板块,通过两个主持人的直播讲述,现场访谈以及精致的录音报道把身边的法治新闻、故事、人物传播到听友耳边。栏目从新闻事实出发,以法律视角报道,用故事手法讲述,形成了独具特色的报道模式。

4. 法制热线咨询服务类节目。

热线咨询类法制节目注重服务性和互动性。河南人民广播电台的《律师热线》是一档集服务性、互动性为一体的资讯类栏目。节目一周播出七天,以"服务法制建设,营造和谐社会"为宗旨,为广大听众普法维权提供全方位的在线法律咨询服务。每期节目都把著名律师和法律专家请进直播室,通过热线电话和短信平台来为观众答疑解惑,从而应对和解决法律难题。此外,天津人民广播电台的《法律热线服务》、内蒙古人民广播电台的《48法律服务热线》、陕西西安市台《810律师楼》、陕西省农村广播《900维权在线》、经济广播《897法律专线》等都努力为广大观众提供及时、有用的法律服务。

5. 娱乐形式类。

娱乐类的法制广播栏目则不同于主流的栏目形式,在节目中加入了多种不同的元素,如影视剧、有奖问答、故事新说等不同方式以求碰撞出新的火花,更好地抓住观众的兴趣。例如,陕西人民广播电台省经济广播的《896法律专线》推出过特别单元"影像中的司法",通过电影、电视节目中的事件向听众解读其中所蕴含的法律知识。又如,河南人民广播电台主打栏目的《法制AB剧》一改往常专家点评的方式,每期节目邀请听众通过热线电话和短信参与评说真实案例,再由专业人士点评。一方面,观众天南海北、各抒己见,增加了栏目的趣味性,激发了观众的参与热情,而专业人士的点睛评论让普法效果更加深刻。再如,农村广播的《900维权在线》曾尝试"拍案说戏",播出一些观众喜闻乐见的电影、戏曲、歌曲、甚至相声,再从中寻找涉及的法律问题进行分析和探讨。

(二)法制类广播节目较集中于地方台,重专题、轻资讯

1. 节目分布:集中于地方台,且偏重专题、专栏节目。

作为引领广播法治报道前进的中央媒体,中央人民广播电台至今没有成立专门的法制类节目及频道。纵观中央台《经济之声》《音乐之声》《文艺之声》《娱乐广播》《华夏之声》《老年之声》等近乎涵盖了社会生活方方面面的频道设置,法制栏目的缺失与时代的大背景极不符合,是一个不容忽视的问题。

相反,专业的广播法制报道在各个地方台遍地开花,节目数量客观、形式多样,内容丰富,从资讯、以案说法类、热线咨询到娱乐类一应俱全,形成了广播法制报道的大气候。例如,北京台的《警法在线》《今晚拍案》、辽宁台的《法眼看天下》、河北台的《法治八十分》、河南台的《法制热线》《律师热线》、新疆台的《说法》《梁辉说法》、沈阳台的《天天说法》、江苏台的《法治在线》《法制集结号》《拍案惊奇》、上海台的《法眼看天下》《警坛纵横》、云南台的《梁辉说法》、浙江台的《针锋相对,有理说理》《非常投诉》、深圳台的《警察故事》《明白说法》、安徽台的《法制时空》《维权908》,各省级电台都基本构建了至少一档专业法制类栏目的格局,而其他非省级地方台的法制类节目也是应有尽有,如武汉台的《双休说法》、无锡台的《拍案惊奇》、烟台台的《法制天地》等。

2. 地方台以专题类法制节目居多,时讯类较少。

在各地的专业法制类节目之中,大多媒体多通过对全国或本地发

生的大案、要案、法律事件,立足生动的案件事实,向观众剖析其中的法律知识。通过表4-4对各省级广播台不完全统计,则可以看出以案说法类的专题节目明显占据了很高的比例。

表4-4 地方台法制广播类栏目(不完全统计)

地方台	栏目	地方台	栏目
北京台	《警法在线》	上海台	《法眼看天下》
	《今晚拍案》		《警坛纵横》
辽宁台	《法眼看天下》	云南台	《梁辉说法》
河北台	《法治八十分》	沈阳台	《天天说法》
河南台	《法制热线》	浙江台	《针锋相对,有理说理》
	《律师热线》		《非常投诉》
新疆台	《说法》	深圳台	《警察故事》
	《梁辉说法》		《明白说法》
江苏台	《法治在线》	安徽台	《法制时空》
	《法制集结号》		《维权908》

3. 中央广播媒体法制节目发展滞后于我国当前民主法治建设的进程。

总体看,中央级主流广播媒体在法制报道中从宏观与精神层面牢牢把握国家发展的方向与和谐社会的大背景,但具体而言,法制报道在国家级主流媒体的报道中处于弱势地位,一方面法制内容总量较小,另一方面特色刑法制栏目严重的缺失。

(三)广播法制新闻在普法领域发挥重要作用,但不同媒体分布不够均衡

随着我国民主法治建设进程的加快和广大人民对法治新闻需求的不断提升,我国广播法制媒体在未来将会形成从中央到地方相互配合、特色鲜明的法制报道平台,成为监督与见证我国民主法治建设进程的一支重要力量。在普法方面,中央广播媒体与地方广播媒体等不同媒体还存在着分布不够均衡等问题。

1. 中央媒体：偏重精神宣传，忽略具体法律知识普及，普法功能不强。

如中央人民广播电台的《全国新闻联播》，在法律普及上注重从宏观与精神层面对法治理念、法律精神进行宣传，忽略对具体的法律知识进行解释。例如，2010年12月4日这一天，该栏目围绕全国法治宣传日连播多条消息，包括国家领导人表彰10年来法治人物、人民大会堂举行大会点评"五五"普法成果、各地司法机关及普法办当日举办的活动等，报道偏重思想和精神层面而非知识层面，其着眼点在于从成绩与赞扬等主旋律内容的宣传，而非法律知识。除此之外，法制报道多以案件报道、执法和司法内容为主，给听众的最大印象多停留在"法庭审判""侦破案件""打击违法犯罪行为""出台法规政策"等关键词上，对法律条文、法律知识和法律现象的解释少之又少。

2. 地方台栏目在普法工作上下了较大工夫。

主要呈现出以下三个特征：

第一，较注重普法功能。以《警法在线》为例，据统计，在法律解读过程中，来自司法部门具有绝对专业权威优势的解释主体占到77%，业内人士和专家分别占9%和3%。可见，栏目比较重视邀请权威而专业的人士为观众进行法律知识的分析和解读。而在内容方面，栏目则更注重对普通百姓的普法宣传，更多地是从情与理的角度来分析，很多办案人员往往会将枯燥的法律文本进行一定生活化的转化，以易懂的方式表述出来，因此这种易读性、生活化的专业知识解读、增强了普法的效果。

第二，普法栏目类型多样。纵观各地方台，绝大多数的非资讯类栏目大都采用了"案件＋专家点评"的方式，通过权威专业的法律人士为观众深度解读事件背后的法律知识。此外，各类法律热线服务类栏目通过互动，为观众解答生活中的法律疑问，普及法律知识；资讯类栏目为观众即时送上最新的司法、立法、执法动态；娱乐类栏目生动活泼、互动性强，吸引观众关注法律信息、学习法律知识。

第三，普法方式有待提高。尽管各地方台通过多种多样的普法栏目大力普及法律知识,但在实现的方式上还存在一定的问题。首先,普法宣传形式单一,同质性强,大多数栏目都是通过采访或嘉宾访谈,告诉听众面对诸类情形应当如何用法律武器保护自己的合法权益。其次,内容选择"一边倒",以《警法在线》为例,专题栏目所选择的刑事案件以70%的比例独占鳌头。再次,栏目多停留在介绍案件纠纷的层面,对其背后的法律解释不够仔细和深入;而且在解读过程中,通俗化的方式比例过高,忽视对法律文本的使用。

二、我国当前法制类广播节目存在的问题

(一)"法制含量"不够

1. 节目形式大于内容,缺乏"法制含量"。

当前,我国法制广播栏目已经具有一定规模,不仅数量有很大提高,形式也比较丰富。但仔细听来,很多节目尽管运用各种多媒体手段,案件制作精心,情节扣人心弦、引人入胜。听后发现,听到的几乎只是惊心动魄的故事,虽在结尾部分有专家或主持人的简单点评,但缺乏法治含量和法治精神的传承,节目内容只是停留在对案件的过程报道。

中央广播媒体主要呈现出以下两个问题:

首先,法制报道量少。通过对中央人民广播电台的《全国新闻联播》进行监测发现,法制新闻的报道量偏低但较为稳定。在监测的31天中,仅有21天涉及法制报道,出现频率为0.7,平均每天2.27篇报道。31天的节目共计1067篇报道,其中法制报道68篇,占样本总量的6.37%,远低于民生、经济、时政、国际和文体方面的报道。(见图4-14)在所有"今日头条"报道中,没有出现任何法治或者涉法方面的报道。[①](见图4-15)

[①] 监测的前半段期间正值广州亚运会,前方亚运组对亚运赛事的集中报道使得文体报道的篇数有所上升。

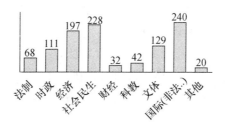

图4-14 中央人民广播电台《全国新闻联播》内容选择

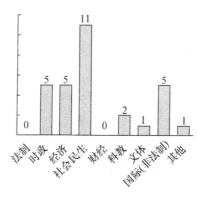

图4-15 中央人民广播电台《全国新闻联播》头条内容选择

随着我国民主法治建设进程的加快,依法治国理念的不断深入人心,法治事件与现象逐渐成为各类媒体报道的焦点,这也对包括广播在内的媒体报道都提出了新的报道要求,需要媒体给予更多的重视与更广泛而深入的关注。然而,当前的报道量很难反映出我国民主法治建设的发展势头,也难于与现实需求相一致。

其次,报道缺乏深度。进一步看这68条法制新闻,存在三个特点:第一,新闻深入挖掘少。68条报道均为消息体裁,新闻的深度很有限。第二,新闻精心加工少。具体到每一条法制报道,没有精雕细琢的精品报道。第三,新闻有力评论少。仅4篇报道带评论,而这4则评论均是引用其他媒体或是新闻人物的看法评论,没有直接来自节目组记者、编辑自己的评论。

法制节目需要出精品,节目可以在表现形式、互动等很多方面下工夫,打造令人"过耳难忘"的新闻精品,增加深度评论与信息报道相呼应,还可以通过策划连续报道等形成鲜明的专题,增强法制报道的影响。然而,当前的报道只是停留在"传递信息"的表层,没有深入下去,对法制报道没有给予足够的重视。

2. 媒体采、编、播人员法律专业素质良莠不齐。

当前一些法制栏目媒体人员自身法律素质不高。

首先,表现在报道中多次出现不符合法律规定的提法,如将民事案件的"被告"与刑事案件的"被告人"相互混淆;不清楚诉讼程序,使用"当场擒获一名罪犯"等定性词。

其次,带有主观色彩。例如频繁使用"罪大恶极"、"恶人先告状"等道德审判的字眼,强烈的感情色彩使得报道的客观性大打折扣。

再次,还有些主持人在与专家们交流时,由于自身法律知识的缺乏,不理解专家的点评,或者张冠李戴,很难将法律信息准确且通俗地传达给听众。例如,在采访中仅围绕案件表面采访无法深入到深层次的法律问题,不了解司法程序或法律用语,甚至主持人对法言法语出现错误表述。

(二)节目同质化严重,普遍模式化

1. 节目形式模板化。

目前法制广播栏目普遍模式化。从节目设置流程、表现形式到主持风格几乎完全雷同。专题广播报道几乎无一例外地是"主持人播讲(+当事人及案件相关人员录音+记者采访)+专家点评"的形式,如《警法在线》《梁辉说法》《警察故事》《说法》等节目的流程设置非常相似。即使是《律师热线》等咨询类栏目也都是千篇一律、刻板单一,听众通过热线提出问题,律师进行分析解答,节目形态几乎难以区分。

2. 模仿力大于创新力。

缺乏创新是当前广播法制栏目面临的较大瓶颈。尽管很多栏目在努力地求新、求变、求特色,但往往都是治标不治本,换汤不换药。一味模仿成功的栏目,而不是通过创新去另辟蹊径,使得法制广播媒体面临着千篇一律的尴尬局面。

(三)社会责任缺失,过于迎合受众,负面报道偏向性明显

1. 节目内容低俗,迎合部分受众的猎奇心理。

英国社会心理学家玛罗里·沃泊曾经得出过一个令人遗憾的结论:"越不用花脑筋、越刺激的内容,越容易为观众接受和欣赏。"这几

乎成了收视行为的一项铁律。很多法制广播媒体正是为了迎合受众的猎奇心理,在节目中加入了大量涉性、涉腥、涉色、涉暴等元素。过度描述犯罪过程,片面迎合受众的低俗趣味。以《梁辉说法》栏目的标题为例:《13岁少年闯下惊天连环案》《鲜血染红"大学梦"》《好色继父背后的黑色恶魔》《半夜偷换性伴侣,两个经理"隐身"强奸女职员》《丧心病狂,女婿竟砍杀岳父全家》《"食人恶魔"的不归路》……每一个标题都包含着强烈的色彩,充斥着诸如"惊天""恶魔""丧心病狂""食人""性伴侣""强奸"等对观众产生强烈感官刺激的耸动字眼。一味追求感官刺激,却忽视媒体自身应承担的社会责任,这些应引起我们的高度重视。再如,《梁辉说法》的节目介绍:"为谈成生意,总经理牺牲情人作龌龊交易,单纯女职员中了偷天换日计。这暗中发生的一切却因一个私生子而牵出惊人秘密……","15岁少女说自己遭继父猥亵强暴,其母亲私了不成后将丈夫告发。可嫌犯在警方审讯时只承认猥亵,否认自己强奸。经DNA鉴定,继父强奸罪名不成立。难道继父背后另有真凶?","13岁的男孩赵力宝强暴了同村14岁的女孩明芳。然而'未到法定刑事责任年龄'的赵力宝,在被法院判决赔偿9021元之后,竟丧心病狂地夜闯明芳家,当着明芳的面将其母宋惠丽残忍地杀害……"其语言多使用涉性、涉腥、涉暴的字眼,只为吸引受众的眼球。

2. 过度关注负面报道,夸大社会阴暗面,形成负面舆论效应。

一些媒体的法制报道缺乏规制,目光紧盯社会的阴暗面,试图引发受众的心理共鸣。更有甚者对这些阴暗面肆意扭曲和夸大,严重损害了司法机关的形象和法律的权威。

(四)引导不够,监督不力

1. 中央媒体监督不足。

首先,中央媒体点评报道的数量偏低。中央广播媒体在舆论引导上力度弱,意见保守,其报道多是引用其他媒体或是案件当事人的看法评论,且多为中立型,表达温和。其次,中央媒体监督性不足,少有针对当前社会贪污腐败、暴力犯罪等阴暗面的报道。这也从《全国新闻联播》监测阶段的样本分析得到证实。事实上在有限的监测时段里,未能监测到一篇有关反腐维权等监督型的报道。作为国家级主流核心媒体,即使不说是社会监督功能缺失,至少也反映了监督不足的现状。

2. 地方媒体监督功力度大,但监督方向散乱,偏向性明显。

地方台在舆论监督方面虽注重舆论监督功能,但偏向性明显。以《警法在线》为例,在监测的样本中,先后对"北京免费公厕成摆设问题""国有企业贪污的新形式""湖南联通不正当竞争问题""百度竞价排名问题"等问题进行了批评性报道。以《警法在线》为例,栏目的评论类型中,批判型以61%占据了主导地位。此外,栏目对起所报道的"反腐维权"内容点评率达到50%,体现了反腐工作是该栏目关注的重点。此外,尽管数量有限,但是一旦出现这类素材,栏目组会尽量发掘其背后的制度漏洞和犯罪心理。比如2010年11月18日对"贪污的新形式"和2010年11月20日对"工程建设领域受贿"问题的点评,都邀请到西城检察院的办案检察官,他们从监管不足和审计缺位角度分析这类官场"潜规则"形成的制度性因素。

地方台法制广播栏目往往敢于发表自己的观点,积极评论,但由于缺乏一个集中有力的来自中央媒体的声音引导,各地媒体的监督方向显得很散乱,没有形成一个合力。不仅如此,由于激烈的竞争,各地媒体为了尽可能多地争取受众,往往带有明显的偏向性,更多地报道和批评社会的阴暗面,甚至将负面情绪带入,使得监督功能偏离了其本来的初衷。

第四节 网络法制新闻报道的现状

本章中网络新闻是指广义的网络新闻概念,既包括传统互联网新闻,也包括移动互联网新闻。截至2013年6月底,我国网民规模达5.91亿人,半年共计新增网民2656万人。互联网普及率为44.1%。[①] 互联网的迅猛发展也使得网络法制新闻进入快速发展期。

---

① 数据摘自CNNIC第32次中国互联网络发展状况统计报告,载中国互联网络信息中心:http://www.cnnic.net.cn/hlwfzyj/hlwxzbg/hlwtjbg/201307/t20130717_40664.htm。

一、网络法制新闻勃兴

在2000年9月,《检察日报》组建了中国第一家法制新闻官网"正义网",这被视为中国网络法制新闻肇始的标志。随后法制网、人民法院网等一大批专业法制新闻网站建立,网络法制新闻快速发展。不仅传统法制媒体涉足网络法制新闻领域,《人民日报》(人民网)、新华社(新华网)也开辟了自己的法治频道。

网络法制新闻的发展呈现出以下发展态势:

1. 多元传播主体生产网络法制新闻内容。

与广播电视、报纸期刊等传统媒体不同,网络法制新闻的内容生产者和传播者并非全部都是传统意义上的媒体,即并非全部都是传媒业媒体组织或机构。从现状来看,制作原创法制新闻内容的机构主要有这样几类:

首先,传统媒体的网站,这是网络法制新闻最大的供应者。部分媒体网站取得了采访资格,除了登载传统媒体法制新闻以外,它们可以自行采集新闻。当然由于人力等局限,这些媒体网站自采新闻并不多,一般集中在重大会议、重大活动、重大突发事件等规模较大报道及视频新闻、网络聊天等内容中。此外,一些行业类法制新闻网站发布原创地方来稿,例如检察日报社正义网登载地方检察院新闻来稿。

其次,各司法执法机关官方网站。公检法领域政务网站建设较快,已经形成了完备的政务网站群,这些网站自主发布大量本单位的法制新闻。

再次,法制机构,法制类学术组织、团体的网站。这些网站也会自主发布相关法制新闻,例如学术活动消息、律师团体新闻等。

此外,在论坛、博客、微博、微信等各类自媒体发布平台,也有大量来自当事人、律师个人等的原创法制消息。

因以上法制新闻信息发布者不完全是媒体,因而其发布新闻质量、制作手法等千差万别。

2. 随着技术发展,网络法制新闻报道在多种多样的传播终端呈现。

伴随传统互联网及移动互联网技术的不断革新,传媒业开始了对新闻传播终端的探索,新的载体不断出现,法制新闻也开始在各种终端传播,这使得法制新闻的阅读量和阅读范围得以扩大。除了在各类网站以外,法制新闻也在新新媒体出现,如法人微博、媒体微博、法人微信、手机报、手机客户端等。值得关注的是,在不同终端上,法制新闻传播呈现出不同特性。

3. 网络法制新闻报道不断创新。

十几年来,网络类法制媒体的内容生产经历了从无到有,从模仿到发展的过程,逐步形成了一套适合网络媒介的法制新闻表达方式。2000年前后,传统媒体争办网络版,法制新闻也由此在网络广泛传播。不过,网络媒体的法制新闻最初以从传统媒体转载为主,是传统媒体内容的翻版,并无太多原创和符合网络用户体验的内容。近年来,这种情形改变,越来越多的创新型法制网络新闻报道出现。例如,检察日报社正义网设置了很多网络评论专栏:《双日集》《反腐今日谈》……这些网络原创法制新闻评论稿件数量大,评论犀利,成为网络上重要的声音。再如,人民法院报社中国法院网设置"法治微电影"栏目,各级法院积极利用新媒体技术,不断丰富传播形式,力图用广大群众喜闻乐见的电影艺术形式展现法官风采、展示法院形象、开展法制宣传,"法治微电影"栏目展播了这些来自基层法院的法治微电影。

此外,一些非媒体类传播主体利用了网络媒体的互动特性,把法制报道与电子政务结合起来,做出一批有特色的新型法制新闻栏目,例如海南首档网络警民互动栏目《赏金猎手》,该栏目由南海网、三亚市公安局联手推出,于2011年1月上线,旨在集中报道见义勇为行为,激励群众检举揭发犯罪线索,勇于同违法犯罪分子作斗争。《赏金猎手》栏目设有猎手英雄榜、猎手英雄事、寻觅猎物、赏金榜等板块,通过网站对外发布群众参与打击"两抢一盗"的英雄事迹,让更多群众了解公安机关的悬赏举措、兑奖方法等。栏目通过热线等形式公开向社会征集违法犯罪线索,实现警民联动。

4. 网络等新媒体改变了法制事件传播模式,日益成为法制新闻传播重要渠道。

随着web2.0时代、web3.0时代的到来,网络媒体交互性增强,时效性突显,法制新闻报道模式也出现了新的变化。从李天一案、"表哥"杨达才案等案件报道来看,均从微博爆料开始,继而引发网友关注,引爆网络舆论,随后传统媒体报道,传统媒体报道随后又转回网络。特别是随着传统媒体集团转型为全媒体集团,媒体微博、微信实时发布新闻,司法机关政务微博、日益完善,传媒业已经事实上从定时传播时代进入了实时传播时代,新闻实时发布,受众实时评价,新闻当事人实时回应。网络媒体成为法制新闻报道的重要阵地。

网络法制新闻的勃兴有深层次的动因,可以主要归结为以下几点:

1. 技术发展改变了受众的媒体接触习惯。

根据 CNNIC 第 32 次报告,截至 2013 年 6 月底,我国网民规模达 5.91 亿人,互联网普及率为 44.1%。截至 2013 年 6 月底,我国手机网民规模达 4.64 亿人,网民中使用手机上网的人群占比提升至 78.5%。截至 2013 年 6 月底,我国网民中农村人口占比为 27.9%,规模达 1.65 亿。报告数据表明,互联网逐渐普及,互联网使用者已经从精英群体逐步外延为普通民众。报告另有数据显示了网民对网络新闻的使用情况:"截至 2013 年 6 月底,网络新闻的网民规模达到 4.61 亿人,较 2012 年 6 月增长了 6860 万人,年增长率为 17.5%;网民对网络新闻的使用率为 78.0%。"①受众媒体接触习惯的改变,是媒体内容生产变化的深层次动因。传统媒体纷纷开设电子版,在移动互联网备受青睐之后,各类新闻媒体纷纷发力移动互联网,制作了大量用新闻 App,极大提高了手机网民对网络新闻的阅读频率。

2. 法治领域宣传创新。

网络法制新闻的迅猛发展与政法领域的利用新媒体积极推动司法公开是分不开的。2010 年 2 月初,广东省佛山、肇庆等公安机关率先在新浪开通官方微博,截至 2012 年 11 月,全国政法微博达到 17550 个,约占全国政务微博总数的 29%。② 政法系统高度重视新媒体的作

---

① 数据摘自 CNNIC 第 32 次中国互联网络发展状况统计报告,载中国互联网络信息中心:http://www.cnnic.net.cn/hlwfzyj/hlwxzbg/hlwtjbg/201307/t20130717_40664.htm。
② 数据来源于新浪网:《2012 年度政法微博发展报告》,载百度网:http://wenku.baidu.com/link?url=a8G8xsvpM3hzEbF9pcd66sv9mFb9hxLa4TTscfx2IjJ_0VIM1oiwiTXtlhPMls6lmFT1-d1DEP696XjiSi1evlW5HvJoUIsWByZffGYtG7C。

用,中共中央政治局委员、中央政法委书记孟建柱2013年11月27日在全国法院司法公开工作推进会上指出"全国各级法院深入贯彻落实党的十八大和全国政法工作会议精神,全面做好人民法院各项工作,取得新的进展。特别是以推进司法公开为突破口,充分利用网络、微博、微信等现代信息技术,及时全面公开法院信息,积极回应群众关切,自觉接受社会监督,有力维护了司法公正和司法权威,取得了良好的法律效果和社会效果"。政法领域自上而下地推动使得政法新媒体利用率高,并取得较好效果,这也从侧面促进了法制网络新闻的快速发展。一方面,政法网站、微信、微博会在第一时间发布系统内最新消息;另一方面,政法、政务新媒体的发展也促进了传统媒体新闻报道的数字化转型。

3. 社会环境变化,网络成为反腐、解决纠纷的策源地。

在2012年广受关注的15起真实的网络反腐案件中,通过微博举报的共有6起,占40%。其余9起案件中,微博虽然没有直接充当举报平台,但是其产生的巨大转发量对案情的推动也产生了不可忽视的作用。[1] 微博等新媒体成为有效的反腐工具,很大程度上得益于其快速、直接、简单、有效的特性,举报信息一旦进入这一领域,就有可能成为广为人知的新闻事件。网上爆料,网上发酵,这一新型社会矛盾解决方式使得网络法制新闻发展迅速,倍受社会关注。

二、网络媒体法制报道内容分析

课题组对2010年11月18日—12月18日正义网和人民网法治频道的监测内容进行了分析,分析结果如下:

（一）网络媒体法制报道数量大,传统媒体无法匹敌

从两大网络媒体法制新闻报道来看,事件性新闻成为网络媒体法制新闻报道的主要类型,网络媒体在法治事件的报道功能是毋庸置疑的。正义网每天上载的法制新闻平均达71条。虽然人民网只在法治频道中传播法制新闻,但是每天数量也近22条。即平均每一小时就有

---

[1] 周凯：《微博反腐已进入"剥洋葱"式深度挖掘时代》,载《中国青年报》2013年1月4日。

一个法治事件新闻上传到网上。这种高强度的信息传播能力是报纸、电视等传统媒体无法匹敌的。

通过31天的统计监测,正义网首页上传法制新闻数量共达2314条,其中2137条是事件新闻,数量比例高达92.35%;非事件新闻数量仅177条,主要包括评论和普法文章等。对于大的重要的新闻资讯以新闻专题的形式进行集中报道是网络媒体区别于传统媒体的一大特色,充分发挥了其信息海量的优势。通过统计,31天内正义网共制作新闻专题20个,平均到每天能有0.65个新闻专题。

除评论和普法文章外,人民网法治频道在31天内共上传法制新闻657条,其中事件新闻627条,比例占95.4%;非事件性新闻仅30条,仅占4.7%。人民网共制作专题3个,占0.4%。

(二) 网络法制报道新闻来源广泛,用户贡献内容不少,但贡献新闻事实来源的比例不大

新闻来源,也就是信息来源,是指提供新闻信息的媒介、新闻材料的出处。换言之,也就是指新闻素材是由什么人、或者什么机构提供的,是从哪些地方、部门和人员那里采集来的。[①]

网络媒体的出现改变了传统的新闻信息传递方式,受众不仅单单接受信息,也可以成为新闻信息的提供者,同时具有传者和受者双重身份。

根据统计,在正义网的新闻来源中,来自权威消息的新闻近400条,比例约占到54.8%;热线报料比例约为0.02%;匿名消息源的比例约为16.1%;核心消息源所占比例约为26.1%。网民用户生产的新闻仅有7条。

人民网的网络新闻来源中,来自权威消息源的有40条,占48.2%;来自热线报料的有2条,占2.4%;来自匿名消息源的有1条,占1.2%;来自核心消息源的有40条,占48.2%。其中,对于网民用户原创的新闻,博客用户生产的新闻有40条;论坛用户生产的新闻有274条;用户生产的图片报道和视频数均为0。

---

① 刘斌,李矗:《法制新闻的理论与实践》,中国政法大学出版社2005年版,第133—134页。

通过上述数据分析可以看出,正义网的原创新闻中,权威消息源和核心消息源的比例都较大,二者比例超过80%。人民网的原创新闻的权威消息源和核心消息源比例相当,都均接近50%,可见网络媒体媒体接近权威信息通道的能力和采访突破能力都很优秀。

对于用户生产的新闻,人民网较正义网突出。人民网博客和论坛中的网友原创新闻超过300条,其中很大一部分来自强国论坛。这与其传统论坛优势不无关系。相比较来说,正义网的博客做得很突出,但基本都是评论性或者学术观点性的文章,单纯的事件新闻报料极少,几乎没有。

(三)网络媒体对新闻的再加工意识不强

根据正义网的统计数据,31天上传的法治新闻总量为2314条,其中非本网站原创新闻总量为1216条,非原创新闻中修改标题的为1211条,高达99.6%。在所有新闻中添加关键字链接的有1955条,占所有新闻比例的84.5%;添加视频的则只有2条;添加图片进行报道的有766条,占33.1%;链接博客、论坛的有0条;链接到微博的有15条;加入其他链接的有53条,其中多为链接到专题和直播。

人民网法治频道首页非原创新闻,除评论和普法文章外,共566条,其中修改标题的有187条,占33%;写摘要的有2条,占0.4%;链接相关报道的有12条,占2.1%;链接视频的有4条,占0.7%;添加图片的有12条,占2.1%;其他的有6条,占1.1%;对稿件没有进行修改的有360条,占63.6%。在6条"其他"中,包括21条链接法条,2条链接相关评论,2条音频整理为文字,1条无法找到原文出处,链接博客、论坛、微博的新闻数为0。

(四)网络法治新闻报道题材广泛,案件报道占一半比例

以人民网法治频道首页新闻和正义网首页新闻为例,课题组对网络媒体法治新闻的报道题材做了分类统计,结果显示:

正义网的报道对象中,立法资讯占了6%;执法报道占11%;纪检监察占2%;司法大案要案占19%;法律法规的解释适用为0条;反腐维权的占了11%;民事新闻占11%;司法机关的工作动态占29%;领导活动和其他的占11%。

人民网的新闻中,题材是立法资讯的有9条,占3%;是执法情况

的有 10 条,占 3.3%;是纪检监察的有 7 条,占 2.3%;是司法大案要案的有 53 条,占 17.4%;是法律法规司法解释的适用的有 1 条,占 0.3%;是反腐维权的有 6 条,占 2%;是与民生相关的法律资讯的有 6 条,占 2%;是法制故事的有 8 条,占 2.6%;是司法机关的动态的有 5 条,占 1.6%;是领导活动的有 2 条,占 0.7%;是会议的有 5 条,占 1.6%;是一般性案件的有 182 条,占 59.9%;是其他题材的有 10 条,占 3.3%。

正义网的法治新闻中,报道"司法机关的工作动态"的新闻数量最多,达 29%;其次是案讯,约占 43%;时讯占 22%。人民网的时讯占 24.5%;案讯有 233 条,占 76.9%。可以看出案件新闻的报道是网络媒体法治新闻报道中的主要组成部分,正义网较人民网低,与其检察系统的背景有关,网站新闻设置,许多频道是专门的各地检察机关工作动态,所以占用了一定数量的法治新闻空间。

(五) 网络媒体的批评性法治报道出现了多元化表达

根据统计,31 天内正义网共发表批评性报道 68 条。没有报道包含视频和多媒体形式。批评性报道中,以立法机关为批评对象的报道有 15 条,占 22.1%;以司法机关为报道对象的有 11 条,占 16.2%;以执法机关为报道对象的有 22 条,占 32.4%;以社会企事业单位批评报道对象的有 16 条,占 23.4%,以公众批评对象的报道有 4 条,占 0.06%。

人民网批评性报道有 16 条,占 2.4%。16 条批评性报道中,有 1 条新闻包含 1 个视频,占 6.3%,其他多媒体形式有 8 个,占 50%。批评性报道中以执法机关为批评对象的有 5 条,占 20%;以公众为批评对象的有 5 条,占 20%;其他批评对象的有 6 条,占 30%;批评某种社会现象的有 4 条,占 20%;以立法机关、司法机关、社会企业事业单位为批评对象的新闻数为 0。

总体来看,两大网站的批评性报道对象不是很统一。正义网的批评性报道主要针对立法和司法机关,针对企事业单位和公众的很少。而人民网的批评性报道中针对立法和司法机关的批评性报道几乎没有,对公众和某种社会现象的批评性报道较多。可以看出两大网站社会监督的关注点有差别,正义网更关注国家机器对法律的使用和执行,而人民网则更关注社会公众对法的遵守情况。前者监督对象是"国家机关",后者的监督对象是公民。

(六)网络法治新闻转载传统媒体部分及网络媒体自制部分质量较高,而来自于网络论坛、博客等用户生产部分有娱乐化倾向

例如,人民网在法治频道、论坛和博客三者之中,博客新闻的娱乐诉求比例最高,论坛的最低,这跟博客和论坛的属性有关。因为博客强调私人空间,而论坛强调公共空间,人们在论坛中比在博客中更容易受到整体氛围的影响,因此当主题为法治这个较为严肃的字眼时,论坛更忌讳"娱乐"。如首页新闻,除评论和普法文章外,有76条的新闻价值诉求以趣味性为主,占11.6%。76条价值诉求以趣味性为主的新闻中,有部分报道追求悬疑,有部分报道对暴力细节没有做出处理,占5.3%;特别是一些报道带有明显猎奇的色彩,新闻价值并不大。

三、网络法制新闻报道存在的问题

由于网络法制新闻来源于多个内容生产者,并且由于发展时间短,尚未形成规范,难免良莠不齐。整体来看,网络法制新闻报道尚存以下问题:

(一)融合型新闻报道尚不充分

网络媒体区别于传统媒体的一大优势就是视频、图片、音频、文字可以多媒体融合应用,动静结合,将纸媒、电视和广播的优势集于一身。这样有利于增加文章的"趣味性"和可读性,吸引网络受众的注意力。但是根据课题组对正义网和人民网的监测,两大网站在多媒体的融合应用报道并不是很多,仍然以文字新闻报道为主,图片新闻报道为辅,视频新闻极少,特别是网民生产的视频新闻,几乎没有。事实上,网络法制新闻近年来自产新闻并未脱离传统媒体报道样式,远未形成带有网络特点的融合新闻样式。当然这与整个互联网发展情况一致,尽管《纽约时报》多媒体报道雪崩获得世界瞩目,各界交口称赞,但这类新闻实在是凤毛麟角。

(二)法制类网络媒体用户贡献内容仍然不足

论坛、博客、微博、微信等作为较新的新闻及意见发表平台,是网络用户最活跃的地方。但整体来看,这些平台仍然有较大的发展空

间。人民网和正义网在三大板块中各有长短,正义网的博客中专家学者群体庞大,而且博客使用率高,而论坛则几乎处于"无人问津"的状态。与之相反,人民网的强国论坛是网民非常活跃的地方,现在也成为了人民网的一大特色。两大网站应互相借鉴,取长补短。尽管如此,值得关注的是,尽管政法官方互动型新媒体发展很快,但是用户对于法制类媒体的贡献非常少,法制类媒体网站、官微的交互型内容不足,并且对用户生产内容也缺乏有效利用。

(三) 法制类媒体未重视新媒体的普法功能

媒体作为社会宣传公器,是连接国家机关和公民的桥梁。公民法律素养的提高,离不开媒体对法律知识和法律案件的宣传报道,其普法宣传教育功能不容忽视。网络媒体因交互性强,实则为普法重要阵地。但课题组从正义网和人民网的内容统计中发现,两大网站普法性的新闻报道占的比例较低,如正义网2314篇报道中,只有126篇是较纯粹的普法性文章。虽然案件新闻的报道容易吸引受众的眼球,增加网站的点击率,但是单纯意义上的故事性的案件新闻报道对于普及法律知识的作用显然是没有专业性的普法性报道更有用。

(四) 网络舆论引导不足

近几年来的社会热点案件,多是通过网上开始发声、传统媒体跟进、舆论形成并发威最终事件得以解决的过程进行的。不论事件解决结果是否符合法律的公平正义,仅从这些热点事件就可以看出网民的声音是强大的,网络舆论不容忽视。但是,新媒体特别是社交媒体的出现改变了新闻传播方式,人人都有麦克风,传统舆论引导方式受到挑战。尽管网络媒体应当充当网络舆论的引导者,但是引导方式急需深入研究,仅靠以往的发表评论的方式虽有效果,但是在互联网海量意见中显得较为单薄。

(五) 一些网络法制新闻失范

因为网络法制新闻传播主体非常多元,不能排除一些新闻事实爆出之时就带有利益性,加之网络极化情绪蔓延,这导致一些网络法制新闻带有各种问题,应引起社会各界深思。例如药家鑫案,在药家鑫被执行死刑之后,药父药庆卫状告原告律师张显"侵犯名誉权",当时张显发布的大量有关药家背景的言论犹在耳畔,言之凿凿:药家鑫是富二代、军二代,药家很有背景。随后,这些言论已被证伪。张显称,这些言论多是转发自网友,是自己的一些猜疑,仅用以表达自己和受害者家属的情感和想法。但猜疑一词是否可以弥补此案过程中的滔滔舆论带来的不良影响?不仅一些专家曾反思此案舆论对审判造成舆论压力。此外,一些网络法制新闻也存在失实、恶意攻击、娱乐化等问题。

第五章　如何完善我国法制新闻报道

法制新闻报道从形式到内容仍然有很大的改进空间,如何在新的形势下完善法制新闻报道?本章将在以下几节中分述。

第一节　彰显法制新闻报道的法治观念

法治观念,是指依靠法律管理国家、发展经济和治理社会的观念,其实质是依法治国的理念、意识与精神。2010年中央政法委员会出版的《社会主义法治理念学习纲要》一书将社会主义法治理念的意义高度概括为:"法治理念是谋划法治战略的基准,是制定法律的依据,是实施法律的指导,也是理解并遵守法律的参照,因此法治理念的形成和提出既是一个国家实行法治的必要前提也是一个国家法治基本成熟的明确标示。"2012年11月,胡锦涛同志在中国共产党第十八次全国代表大会报告中首次提出,提高领导干部运用法治思维和法治方式深化改革、推动发展、化解矛盾、维护稳定能力。党领导人民制定宪法和法律,党必须在宪法和法律范围内活动。从一定意义上说,法制新闻报道的进一步完善,应从满足受众需求的角度出发,切实提升法制新闻报道中的法治理念。

一、彰显法治理念是受众对法制新闻报道的深切要求

首先,法制新闻彰显法治观念,是适应受众对社会发展、改革的内

法制新闻实证研究：对媒体法制新闻报道的监测与分析

在要求。近年来，越来越多的法制新闻成为受众关注的焦点，从这些案例来看，引发受众注意和热议的往往不是案件的离奇，而是案件所隐含的法治观念。

例如吴英案。其引发的历史性大辩论，意义早已超出了法律条文本身。浙江东阳本色集团董事长吴英曾被称为亿万富豪，2007年3月16日因涉嫌非法吸收公众存款罪被依法逮捕。2009年12月，被金华市中级人民法院以集资诈骗罪一审判处死刑。2012年1月18日，浙江省高级人民法院二审驳回上诉，维持原判并报最高人民法院核准。2012年4月20日，最高人民法院未核准吴英死刑，该案发回浙江高院重审。2012年5月21日，浙江省高级人民法院作出终审判决，以集资诈骗罪判处吴英死刑，缓期两年执行，剥夺政治权利终身，并处没收其个人全部财产。法学专家、金融学家、社会学家普遍认为，用历史的眼光看，我们身处一个市场经济仍有待发育完善的特定历史时期，一个民间金融功罪交集的时代，一个经济快速发展推动的对资本的渴求和现行资金供给体制之间的冲突已经尖锐化和公开化的时期，这是吴英案成为法治事件的经济背景。

再如任建宇案。大学毕业后任建宇做了普通的村官，重庆劳教处指他从2011年4月至8月多次发表"负面言论和信息"，在他的公务员身份处于公示期时，就被处以两年劳动教养。2012年11月19日，劳教委撤销了劳教决定，任建宇重获自由。作为舆论关切劳教制度的焦点案件，任建宇案及其之后的唐慧案的受众关注都超越了案件本身，几乎激发了全社会对劳教制度的讨论。十八届三中全会以后，劳教制度被废止。

从这两起案件的报道与传播模式来看，法制新闻报道的受众群体已经迅速成长起来，超越了原有的对法律条文知识的需求。正如媒体评论说："法哲学的根本在于利益的平衡取舍，而不是刑决与法条对应的精确与否。我们亦能从历史上刀下留人的案例中看出统治者的进步与保守，宽容与逼仄。"[①]"我国政府法治建设进程是社会新秩序潜在

---

① 专题：《吴英案：刀口下的辩论》导语，载和讯网：http://opinion.hexun.com/2012/helpwuying/index.html。

需求、立法建设、公共选择与理性博弈、政府体制改革等多重变量的复合互动结果"[①]。在社会变革转型时期，受众关切国家和民族命运，对法制新闻的需求，已经从简单地懂法到呼唤法治精神、法治思维。媒体应重视受众需求的转变，法制报道自动承担起公民法治素养的培育。

其次，受众对法制报道的不满意多来源于法治理念不彰。事实上，受众对法制报道的很多评价也在呼吁彰显法制新闻中的法治观念，而这恰恰是现有法制报道急需进一步提升的。根据课题组对法制新闻的内容分析可以发现，现有法制新闻报道重事实报道，重法律知识报道，对法治观念的涵化虽有进步，但整体仍与受众需求有距离。一是因为当前法制新闻在普法职能上仍需拓展。法制新闻的诞生与国家的普法计划是分不开的，特别是电视法制栏目，多数定位在普法功能上面，但是普法亦应与时俱进，随着社会发展变迁，今天成长起来的受众关注的普法是法治观念的普及，而不仅仅是具体的法律条文，这一变化具有划时代的意义，也给法制新闻报道提出了新的挑战，法制新闻从业人员势必面临更高要求。二是因为相当多的法制媒体产业化运作经验不足，法制新闻仍未完全脱离宣传痕迹，报道正面居多，舆论监督不足，这不仅有悖法治精神和理念，往往也会带来一些问题，网络等社交媒体成为发声之地。三是因为一些媒体为追求收视率、发行量，忽视了法治精神的传递，过度追求案件的故事性和离奇色彩。法制报道中的这些问题已经引发了部分受众的批评，例如一些公检法领域的受众批评法制新闻报道内行人不爱看，外行人看热闹。这些意见值得重视。

二、如何彰显法制新闻报道中的法治观念

如何彰显法制新闻报道中的法治观念？课题组认为可以从以下几个方面入手：

第一，重视法制新闻作品中的法治价值增值。如果写作与编排得当，不仅新闻事实中所包含的新闻价值得到充分体现，而且法治精神

[①] 汪波：《中国政府体制改革与法治建设论》，载《国家行政学院学报》2006年第4期。

也可以得到强化和突显。事实上,今天的传媒内容生产竞争重点已经不是事实素材本体,而是事实和素材之上的附加价值。观点创造价值,高度决定价值。给法制新闻作品增加附加值,即在处理稿件时以法治观念来对事实进行判断。以薄熙来庭审报道为例,庭审直播之后,网络舆论有两种,一种认为薄熙来法庭辩解拒不认罪,罪大恶极,一种认为法庭申辩是被告人的权利。多数媒体的报道都以后一种判断为取向客观地对案件庭审进行了报道,实际上这就是一种法治观念。当然,增加法制新闻报道的法治价值应该视报道而异,不能为了增加法治价值的判断随意点评,一些报道只适合做客观地事实报道,不需要增加判断。此外,判断具有准确度和高度才会彰显法治观念。

第二,调整法制新闻报道面,选题从关注案件故事到逐步拓展,应更关注法治社会的建设。报纸、广播、电视、网络媒体的法制新闻报道有一个共同的问题,重刑轻民,重案件报道,轻其他类型报道。以法治天下的视角进行法制新闻报道,应拓展题材,法制新闻选择上应注重社会民生,避免"重刑事、轻民事"的惯有模式,多关注法治中国进程中的标志性事件,多倡导对受众法治精神的唤醒和启蒙。

第三,加强法制新闻报道的舆论引导与舆论监督功能。一方面,对于主流媒体,应增加法治评论,注意舆论导向,在民主法治建设进程中真正肩负起构建与引导法治舆论的责任。另一方面,媒体应切实履行起舆论监督职责,规范进行法治领域的舆论监督,敢于揭露批评社会中的腐败现象、违法犯罪现象。否则,媒体唱红,自媒体唱黑,形成两个舆论场,彼此缺少规范和边界,会造成很多负面影响,而再精彩的法制报道也会黯然失色。

第二节 完善法制新闻报道多元传播的格局

毋庸置疑,转型期的中国已经进入多元社会,受众分众化是传媒界新的现实,特别是信息传播技术变革,给各利益群体以较为畅通的表达空间,传媒面临着新闻舆论的多元结构,如何满足多元社会不同群体的法制新闻信息需求?课题组认为应完善法制新闻报道多元传播格局。

一、传统法制新闻传播方式受到挑战

多年来,司法机关及其他事业单位均以党报、党刊等主流媒体发稿为宣传重点,即法制新闻以主流媒体表达为重点范式,积累了深厚的实务操作经验,并形成了一定表达规范。但是,多元舆论格局下,新闻事件的传播生态发生变化,这对主流新闻媒体原有的表达规范造成前所未有的挑战。挑战主要来自于以下三个方面:

首先,多元舆论空间挑战主流法制新闻媒体原有舆论引导方式。从近期报道案例来看,多元舆论空间导致关于主流媒体报道的协商性解读和对抗性解读增加,受众对主流新闻宣传的刻板印象呈强化趋势。英国传播学者霍尔曾针对传播者与接受者之间编码和解码的关系提出过三种受众解读文本的假设:支配性解码,指受众完全以编码者的意义来解读信息;协商性解码,解码者在承认传播者主流意义之下对信息编码进行歪曲性解码,解码形成冲突性和差异性,受众与支配的意识形态始终处于充满矛盾的协商过程中;对抗性解码,受众对信息完全曲解,拒绝文本的主导性。[①]"以正确的舆论引导人"是主流新闻媒体的根本任务之一,以往主流媒体"以正确的舆论引导人"的表达是以支配性解码为前提的理想状态。但是,随着微博、微信等自媒体用户激增,不同社会人群有了较密切的联系和话题讨论空间,并且由于自媒体带有明显公共传播的特征,传统媒体强势把关、强势舆论引导的传播生态被消解,多元声音均能得到放大和传播。多元舆论场域中,以支配性解码为表达前提的主流新闻宣传受到直接挑战。因不同群体立场不同、阅读体验不同,可以看到受众对部分主流媒体报道的解读呈现出协商性解读和对抗性解读现象。事实上,在一些案例中,我们可以看到,受众对报道的解读亦含有非理性情绪,对主流媒体形成了刻板印象,想当然认为主流媒体报道含有意识形态倾向。当然,刻板印象的形成缘于主流媒体以往报道较多采用支配性的宣传灌输模式所致,舆论引导方式的简单粗放导致媒体形象被贴上了负面标

---

① 斯图亚特·霍尔:《编码、解码》,王广州译,载《文化研究读本》,中国社会科学出版社 2000 年版。

签,影响了报道真正意义的传达。从这一角度讲,主流法制新闻媒体应迅速转变文风,创新舆论引导的方式,以对抗多元舆论的误读。

其次,互动空间形成,受众转换为传统媒体实时阅评员,法制新闻媒体受到受众实时监督。随着传播技术的发展和社交媒体的快速成长使受众媒体对宣传机构这些传播者的实时监督得以实现。近期一系列报道可以看出,受众的角色更为积极,在新闻传播过程中已经从信息接受者转变为线索提供者、快速做出反应的当事人、事件的评论者、媒体报道质量的评价者。在这一背景下,媒体新闻选择是否妥当,新闻报道是否真实准确、评论是否表达了公众主流意见都变得至关重要。主流媒体以往的表达规范、报道经验受到了挑战,例如,在传统新闻选择中,为实现舆论引导,传统媒体曾使用"不闻"的手法,即媒体在把关过程中认为某些新闻会引发社会不安或负面影响选择不报道。但哪些新闻应该报道,哪些不应该报道,除法律明文禁止外,均由媒体自行把握。从近期报道案例来看,受众已经开始明确表达自己对媒体"不闻"选择的异议。例如,2012年10月宁波反对PX化工项目的群体性事件,历时十余天,最终在宁波市政府做出的"坚决不上PX项目"决定中告一段落,民众的利益诉求最终得以实现,但是宁波日报在群体性事件开始时采取"不闻"的把关手段,事件结束才对宁波市政府的决定进行报道,引发市民不满。微博上有两张照片广为流传:一张是前来报道的外国记者被市民高高举起,一张是民众对着《宁波日报》报社竖起手指,作为对其不报道的鄙视。再如陈永洲案件,中央电视台的报道一出来,不仅法学专家站出来说:依据新刑法,不能逼迫他自证其罪,网友也调侃"薄熙来这么大的罪头发还在,你的怎么就没了?"这一案例显示,对媒体议题设置参与度明显提高,对媒体报道的监督和检验能力在提升;主流新闻媒体改善表达,改进质量,满足变化的受众需求是当下之急。

二、完善法制新闻报道多元传播的格局

事实上,仅仅主流法制新闻媒体改善表达,尚无法应对多元社会。在"自媒体"广泛运用、舆论生态多元化的今天,加强提升政府危机传播水平,坚持正确的舆论引导,维护党和政府公信力,凝聚社会共识显

得尤为必要。为满足不同群体对法制新闻的不同需求，应完善法制新闻报道的多元传播格局。目前法制类媒体多为政法系统内媒体，综合性报纸法制报道不足，并且产业化运作的法制新闻媒体寥寥无几，这不利于法制新闻形成多元传播格局。课题组认为受众分众化、舆论多元化趋势下，完善法制新闻报道多元传播的格局，应该把握五个关系：

第一，正确把握法制宣传与法制新闻的关系。因很大一部分政法类媒体由政法系统主管或主办，故一定意义上承担着本系统的宣传职能。例如《检察日报》由最高人民检察院主管并主办，立足检察，宣传法治，及时报道社会主义法制建设的最新动态、热点和难点问题。《人民公安报》为公安部的机关报，始终坚持"立足公安、面向社会"的办报方针，宣传党中央、国务院有关公安工作的方针政策及公安部的重大部署，弘扬社会主义民主与法制，讴歌广大公安民警严厉打击各种违法犯罪活动和秉公执法、刚正不阿的无私奉献精神，揭露鞭挞各种社会丑恶现象，运用典型案例普及法律知识和安全防范知识。这些政法系统主管主办的行业媒体经过多年探索，已经摸索出一条新的道路：在市场经济条件下，行业报既不能机关化也不能大众化，只能走专业化的发展方向。但是尽管如此，在一些报道中仍存在宣传味道太重，机关味道太浓的问题。解决这些问题的关键，是完善法制新闻报道多元传播的格局，给不同类型的法制新闻媒体以发展空间，确定不同的定位，使一些媒体服务于专业人群、行业人群，另一些法制类媒体则服务于其他对法制新闻有兴趣的人群。

第二，正确把握法制新闻与普法的关系。客观地讲，所有法制新闻都有普法的作用，法制新闻工作在实施依法治国进程中发挥了重要作用。不同的是，在实践中应注意区分，一些法制新闻在定位上即以普法为主要职能，一些新闻以传播新闻事实为主，潜移默化地普法。以普法为主要职能的新闻，在事实取舍、意见表达上与法制新闻的角度有所不同。法制新闻报道虽然也应在法治框架下传播法制领域的新闻事实，但更重视公众的知情权，着重于快速报道事件、完整挖掘事实。在以往的法制报道实践中，并未严格区分和重视普法与法制新闻报道的关系。一般而言，普遍认为法制新闻需以普法为主。但我国正处于人民内部矛盾凸显、犯罪高发的时期，随着经济体制的深刻变革、社会结构的深刻变动、利益格局的深刻调整、思想观念的深刻变化,经济社会生活中还会不断出现新的矛盾和问题,受众越来越关注法制新闻,需要快速了解真相,以普法为主的法制新闻报道往往重视法律条文法理的解释,重视说"法",并不能满足受众的多重需求,因而应考虑普法为主要职能的媒体与新闻报道、新闻评论为主要职能的媒体差异定位。

第三,正确把握法制新闻媒体经济效益与社会效益的关系。如前一章所述,当前法制新闻的一个问题是娱乐化倾向严重,一些法制新闻做得比娱乐新闻更娱乐。究其根本,是一些法制媒体考虑发行量、收视率,着重于案件曲折的故事情节,甚至大打"情""性""暴力""悬疑"牌,过度重视经济效益的结果是法制新闻质量堪忧,甚而有违职业伦理,弱化媒体公信力。管理部门对中国文化传媒集团的指导方针始终都是一手抓文化传媒宣传主阵地建设,一手抓文化产业新兴领域拓展,实现社会效益与经济效益双赢。法制新闻报道也应坚持以社会效益为中心,经济效益和社会效益两手都要硬,力避低俗化、煽情化。

第四,正确把握发展传统媒体与发展新媒体的关系。随着我国互联网、移动技术的迅猛发展,新媒体正在成为推动社会进步的不可低估的力量。互联网、手机、微博、微信以及移动终端等新媒体的迅速兴起对传统媒体的冲击巨大。法制新闻报道应充分重视新媒体和传统媒体的力量,构建法制新闻新旧媒体立体传播的格局。事实上,在实践中往往会出现一些传统媒体集团轻视新媒体团队的情形,把集团内新媒体团队的报道看作边角料。或者,把新媒体视作洪水猛兽,把新旧媒体视作两个舆论场。事实上,新媒体已经成为新闻传播格局的重要力量。应该看到,新媒体技术带来了前所未有的互动速度和深度,新闻传播已经从专业制作、精英主导变成了全民参与。一定意义上说,这种参与式文化已经成为全民文化,媒介参与也意味着受众对公共事务的参与意识加强。主流媒体应完善和加强线上传播,从加强受众的参与度开始。沟通民意是主流新闻宣传的社会责任,搭建良好的社会沟通桥梁,有利于社会、媒体、政治之间实现良性循环。在自媒体繁荣、参与式文化席卷全国这一背景下,主流媒体、宣传机关应更重视自己社会沟通平台的作用,创新社会沟通能力,凝聚社会共识,引领社会思潮。

第三节 提升法制新闻报道的质量

近三十年来,法制新闻报道已经有了长足进步,报道的深度和广度均有提升,但是也应该看到,我国法制新闻报道仍存在不规范之处,在公信力、影响力和美誉度方面还有提高的空间。

一、理清司法与传媒的边界,规范报道法制新闻

如何处理司法与传媒的关系是司法界与传媒界多年来一直纠结、论战的话题,作为法制新闻的重要读者,司法界对法制新闻报道的最大诟病是批评法制报道炒作、越位,进而影响了司法公正。2010年12月至2011年2月底,教育部规划课题《中国新闻媒体监督与司法公正问题研究》课题组采用问卷形式分别对司法工作人员、媒体工作者和普通受众三个群体进行了一项关于媒介舆论监督司法状况的抽样调查,结果显示:多数司法工作人员认为媒体在进行案件报道时经常出现媒体审判,持这一观点的人占调查人数的62.4%。[①] 媒体审判是否确曾改变了审判结果无从得知,但是从法制新闻报道案例来看,却曾有些报道过分炒作,引起了负面效果。例如夏俊峰案,沈阳小贩夏俊峰在2009年在同城管争执时使用随身携带的切肠刀将两名城管人员刺死,事件引发广泛关注。该案主犯夏俊峰在经历多次上诉后无果,于2013年9月25日被执行死刑。夏俊峰案一波几折,引发全国众多媒体争相报道,一些媒体的报道直接对夏俊峰抱持同情态度。但在夏俊峰执行死刑后不久,隐藏的真相浮出水面,夏俊峰的妻子为了赢得舆论进而牵制司法机关,雇用了网络公关,连提供给媒体的夏俊峰照片都是虚假的。

如何在合理的框架下规范报道法制新闻是难点,也是提高法制新闻报道质量的重点。但是事实上,理清司法与传媒的边界需要管理

---

① 姚广宜:《中国媒体监督与司法公正关系问题研究》,中国政法大学出版社2013年版,第340页。

层、司法界、传媒界的共同努力。许多媒体人认为,司法机关对于记者采访的限制是引发司法与传媒关系紧张的根源。司法机关为媒体设限有多种方式,例如采访要经过宣传部门领导同意,例如稿件必须经过被批评对象审阅才能发表,甚至有司法部门专门发布规定,给媒体报道立规矩,要求媒体不能作出与法院裁判内容相反的评论等。显然,司法机关上述做法也越界了,不利于司法公开,也不利于司法公正。"就事实来看,媒体所引导的民意大部分是合理的。按'公开才有正义'的那句法学界的名言,公众通过媒体报道了解司法的运行方式,从而在一定程度上制约着司法工作人员的司法行为,同时限制了司法机关及其工作人员的权力。"①而且,特别值得注意的是,一些媒体审判行为的推动力来自于政法系统,政法系统的干预也给媒体带来了压力。中央电视台关于陈永洲案的报道曾引起业界极大争议,在法庭尚未做出有罪判决之前,当地公安部门给陈永洲剃了光头,并让他在中央电视台屏幕上面向全国观众承认有罪,此举当然缓解了当地公安部门的办案舆论压力,但是有悖法治精神。

中国未来十年,法治建设将提速。确实已经到了一个给司法和传媒划定合理边界的契机,如果希望长久规范法制新闻报道,管理层、传媒界、司法部门应心平气和地研讨问题,增强司法活动的透明度,也提高媒体的公信力和职业素养。

二、提高法制新闻报道的专业性

法制新闻报道和其他类型的新闻报道相比,既有共性,也有特殊性。把握不好共性和个性的关系,就往往会出现内行人不爱看,外行人看不懂的问题。法制新闻的最佳标准应该是又专业、又好看。

如前一章法制新闻报道的现状分析所示,专业性不强是法制新闻报道的质量不佳的一个重要原因。因一些采编人员对法学知识研究不透,或采访不扎实不深入,时常在报道中出现错误。教育部规划课题《中国新闻媒体监督与司法公正问题研究》课题组的调查中,司法工作人员认为法治新闻报道存在问题,37.2%的人认为法治新闻"专业

---

① 舒炜:《媒体与司法 谁在较劲?》,载《廉政瞭望》2012年第4期。

性不足,有很多常识性错误";46.3%的人认为法制报道断章取义;26.4%的人认为案件报道太多,有用信息太少。① 这些错误都是由于采编人员的基本功不到位造成的。除了一些专业知识错误以外,一些法制新闻甚至还出现了侵权的情形,例如李庄案,2011年李庄向法院提起了民事诉讼,诉《中国青年报》名誉侵权,尽管由于各种原因,该案最终没有被受理,但是该报道《重庆打黑惊曝辩护律师造假事件近20人被捕》②受到业内广泛质疑。在该案没有审判之前,报道称"李庄,48岁,混迹律师界十余年,其所在的康达律师事务所在京城也颇有'背景'。注重'身价'的李庄此次肯来重庆打涉黑官司,除受龚刚模的生意伙伴相邀答应来'捞人',其实更重在'捞钱'"。未核实清楚事实之前,媒体直接为李庄定性,透露侦查内幕,表达方式主观,存在很多问题,也带来了负面影响。再如,一档名为《谜案追踪——爱恨情仇》的节目中有这样一个片断:节目把将含有个人隐私内容的私人通信公开在媒体中播发并朗读,并未交代通信双方当事人是否同意。主持人声情并茂地读"一夜夫妻百日恩,何况我还为你打掉四个孩子……"③这个节目有侵犯隐私权的嫌疑,而此类情况在很多法制新闻中屡屡出现。此外,一些法制新闻报道的内容不专业,法制新闻有法治之名,但以非法制角度报道事件。为使报道好看,一些法制新闻过分迎合一部分受众的低俗心理,报道有故事性没专业性。起笔是法制事件,但落笔实则是趣味性,讲述了一个个与法治精神无关的赚人眼球的离奇故事。

要使法制新闻做到既专业又好看,应正确理解法制新闻的"专业"性。专业性报道的难点在于把专业问题报道得准确而且好看。一定意义上说,专业报道的专业性有两层含义,一是内容专业,专业人士爱看。专业人士爱读的法制新闻不仅仅是没有法律知识错误,应主要是

---

① 姚广宜:《中国媒体监督与司法公正关系问题研究》,中国政法大学出版社2013年版,第340页。

② 郑琳、庄庆鸿:《重庆打黑惊曝辩护律师造假事件近20人被捕》,载《中国青年报》2009年12月14日。

③ 北京电视台:《迷案追踪——爱恨情仇》,北京科教节目《警法目录》2012年7月8日播出。

法制新闻实证研究：对媒体法制新闻报道的监测与分析

专业圈子里大家应知而未知的新闻。二是观点独到,给专业人士以启发。课题组认为提升法制新闻的专业性应从以下几个方面入手:

第一,深入挖掘专业人士感兴趣的内容。"涉浅水者得鱼虾,入深水者得蛟龙。"新闻报道是一项实践性和针对性都很强的工作。法制新闻记者只有深入专业人士的圈子,深入一线,才能捕捉到鲜活的新闻素材,才能写出专业人士关心的稿件。

第二,严把报道质量关,法制新闻报道内容准确专业。受众对法制新闻报道的很多批评来自于对一些法制新闻报道本身的质量问题,如采访不扎实、用语不规范、缺少法律常识等,一定意义上说,这些错误本不该犯,应引起法制新闻采编队伍反思。如《网传少女遭强奸5次检方不批捕 警方称补充侦查》[①],该文就网传"广西陆川县乌石镇一少女被25岁流氓强奸5次,公安不立案,检察院不批捕,致精神崩溃"进行追访核查,但是该文的后续采访事实并不清晰,报道事实都来自于受害少女的母亲,其母亲甚至对细节做了披露。对公安部门的采访只有一句"正在补充侦查",没有交代检方为什么不立案,也没有来自案件被告人一方的只言片语。事实上,该案早已水落石出,如果亲临现场,可以发现孩子母亲的片面说辞并不客观。《今日说法》就同一事件做的《开房风波》[②]经深入调查后发现,未成年少女伪装成成年人与25岁男子谈恋爱才是真相,该案的法律意义在于这种情况究竟是否属于强奸。对于一则并不难于核查的法制新闻,国内媒体沸沸扬扬炒作的多,真正扎实采访的少。在网络爆料日益增多,爆料者可能带有各种个人利益的情形下,媒体新闻报道的基本功、职业态度至关重要。

第三,增加对法制新闻报道的独到解读。美国著名传播学者施拉姆曾提出信息选择的或然率公式,即"选择的或然率=报偿的保证/费力的程度"。他认为,要提高选择某种传播渠道的或然率,既可以通过降低分母值(预期的困难)来实现,也可以通过提高分子值(预期的报

---

① 杨志雄:《网传少女遭强奸5次检方不批捕 警方称正补充侦查》,载中新网:http://www.chinanews.com/fz/2013/08-07/5133704.shtml。
② 《开房风波》:《今日说法》2013年11月7日播出。

偿)来实现。①对于受众而言,法制新闻是专业性较强、阅读吃力的新闻领域。媒体应该为此类新闻增加独到的解读。政法网络舆情是近年来舆情事件的高发领域,但一些舆论显然来自于公众对法学领域的不理解或误读。法制新闻的普法功能在目前应理解为对民众法治精神的唤醒和启蒙。

第四,增加法制报道的易读、悦读、悦听和可视性。法制新闻的专业性并不与晦涩艰深相对,并非法制新闻增加可读性就等同于讲离奇案件故事,媒体应尝试以通俗平实的表达手法来制作专业内容。

三、媒体融合发展背景下创新法制报道

信息技术的飞速发展给传媒业的发展带来了无边的想象。媒体融合既有不同或同类媒体之间整合资源、相互融合,优势互补,也有多种媒介内容形态融合创新而衍生的数字化表达与传播。并且,越来越可以清晰看到的趋势是,信息技术促使很多传统产业升级,这也间接改变了传播环境,促进了企业、机关的新媒体传播,在这一背景下,法制新闻报道也应积极探索如何在媒介融合背景下创新报道。

第一,多媒体报道形态。媒体融合究竟会带来何等震撼的未来型报道,传媒界充满期待并争吵不休,实际上尽管并未有令人耳目一新的绝对创新,但是传媒界已经有很多新型报道。最初的报网互动、网台互动可以视为新闻策划及发布方式的转变,而获得普利策新闻奖的纽约时报《雪崩》则是为习惯数字阅读的用户所做的新型尝试。当前,各类媒体都在尝试为受众生产各种有更好体验的内容产品,很多新型产品值得关注和借鉴。例如《南方都市报》的纪实性视频专栏《南都深呼吸》,以纪实性手法记录了国内一些新闻时刻,秉承《南方都市报》的理念,不同于电视台的电视节目,颇受好评。再如一些互联网媒体尝试生产动漫新闻、做互动型网络新闻专题,其中一些报道也受到用户好评。这些创新形态值得法制新闻报道跟踪借鉴,法制新闻也应积极探索适合于法制新闻多媒体报道形态。

---

① 威尔伯·施拉姆著:《传播学概论》,陈亮等译,新华出版社1984年版,第114页。

第二,创新内容生产流程。"在定时传播时代,大众传播模式是线性的,媒体有充足的时间进行议题设置,并按照迅速播报、完整挖掘、解读反思的逻辑来完整地呈现新闻事件。在以用户为核心的大众传播时代,社交媒体繁荣,定时传播开始向实时传播转变。在实时传播时代,事件当事人不断直面网络,公众舆论实时产生,一天之内热点轮换,以往媒体所扮演的权威角色受到挑战。尤其随着企业微博、政务微博的信息发布越来越完善,信息源直接面对广大网络用户,全媒体集团更需要找到自身在实时传播格局中的位置,构建和强化实时内容生产和传播能力"①。在这一发展趋势下,法制媒体也应积极探索实时报道与定时报道共存的立体化传播环境下的内容生产流程。有一些法制媒体已经做出适时转变,例如《检察日报》社的正义网,目前该网已经实现采编流程上网站优先的格局,报社记者的稿件网站可以先于报纸刊登。

第三,探索法制新闻职业生产与内容生产各自优势的边界。多媒介共存的时代,专业负责的报道仍是重中之重。传播技术革命带来了"用户生产内容"的崛起,这是"人人都是麦克风"时代最关键的变化。"用户生产内容"即用户将自己原创的内容通过互联网平台进行展示或者提供给其他用户。在事实的评论和情感互动方面,用户生产大量意见、情感表达直接,更易形成社会普遍舆论,这给专业生产带来了不可估量的冲击和影响。而与此前估量不同,用户生产除了在新闻线索方面有优势外,在新闻核实、信息的深度挖掘方面几乎无太多建树。因而,多媒介共存的时代,独到的专业的内容仍是稀缺产品。法制新闻媒体应重视在严肃新闻报道中的社会责任,加强对事实的调查、寻访和追踪。

当前新闻事件传播过程中一个非常值得关注的现象是,来自于媒体的调查性报道、严肃专业的事实性报道供给不足,核实不够,往往在真相不明时已经开始众声喧哗,众人围观。热闹喧嚣的背后,会造成很多问题,如以讹传讹、侵犯名誉权、侵犯隐私权等,李天一案、《新快

---

① 王佳航:《全媒体集团:拿什么奉献给用户》,《光明日报》2013年10月19日。

报》记者陈永洲案都表明了这一点。尽管微博和微信能产生大量新闻线索、能聚集大量新闻事实,但是核实求证、调查挖掘能力仍是职业媒体的优势所在。

当然,提高法制新闻报道的质量,满足法制新闻受众不断上涨的需求,最核心的措施是要建设一支富有职业精神、专业水准的过硬的采编队伍。法制新闻报道的采编队伍建设应着眼于复合型人才:即既具备法学知识和新闻传播学知识的复合型人才;既具备采编报道经验又熟悉新型信息技术的复合型人才;既具备新闻工作者的职业道德又有法治精神的复合型人才。

第六章 报刊媒体法制新闻报道的内容分析报告

第一节 《人民日报》法制报道解析
——解读主流媒体 聚焦法制动向

作为中国共产党的中央机关报,《人民日报》创刊于1948年6月15日,历经60多年的发展历程。它被联合国教科文组织评为世界上最具权威性、最有影响力的十大报纸之一。

《人民日报》既是宣传政策的主阵地,也是传播信息的主渠道。其宗旨是"宣传党的方针政策,为党和政府的中心工作大造舆论。"①,这是任何时代都无法摒弃的特有属性。

2010年1月起,《人民日报》周一至周五的版面由20版扩至24版;周六、日版面不变,仍为8版。1至6版为要闻版,7版仍为理论版,8版为广告版。9至14版为国内新闻板块,主要由视点、经济、政治、文化、社会和体育新闻版组成。15版安排机动版和新兴媒体、视觉版,16版为广告。17至20版为周刊专版板块,主要包括经济周刊、党建周刊、民生周刊、文教周刊、议政建言及读者来信、科技视野、军事、台港澳侨等。21至24版为国际及副刊板块。

---

① 刘晓文:《党报宣传作用与市场价值取向的冲突与平衡》,载《记者摇篮》2002年第12期。

《人民日报》不仅是宣传党的政策的主阵地、传播信息的主渠道，同时对法制新闻的报道也最具特色。

一、对《人民日报》法制报道的样本监测

本节着重对《人民日报》的法制报道进行研究，采用实证调查的手法，通过事先设定的指标，对其一段时间内的法制报道内容及其效果进行全方位监测，内容包括环境条件、普法功能、舆论引导、监督功能、娱乐功能等，以及在报道过程中所产生的负功能。监测时间从 2010 年 11 月 15 日开始至 12 月 15 日结束，历时 31 天，统计监测新闻共计 1740 余条，其中包括 261 篇法制新闻，43 篇法制评论。数据显示，《人民日报》的法制新闻报道既有优势，也有不足和亟待改进的地方。

二、《人民日报》法制报道的特色

（一）做强主流法制新闻，《民主政治》周刊法制特色浓重

作为党的喉舌，《人民日报》具有其他媒体无法比拟的主流权威性。它的资源优势源于党报的核心地位、主流品牌的长期积累、可靠和权威的消息来源、意识形态的主导优势以及稳定的目标读者群等。毋庸置疑，这些优势为党报核心竞争力的孕育打下了坚实的基础。

党报的核心竞争力，指的是党报长期以来形成的具有价值性、稀缺性、难以模仿性特点的媒介特性。[①] 在监测过程中，不难发现《人民日报》为打造法制新闻的核心竞争力，着实下了一番工夫。

监测数据显示，《人民日报》法制新闻及法制评论的数量与走向与其他新闻报道基本趋于一致，其中以周三为波峰，周六日为波谷。（见图 6-1）而在监测当月，法制新闻的日占比例最多为 27.40%，最少为 2.00%，平均占了 14.15%，数量还是相当可观的。（见图 6-2）

---

① 樊昌志：《党报核心竞争力：从权威性到三位一体》，载《新闻记者》2004 年第 2 期。

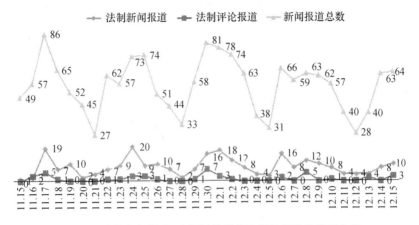

图 6-1 法制新闻报道、法制评论报道和新闻报道总数变化图

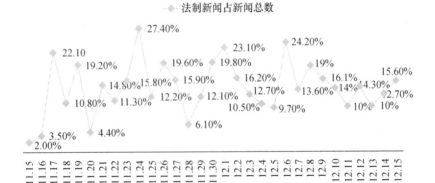

图 6-2 法制新闻占新闻总数变化图

尤其值得一提的是每周三的《民主政治》周刊,作为《人民日报》最具代表性的法制周刊,它占据着党报法制报道"主导"的地位。其内容包括民主政治、法制建设、法治实践以及议政建言等版面。该刊自1999年1月6日创刊以来,以宣传报道社会主义民主政治、法制建设为己任,聚焦和见证中国发展社会主义民主政治和法制建设的进程。纵观其栏目的演变,它的发展历经了三个阶段:1999年1月—2004年12月是《民主和法制》栏目阶段;2005年1月—2007年12月是《民主法制》栏目阶段;2008年1月—2010年12月是《民主政治》栏目阶段。

现阶段,《民主政治》周刊遵循"贴近实际、贴近生活、贴近群众"的原则,报道广大群众"欲知、应知而未知"的重要事实,使得新闻内容新鲜实在,报道形式生动活泼,特别是图文并重,它以人们喜闻乐见的方式,生动活泼的风格,全面推进法制新闻的报道。例如,2010年11月24日刊登的《和谐民警关系的衢州样本》,以及12月8日刊登的《如何唤醒"休眠"政府网站》等法制报道,都是老百姓喜闻乐见的法制热点话题。

(二)信息采集权威优质,报道内容重在执法

《人民日报》新闻信息来源的权威性,既是它得天独厚的优势,也是其最主要的核心竞争力。监测显示,《人民日报》法制新闻的消息来源主要为权威消息源,占到89%;其次是核心消息源,为11%;基本没有热线报料以及匿名消息源。这显然与《人民日报》的党报地位相符。(见图6-3)

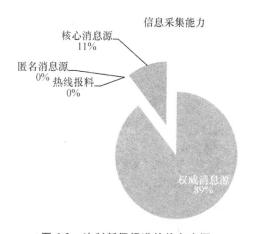

图 6-3　法制新闻报道的信息来源

所谓"权威消息源"指的是政府部门及各级组织等权威部门;而"核心消息源"是指该事件中的主要当事人。图6-3表明了《人民日报》在报道法制新闻事件时,注重通过发布权威性消息来引导受众,以披露新闻事实的内在倾向。

作为党和政府的权威信息发布机构,《人民日报》首要任务是发布与党和政府的方针、政策等相关信息,传达党和政府的声音;其次是促进中国的民主法制建设进程,宣传和报道各类法制信息;同时还注重

与民众切身利益相联系的民生资讯。它既关注到国家的前途命运、百姓的日常生活,也关注到某个群体的利益分配。它们是与个人联系紧密的重要信息,这是党报与非党报的根本区别。即使读者事先在非党报上了解了某信息,也习惯去党报上寻找权威印证。可见,采集和发布优质的权威性新闻,是《人民日报》独一无二的优势。

另一方面,正是由于《人民日报》拥有权威的消息来源以及庞大的信息资源网,而其中法制新闻新闻信息资源的优势也就不言而喻。监测显示,其法制新闻内容涵盖全面,排名前三的依次是:执法情况、纪检监察以及与民生相关的法律咨询,分别占34%、27%、14%;其他还涉及司法大案要案和法律法规司法解释的适用、立法咨询等内容。此外,题材为时讯的法制新闻主要涉及执法机关以及司法机关,分别占47%、46%。(见图6-4)

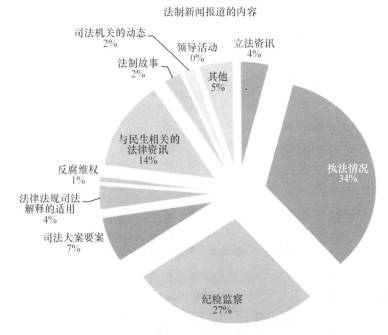

图6-4 法制新闻报道的题材

依法治国的关键是执法,重点和难点也在执法。但现实中有法不依、执法不严、违法不究,甚至徇私枉法都屡见不鲜;甚至以言代法、以权抗法,滥用权力也时有发生。解决这些问题,必须强化监督机制,增强执法的民主性和公开性。因此,《人民日报》着重关注执法机关和司法机关也在情理之中。

另一方面,"立法是法律运行和操作的初始性环节,良好的法律是实行依法治国的基本前提。虽然我国立法工作已取得重大成就,但仍存在着不少问题。"①由此,立法也应成为关注的焦点。但《人民日报》涉及立法机关的法制时讯仅占4%,(见图6-5)建议今后应该加大这方面内容的报道力度。

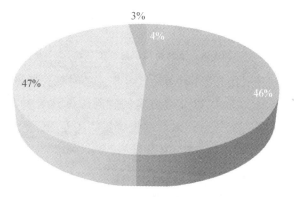

图6-5 法制新闻报道中时讯的题材

(三)舆论监督切实发挥作用,法律监督重在执法

舆论监督是新闻媒体运用舆论的独特力量,帮助公众了解政府事务,社会事务和一切涉及公共利益的事务,并促使其沿着法制和社会生活共同准则的方向运作的一种社会行为。② 作为党和人民喉舌的《人民日报》,引导着中国的舆情民意,也体现着主流媒体的舆论导向。

监测显示,在关涉执法、司法、党政事业单位依法办事的法制监督

---

① 吴秀霞:《从史学视角看新中国法制建设的发展历程》,载《唐都学刊》2007年第9期。
② 曾尚健:《浅析信息社会舆论监督对警察执法的影响》,载《广西警官高等专科学校学报》2010年第6期。

报道中,《人民日报》更关注执法机关的执法信息,其占据的比例高达59%(见图6-6)。这与上文《人民日报》法制新闻报道的选择对象倾向于执法情况不谋而合。

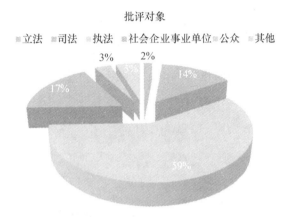

图6-6 法制新闻报道的批评对象

另一方面,《人民日报》对舆论监督报道的时机选择更偏重于监督的结果和问题的解决,尤以大案要案的宣判和案结为重点,这类报道占据了监测数据的45%。但对后续报道重视不足,监测显示47%"未有后续报道"这方面还需加强。(见图6-7)

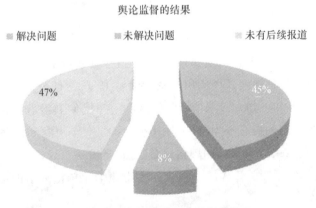

图6-7 法制新闻报道舆论监督的结果

需要强调的是,《人民日报》所有法制报道的舆论监督都极为规范,基本上没有使用暗访和偷拍,也没有出现伦理歧义和负面判断性用语,更没有低级的法言法语错误。这是党报对民众高度负责的权威性和规范性的体现,有助于巩固权威媒体的话语权和公信力。

(四) 法制评论特色鲜明,各种声音百花齐放

目前各类报纸的评论文章、网站评论板块、论坛、博客和微博等点评留言备受关注,各种声音百花齐放,不同观点激烈碰撞,而《人民日报》法制评论尤具特色。其特色之一就是关注民生、关注百姓。"十关注、百关注,应以民生关注为重;千角度、万角度,要从百姓角度出发。"①作为负责任的主流媒体,《人民日报》把党报法制评论的改进放在突出位置,不断地新辟时评专版,打造法制评论品牌。注重强化党报法制评论的权威性、导向性,同时也要进一步凸显评论的时效性、针对性和可读性,增强了党报法制评论的感染力和影响力。监测显示,《人民日报》法制评论的对象选择以执法中出现的问题为主,以纪检监察为辅,其中执法情况占"评论对象的选择"的51%。(见图6-8)

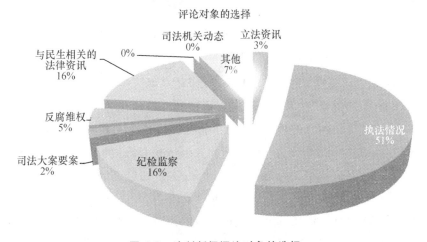

图6-8 法制新闻评论对象的选择

在《人民日报》法制评论的意见类型中,以支持型评论居多占到51%,而批评建议型则占到了25%。(见图6-9)这是与《人民日报》的政治性、严肃性、导向鲜明性等特点相吻合。作为一张党的机关报,时刻洞察社会时势的演变,真实地为受众揭示当前社会问题的症结所

---

① 王晖:《创新办报理念提高引导水平》,载《新闻战线》2007年第8期。

在,以高度的理性视角、旗帜鲜明地态度,评论是非,针砭时弊,还原事件之本来面目,有效地引导舆论,这正体现了它的生存发展之道。

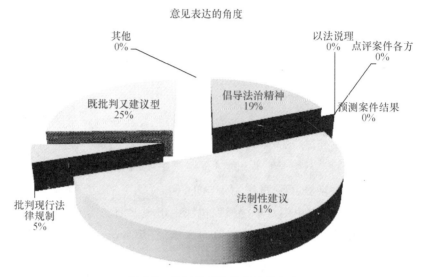

图6-9 法制新闻意见表达的角度

（五）严肃而不失趣味

随着报业竞争的加剧,如何强化新闻的"可读性",使之广泛地"面向市场,面向受众"？法制新闻的报道以其独特的优势,逼真鲜活的纪实性、悬念迭出的变幻性、丝丝入扣的可读性使之一跃成为各媒体拼抢的"卖点"。因此,作为一张主流大报,《人民日报》的法制报道,在强调高度理性化,注重舆论导向的同时,也注意到报道的趣味性。但趣味并不失范,还要充分注意到报道的负效应。《人民日报》的法制报道非常到位,案件报道注意避免犯罪细节的描写,如作案工具和手法、犯罪场景渲染、暴力图片等;没有"在判决前定性报道""侵害名誉及其他人身权利的表述""侵害未成年人利益"以及"侵害隐私的报道"的媒体侵权行为;也没有"公安机关立案侦查阶段做出定性报道""检察机关审查起诉阶段做出定性报道""法院审理阶段做出定性报道"等媒体判案行为。他们不搞噱头、不搞花架子,把握好法制新闻的报道分寸,可以更好地促进"依法治国"理念的传播。同样,它在报道分寸上的任何一次突破,也可以产生很大的示范效应,推动整个媒体的新闻宣传的改进。①

三、问题与建议

《人民日报》的法制报道为我们提供了宝贵的经验,树立了学习和借鉴的标杆,但也还有很大的发展空间,为此我们提出以下几点建议:

其一,强化受众意识,推进"授"与"受"的有机衔接。监测数据显示,《人民日报》的宣传和党报特征突显,但法制新闻信息源单一;原创性和时效性不足;时讯类法制报道偏多,案讯及维权报道偏少。

其二,要增强报纸的亲和力、吸引力和感染力,力戒法制新闻报道中领导多,群众少;正面多,反面少;宣传多,新闻少;工作多,生活少的报道倾向。

其三,要坚持"贴近实际、贴近生活、贴近群众"原则,在突显报道的权威性的同时,增强报纸的可读性和实用性。避免官话、套话。

其四,挖掘深度,讲究技巧,追求报道的"深"入"浅"出。

其五,做好法制评论,从三个方面下工夫:一是高端评论做强做深;二是热点评论做大做强;三是微型言论做精做活。相比社论和重头时评,小巧精致的微型言论更及时便捷、突显锋芒;更贴近百姓,聚焦民情;更具有强劲的生命力。

第二节 《法制日报》法制新闻内容分析报告
——突破机关报围栏 打造权威法制大报形象

《法制日报》是中共中央政法委员会机关报,日常工作委托中华人民共和国司法部管理,是中国目前唯一一家立足法制领域的中央级法制类综合性日报。1980年8月1日创刊于北京,时名《中国法制报》;1988年1月1日更名为《法制日报》;在近30多年的发展历程中,《法制日报》已经成为全国法制类报纸中知名度最高、传播信息最权威、影响力最大的中央级报纸。

---

① 范晓春:《对党报法制新闻的报道分寸的探索》,安徽大学2007年硕士学位论文。

法制新闻实证研究：对媒体法制新闻报道的监测与分析

一、《法制日报》样本选择

（一）样本范围

《法制日报》周一、周五为八版，周二至周四为十二版，周六、周日一般为四版，涵盖了要闻、声音综合、视点、司法、政府法治、政法综治、综合新闻、法案聚焦、经济法治、法学星空、法学前沿、人大立法、社会以及针对不同主题的专版，如"五五"普法等。

《法制日报》的发展历程及版面安排使其日常报道涵盖了中国法制报道的方方面面，兼具了专业性法制媒体与中央权威性机关报的双重特色，因此对它的研究具有剖析中国法制报道现状中权威法制机关报的典型性。

为了能够全面系统的对《法制日报》的法制新闻报道特色进行分析，保证监测的有效性、连续性和科学性，此次的监测特选择《法制日报》在 2010 年 11 月 15 日—12 月 14 日，共 30 期报纸作为研究样本。在具体的监测指标之下又会根据不同的需求，对样本进行细分和侧重。

（二）指标设定

在课题项目设定的五大研究类别之下，结合法制报道的特殊性及报纸媒体的特色，在每一大类之下，又进行指标的细分类别设置，共 5 大类，21 小类。

1. 环境监测功能：(1) 新闻采集能力（自采/转载的比重），(2) 新闻采集时效（n－1/n－a 天的稿件比重），(3) 要闻版法制报道比例（要闻版法制报道/要闻版所有文章的比重），(4) 要闻版法制报道不同消息源利用率（权威消息源 VS 核心消息源），(5) 头版所有文章的写作风格及体裁，(6) 头版头条的体裁和题材，(7) 专题报道的平均使用率，(8) 所有版法制文章法制题材分类，(9) 法制题材的细分化统计——时讯，(10) 法制题材的细分化统计——案讯，(11) 解释性法制报道的数量及比率。

2. 普法功能：(1) 专栏普法/普通工作动态，(2) 普及法律的类型。

3. 舆论引导功能（只统计法制评论）：(1) 舆论引导的时机，

(2)评论对象的来源(自采/其他媒体),(3)舆论引导的倾向性,(4)舆论引导的角度。

4.舆论监督功能(只统计批评性、调查性法制新闻,不包括评论):(1)舆论监督对象(以法律机关为划分),(2)舆论监督的时机。

5.负功能:(1)案件报道的负面渲染,(2)媒体侵权问题(媒体审判/侵犯隐私/侵犯名誉等)。

二、《法制日报》法制报道优势分析

(一)权威性、严肃性突出

作为权威的机关报,《法制日报》在日常报道中充分体现了其权威性、严肃性的大报特色。在以五大功能为分类的数据统计中,从环境监测功能来看,该功能最直接的体现着媒体的社会守望者角色,在法制事件发生之时,媒体对事件的报道和解释最直观和清晰的展示着其新闻专业性和媒体特色性。利用党报、机关报的优势,《法制日报》首先强化了其新闻反应能力,在每日新闻中自采新闻毋庸置疑的占到所有文章比重的90.86%,(见表6-1)而转载的报道也全都来自新华社,这种强大的新闻采集能力正是有效的对其既有人力、财力、组织能力的利用,通过自采新闻,建立起受众对于本报报道内容和特色的直接认同,通过固定转载的媒体,也可以进一步有效的确立媒体自身的定位。同时对一份报纸来说,要闻版的地位举足轻重,人们将其称为"门面版"、"核心版",因此要闻版的定位是集重要性、新闻性、权威性于一体。[①]

表6-1 《法制日报》自采和转载新闻的比例

(2010年11月15日—12月14日监测)

日期	自采新闻	转载	本期所有文章数量
总计	1530	154	1684
比例(%)	90.86	9.14	100

一篇报纸对要闻版内容的编排最直接和全面地展示了报纸的关

---

① 昌慧东:《党报要闻版功能定位新议》,载《传媒观察》2009年第4期。

注角度和编辑特色。根据统计，在《法制日报》要闻版的内容中，法制新闻的数量为227篇，占到62.02%，（见表6-2）而在对要闻版的消息源的统计中，来自权威专家及政府官员等的权威消息源占到了87%，（见表6-3）可见媒体试图向受众提供最权威和最具有说服力的法制信息，这也与法制报道内容的法制性、严肃性紧密契合。而对法制日报头版及头条的统计中，在头版文章中语言风格以平实为主兼顾权威性（分别为71.97%和15.63%，见表6-4）。在最直观体现报纸报道内容和特色的头版头条中，法制及时政题材的新闻为主（分别为60%和26.7%），并且53.33%采用深度报道的形式（见表6-5）。而作为报纸策划能力和新闻整合能力体现的专题更是法制日报的一个亮点，平均每期有1.7个专题报道，如《法制日报》每期都至少有一个专版，或者报道重大活动，如《三项重点工作年度大巡礼》《"五五"普法》，或者报道某些部门或机关活动，如中国公安边防、中国武警、军事广角。通过固定的专题报道的形式，能够实现法制信息在传播量和质上的保证，同时也是媒体自身编辑与策划能力的彰显，维护媒体权威性和专业性。

表6-2　《法制日报》要闻版法制报道比例

要闻版法制报道比例		
日期	要闻版法制新闻数量（包括新闻和评论）	要闻版所有文章的数量（包括新闻和评论）
总计	227	366
比例	62.02	100

表6-3　《法制日报》要闻版法制报道消息源利用率

要闻版法制报道消息源利用率			
日期	权威消息源（指权威专家或者政府官员）	核心消息源（指事件的当事人）	要闻版法制新闻数量（包括法制新闻和法制评论）
总计	198	30	227
百分比	87%	13%	100%

表 6-4 《法制日报》头版文章中的语言风格

头版文章中的语言风格 (注:"其他"包括文件、法规、评论等的全文或者部分转发)									
	写作风格					体裁			
日期	庄重权威	平实	感动	晦涩	古板	消息	通讯	深度报道	其他
总计	41	190	21	4	8	179	14	46	25
比例	15.53	71.97	7.95	1.52	3.03	67.8	5.3	17.42	9.47

表 6-5 《法制日报》的体裁与题材比例

仅统计头版头条							
	体裁			题材			
类别	消息	通讯	深度报道	时政	法制	财经	(其他)军事,人物
总计	9	5	16	8	18	2	2
比例	30	16.67	53.33	26.67	60	6.67	6.67

(二) 监督性报道关注非案件类题材,立足执法监督

舆论监督,是新闻媒体运用舆论的独特力量,帮助公众了解政府事务、社会事务和一切涉及公共利益的事务,并促使其沿着法制和社会生活公共准则的方向运行的一种行为。[①] 对于以严肃性、权威性为特点的法制报道为主要内容的法制媒体来说,其社会影响力和公信力主要源自于舆论监督。开展舆论监督是媒介的基本功能,通过舆论监督,充当社会的守望者。梁启超在1902年《敬告我同业诸君》一文中就明确提出报馆的两大天职:"一曰,对于政府而为其监督;二曰,对于国民而为其向导者是也。"[②] 此处的舆论监督功能主要是研究法制新闻(不包括法制评论)中批评性、调查性报道,旨在探究其调查研究和追求真相的能力。而根据赖特的大众传播"四功能说",大众传播媒体具有解释与规定的功能,其目的是为了向特定方向引导和协调社会成员的行为[③]。此处的舆论引导功能以《法制日报》的《声音综合》版面的

---

① 张光辉:《新传播环境下主流媒体掌握舆论监督主导权的意义与路径》,载《中国记者》2010年第11期。
② 梁启超:《敬告我同业诸君》,《新民丛报》1902年10月第17期,载百度:http://www.360doc.com/content/10/0327/12/50375_20454951.shtml。
③ 郭庆光:《传播学教程》,中国人民大学出版社1999年版,第114页。

法制评论为样本,集中解析在大事件发生之时,媒体的舆论监督倾向和方式。

近年来,随着国家民主法制社会建设的进步,社会民众法律意识的提高,维护司法公正,实现司法独立的呼声日益高涨,舆论监督与司法公正之间的关系越来越引起人们的重视。一方面媒体监督成为促进司法公正的一支重要力量,另一方面媒体司法监督越位成为影响司法公正与独立的重要因素。因此,对于司法案件的报道采取审慎的态度成为媒体时刻谨记的原则。在《法制日报》的舆论引导评论文章的统计中,关于案件的评论仅为 12.86%,而舆论监督中的批评性、调查性报道关于案件的也仅占 28.26%。减少对案件的舆论引导,减少媒体的渗入,而更多的聚焦于非案件性法律事件,这种方式也不失为媒体避免影响司法的一种理性方式。

在舆论监督的对象中,《法制日报》的报道有 36.96% 倾向对重大社会事件的监督,对执法机关、司法机关等重要法律部门的监督也占有重要比重,分别为 32.61% 和 17.39%(见图 6-10)。这一特色体现了媒体不再仅仅关注法律机关活动,而在更广阔的社会生活中寻找法制监督视角,更好的服务法律意识不断增强的社会受众。而在意见表达的角度方面,媒体坚持以中立(42.86%)或批判(37.14%)的角度进行法律解读,多以法说理(45.71%),就事论事,或者提供法制性建议(25.71%),从而使得新闻评论进行舆论监督更加具象化,更加贴近普通受众,更加便利法制思想和观点的有效传播(见图 6-11)。

图 6-10 《法制日报》报道的舆论监督对象

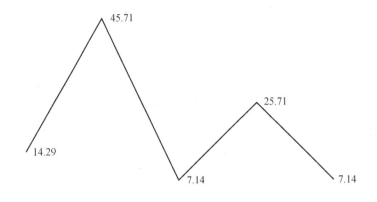

图6-11 《法制日报》报道的意见表达角度

三、《法制日报》法制报道存在的问题

(一)受限于发展初期的机关报特色,受众亲和力有待强化

作为有着30多年历史的机关报,在拥有权威性和严肃性优势的同时,其浓烈的官方色彩,使得报道有浓烈的机关口吻,缺少受众亲和性和亲近力。比如新闻反应系统中时效性的统计,作为日报,当天的新闻只占到所有新闻的29.16%,而70.84%的报道是旧闻,在这部分的报道中较多的是对于一定阶段的法制机关工作重点的总结和回顾,较多的使用"近日"、"获悉"等概念模糊的时间词汇,使得新闻呈现的速度方面成为了一个短肋(见表6-6)。如《法制日报》在2011年1月17日刊发的《惬意环境让他放弃回乡养老念头》就是对亚运时期广州环境改变工作的一个阶段性总结。尽管保证了提供内容的全面性,但是新闻的时效性在这里也受到了抑制。

表6-6 《法制日报》新闻时限

新闻时限		
新闻时限	当天的新闻	旧闻
总计	312	758
百分比	29.16	70.84

而根据题材对所有法制报道的区分中,描述司法机关工作动态及执法情况的法制报道占的比例最大,分别为25.93%和21.82%(见图6-12),而对于纪检监察,法律法规的解释等直接为受众所关注并影响人们日常法制应用的内容则关注度过低。这也与《法制日报》对于时讯的报道倾向相符合,针对司法机关和执法机关的工作动态分别占到44.49%和34.36%(见图6-13)。

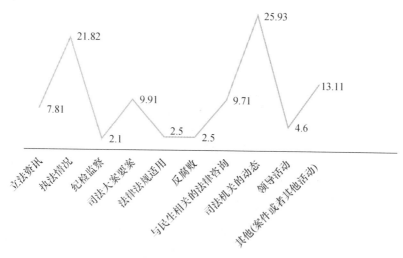

图6-12 《法制日报》的法制文章题材统计

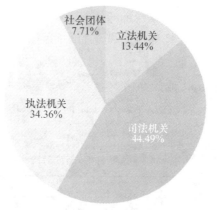

图6-13 《法制日报》时讯报道的题材统计

前面所提到的消息源的利用中,来自权威消息源(指权威专家或者政府官员的权威论证)高达87%,而核心消息源(案件或事件当事人的证言)仅为13%(见表6-3)。虽然对权威消息源的利用体现了媒体采访的权威性及资源的广泛性,但是对核心消息源的利用则是一个媒体直接探究事件真相的新闻性的体现,是媒体报道法制事件的关注点和诉求点的印证。过多的依仗权威消息源,而疏离案件当事人和亲历者,这不仅不利于在法治社会的今天增强其亲民的特色,也不利于为普法教育的最终受众——普通大众所接受。

(二)普法功能有待加强

随着我国依法治国进程的不断推进,作为塑造法治精神、增强公民法治观念的重要渠道之一,法制报道在媒体报道中发挥着日益重要的作用。如何使法制报道在推进司法公正、普及法律知识、提高公民法律意识等方面发挥更大的作用?《法制日报》作为中国权威法制媒体,有待于在普法功能方面进一步加强。

本课题组在对媒体法制报道解释系统进行统计的过程中,以所有法制文章的数量为基础,重点统计媒体刊载解释法律条文、法制问题的文章数量。在总计999篇法制文章中,有115篇,占11.51%的文章进行了相关的法律解释。而对专门性的普法报道形式的统计中,专栏、专版形式普法的文章有12篇,仅占到23.52%;而普法工作动态的新闻有39篇,占到76.47%。在社会主义法制建设的今天,法制媒体在社会中担任着重要的普法功能,而专栏形式普法无疑可以最大功效的进行法律常识和理念的密集传播,而程序性的普法工作动态的宣传则仅仅是就事论事的工作总结,在普法效果上大打折扣。

在对媒体普法角度的细分统计中,可以发现《法制日报》倾向通过综合性的报道方式将法治理念和法治精神寓于其中的文章有53篇,占79.1%。这种方式体现了媒体普法的高视角,但弊端是概念和精神性倡导不能达到就事论事的方便性和直接性,可能会影响受众的理解和接受程度,而如果变换一下角度进行报道则会更易于让普通受众理解和接受。

四、对《法制日报》的几点建议

(一)突破机关报围栏,更多关注与民生息息相关的法制事件

在人人懂法、学法、守法的今天,《法制日报》作为中共中央政法委

法制新闻实证研究：对媒体法制新闻报道的监测与分析

机关报的党报，这一独有的地位为其进行权威性的法制报道提供了优势，其可供选择的资源和素材也远超其他法制类报刊。但是传统党报、党刊的这一优势在长久的发展中也存在着不容忽视的弊端，那就是报纸过多依靠既有的党部机关的支持，导致报道内容倾向于对机关动向，领导活动的关注。随着社会民主法制建设的加快，人们法治意识的强化，特别是随着机关报的转企改制进程加快，法制机关报的内容应逐渐走近"寻常百姓家"。报刊法制栏目也应注意开辟一些新的栏目，诸如"以案说法""专家评析""法规链接""条文解读""律师答疑""法官断案""法眼视窗"等，邀请专家、律师以及其他法律从业人员以案说法，以案析法，释疑解惑，为群众提供及时而实用的法律咨询和援助。改变以往的"重刑轻民"的报道倾向，平衡二者的报道比例，关注与普通人关联的民商事及行政法律问题，真正成为人们日常生活正常运作及维权的法律帮手。唯有通过具有亲和力的方式将严肃晦涩的法律问题向受众解释清楚并为之接受，媒体普法功能方得以实现，一个传统、通俗、权威、亲民、且为最多数人接受的普法报纸才得以形成。

（二）媒体侵权要防微杜渐

发生媒体侵权行为的原因是多方面的，从业者的职业道德、职业素质、法律意识、责任感、正义感，社会环境（各种经济诱惑）和行业体制等，都是促使传媒职业违法行为发生的潜在因素。[1] 对于以法制为主要报道内容的法制媒体来说，在进行舆论监督的过程中，媒体侵权必然是一个绕不开的问题。如《法制日报》在2010年12月3日的法制评论《贪官不是一天练成的》[2]，文章大量的引用了其他媒体的主观判断，在当事人未经法律审判的情况下，就对大量有损其人格尊严的内容进行直接引用和定性评判，有失其权威性。

本章还从法制报道负面功能的角度对媒体侵权进行了解析，虽然从总体比例来看，数据很小，但是就每一细分单项来说，媒体法制报道的错误仍然具有警示和提醒作用。在四项统计中（判决前定性报道/

---

[1] 蔡文忠：《媒体侵权行为探析》，载《福建理论学习》2007年第3期。
[2] 曲平：《贪官不是一天练成的》，载《法制日报》2010年12月3日。

媒体审判倾向;侵害未成年人利益;有侵害名誉的表述;有侵害隐私的表述),判决前定性报道/媒体审判倾向的占到45.45%,侵犯未成年人利益的也占到27.27%(见图6-14)。而在舆论监督中,新闻评论意见表达的时机,尽管对案件的评论占有很小的比例,但是在案件审理之前就进行评论的文章比例占到5.71%,这一倾向也不容忽视。因此要树立起自己作为权威的法制大报的地位,媒体侵权问题的报道一定要防微杜渐。

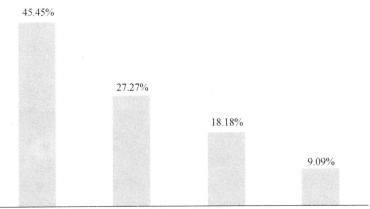

图6-14 涉嫌媒体侵权的报道(百分比)

(三)发挥权威法制大报的既有优势,引领中国法制报道的风向

《法制日报》作为中国共产党领导的机关报,是党的法治宣传的重要舆论工具,宣传国家法律制度,社会主义法治理念,为国家经济文化建设创造稳定和谐的民主法治环境,是其最根本的任务。目前,我国从中央到各省(市)、地(市)都办有专业类的法制报刊,作为其中领头羊的《法制日报》的法制新闻报道水平会最大程度的影响和引导着这一整体走向。因此,新时期《法制日报》应该一方面利用和发挥既有的优势,如充分利用与公检法司机关的内在联系,在新闻报道方面做到全面细致,从而尽可能的涵盖国家法制建设的方方面面,为广大受众了解国家法治进程提供全面细致的信息参考。另一方面也要树立并明确自身清晰的舆论导向定位,要服务于国家民主法治建设大局,致

力于在全社会宣传社会主义法治理念和法治精神,在重大的法制事件发生之时及时地发出权威法制大报的声音,坚持正确且专业的舆论导向。唯有明确定位,发挥权威优势,坚持正确法制导向,凸显法治报道的专业性,《法制日报》才能巩固自身作为权威法制大报的地位,引领中国的法制新闻报道之发展方向。

第三节 《法制晚报》内容分析报告
——都市报法制新闻特色研究

《法制晚报》的前身是《北京法制报》,由北京青年报社创办。《法制晚报》的办报理念是办一张"离你最近的报纸"。作为京城的一家知名都市类报纸,它的新闻全面覆盖时政信息、地域新闻、热线新闻,经济消费等,传达政府的声音,为读者提供各种服务性资讯,同时还设置了若干的体育和娱乐版面,每天还有八个版的文化副刊,侧重于历史、家庭、游戏、生活方式及影视资讯等。

值得一提的是,《法制晚报》在办报风格和内容导向上体现出了它独有的法制特色。"法晚"每天有8个法制专版,其中4个版的法制新闻,4个版的法制服务。此外,每周还和政法口的相关部门合作开设若干个法制类副刊——内容涉及司法知识普及、检察院、法院专刊等。同时,法晚还开设了免费的律师热线,为读者提供无偿的法律援助。

一、样本选择的理由和研究方法

《法制晚报》作为京城的知名的"离你最近的报纸",它在板块设置、办报风格和内容导向上都表现出都市类报刊的独有特色。

(一)样本选择的理由

研究中国的法制新闻的现状和发展,我们选择《法制晚报》作为都市报的代表进行研究,原因如下:

第一,都市类媒体贴近民生,是广大老百姓喜闻乐见的一种媒体形式,具有较大的市场和影响。《法制晚报》作为一家较为成熟的首都地方性都市报,在北京乃至全国都具有相当的影响力以及受欢迎程度,它在做好普通都市类新闻的同时,还十分注重法制类新闻的报道。

对《法制晚报》进行深入研究,有助于我们了解我国都市报法制新闻的发展现状,并进一步找出缺陷和不足,对我国法制新闻的进一步发展具有重要意义。

第二,法制特色是《法制晚报》坚持多年的差异化风格。也正因为它的坚持和实践,《法制晚报》在法制新闻的操作方面较为成熟,在全国都市报当中具有标杆性的地位。对《法制晚报》进行深入研究,有利于我们把握它在法制新闻报道上的风格、优势、技巧等等,为其他媒体发展法制新闻提供可以借鉴的经验。

第三,在当今的传媒发展趋势下,地方性都市报面临着重大的转型机遇。往哪个方向转型,如何转型,整个行业都在不断地进行探索,而重点发展服务性讯息成为了业界的共识。如何提供更多的服务大众的法制类服务讯息、普法讯息、法律援助讯息,无疑是各类媒体亟待思考的问题。

本次研究当中,我们希望对《法制晚报》进行一段时间的全方位监测,主要关注的是这份地方性都市报在法制新闻方面的表现。通过事先设定的各项指标来考察《法制晚报》的法制报道,包括其在环境监测、普法功能、舆论引导、监督功能、娱乐功能等方面表现,以及在报道过程中所产生的负功能。

(二) 研究的目的和方法

我们的目的,主要是通过考察《法制晚报》这一份法制新闻方面的都市报标杆,来研究我国都市报法制新闻发展的现状,进而去研究整个报纸类法制新闻的发展特色、未来的发展前景。在借鉴经验的同时;希望能发现它的问题,推进它的成长。

本次研究主要采取了定量研究的方法,努力通过客观的数据统计分析来说明问题,探讨问题。研究的前半部分为媒体监测活动,后半部分则是针对媒体监测的数据结果,进行分析和探讨。媒体监测活动从2010年11月15日开始至12月15日结束,历时31天,对《法制晚报》进行逐日逐份的监测。我们针对新闻报道的各项功能进行了划分,分别有环境监测功能、普法功能、舆论引导功能、舆论监督功能、娱乐功能、负功能等六大功能,并将每一项功能进行细化,设计了数十项指标,并制作了监测表。在历时31天的监测活动中,我们逐日、逐份报纸、逐条新闻地进行统计监测,并最后将结果用图表、数据等形式表示了出来。而本节则是针对媒体监测的数据结果进行的分析和探讨。

二、对《法制晚报》的特色研究

本节采用内容分析法,对 2010 年 11 月 15 日至 12 月 15 日 31 天的《法制晚报》共计三千余条新闻进行研究、解析,其特色主要表现在以下几个方面:

（一）倾力打造有法制特色的都市报

《法制晚报》吸收了地方都市报的办报特色,内容涵盖面很广,其新闻全面覆盖时政信息、地域新闻、热线新闻,经济消费等,传达政府的声音,为读者提供各种服务性资讯,同时还设置了若干的体育和娱乐版面,每天另有八个版的文化副刊,侧重于历史、家庭、游戏、生活方式及影视资讯。但是,都市报中其法制新闻最具特色。

在 31 天的监测统计过程中,我们发现,相比于同样类型的地方性都市报,《法制晚报》的法制类报道的绝对数量和比例相当大。在三千余条新闻报道中,法制新闻所占的比例达到了 11%;在所有的头版新闻的统计中,法制新闻的数量占到了 13%;在要闻版新闻里,法制新闻的比例也占到了 12%（见图 6-15）。

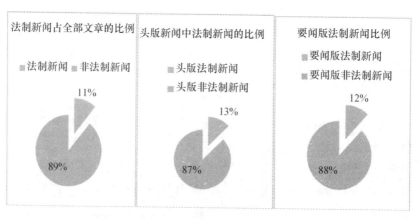

图 6-15　法制新闻所占比例一览

在版面设置上,《法制晚报》设有专门的法制专版,版面固定。法制新闻版组,内含公检法专刊、时讯、动态等内容;同时还设有法制副刊,刊载法制服务信息、普法专栏等;另外,在社会新闻、热线新闻等版块里也夹杂了一些法制相关的报道;评论版和漫画版块也有与法制相关的内容。

此外,《法制晚报》在经营和实际操作上也为打造法制特色创造条件。在大力投入的同时,报社专门设有法制新闻部,负责每天的新闻版面的采访和组稿;在板块设置上,除4个版的法制新闻,4个版的法制服务外,每周还和政法口的相关部门合作开设的法制类专刊——司法专刊、检察院专刊、法院专刊等。同时还设有专门的法制专版、副刊;在社会新闻、热线新闻、评论版和漫画版里也不乏法制角度的解读。

(二)塑造"法眼看社会"新角度

花大力气打造的"法制标签"究竟给《法制晚报》带来了什么?又给读者带来了什么?《法制晚报》并非简单地想将自己与其他都市报区别开来,而是着眼都市报"法眼看社会"的新角度,为读者提供一种崭新的都市报服务。

归纳起来,《法制晚报》的"法眼看社会"体现在:一是从法制角度来理解新闻,给读者带来不一样的感受和收获;二是对案件新闻的专业报道和挖掘,牢牢地抓住了读者的眼球,满足了读者对这一类型题材的需要;三是对法制类信息的跟踪解读,实现传统媒体的普法功能,提升读者的法律素养,解答读者关心的法律问题。

《法制晚报》始终尝试着从法制角度来理解新闻,同样的新闻事件,它与其他都市报的解读视角可能完全不同。众所周知,新闻界一直在持续关注流动人口、农民工二代等问题,各大主流媒体主要是从人文关怀、政策制定等角度出发来做专题,同质性高,最终影响了传播效果。《法制晚报》则通常会对大案要案进行深入采访和发掘,做成专题报道。这些专题包括:案件背景、案情介绍、庭前采访、现场探访、庭审现场、宣判现场、律师解读等,构成了一版完整而专业的法制案件报道。这也迎合了读者对于这类新闻故事的需求与兴趣。比如,在2010年12月7日的《法制晚报》刊载了一版专题,主标题为《一心求财"流二代"犯罪猛增》[①],该专题以朝阳区、海淀区、丰台区法院针对流动人

---

① 洪雪:《一心求财"流二代"犯罪猛增》,载《法制晚报》2010年12月7日,第A11版。

口未成年子女犯罪的调研报告为依据,从法制角度解读未成年犯这个一直为社会关注的特殊犯罪群体。该专题刊载的法院调研报告清晰地显示,这三个区的外地户籍未成年犯均占到全部未成年犯数量的80%,以盗窃、故意伤害罪为最多,还有一定数量的性犯罪,凸显出由于"流动人口二代"这一特殊身份与他们的高犯罪率之间的各种关联性和因果性,同时还从政策和心理的角度进行了阐释。综观整个专题,"流二代"问题从犯罪率、犯罪形态的角度看,确实触目惊心、发人深思,事后该新闻在法制晚报的微博上转发量达到319次,足见其影响力。

《法制晚报》的法制新闻题材兼容并包,内容十分丰富。主要涵盖立法资讯、执法情况、纪检监察、案件新闻、法律法规解释适用、反腐维权、与民生相关法律资讯、法制故事、司法机关动态、法律服务等,但其中以案件新闻的报道力度最为强大,在31天的统计中,《法制晚报》共刊载173篇大小案件报道(见图6-16)。

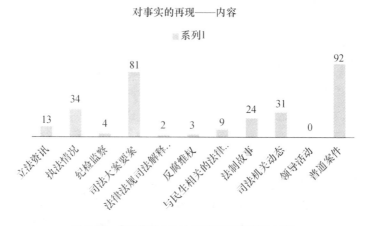

图6-16 《法制晚报》法制新闻题材统计(篇)

同时,《法制晚报》还十分注重对各类法制新闻信息的跟踪报道,这些信息包括立法资讯、执法情况、纪检监察、案件新闻、法律法规解释适用、反腐维权、司法机关动态等等,通过聚焦法制信息,一方面帮助市民及时了解法制动态;另一方面,专门开辟法制副刊,锁定市民所关心的民法、商法等领域的矛盾纠纷、民事官司,聘请法律专家答疑解感,在替市民排忧解难的同时也致力于帮助市民理解相关法律法规及政策精神,努力做好普法和宣传工作。可见,《法制晚报》真正体现了它独特的"法眼"角度和专业资讯服务特点。

(三) 融合法制新闻专业性和都市报的风格

一般的地方性都市报在新闻采编方面并没有所谓的"法制口",仅仅把法制新闻当做一般的社会新闻来做;专业的法制类刊物,则大多以简单的资讯传递为主,或者是以评论、专题为主;而作为少数几个市场化行业法制报之一,《法制晚报》的都市报之路走得十分顺利,同时坚持差异化路线,将法制特色较好地与都市报风格结合在一起。

《法制晚报》的法制新闻制作已经较为成熟,主要体现在其高水平的采编报道、新颖的版式设计、强大冲击力的视觉效果、成熟的专题策划等方面。特别是在法制报的市场化运行过程中,《法制晚报》一直在努力借鉴都市报专业新闻的制作手段和模式,探索《法制晚报》的改革之路,主要体现在以下几个方面:

1. 报道的时效性和故事的完整性有机结合。

《法制晚报》的法制类报道在新闻反应方面远远超过了一般的法制行业报,充分与都市报专业新闻相接轨,具备较强的时效性。据统计,在经统计的所有法制新闻当中,当天新闻的比例占到了57%,隔天新闻和第三天新闻分别仅占19%和2%,三天前的新闻报道占22%(见图6-17)。根据我们的观察,几乎所有的突发性事件、案件开庭、庭审结果、政策发布等讯息,《法制晚报》都能够当天发布新闻,新闻速度可见一斑。

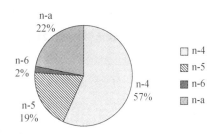

图6-17 《法制晚报》中法制新闻的时效性

需要说明的是,法制类事件从发生到审判需要经过一段时间,在这个过程中,还有许多未知信息需要记者进行系统的调查、采访,因此有22%是"三天前的新闻报道"实属正常现象,也是新闻准确性、完整性的要求。例如一篇题为《志愿者截留救命钱 声称帮助人》①的专题策划,报道了一名曾经为了给儿子治病而沿街乞讨的父亲,在获得红十字善款之后成为志愿者,然而却在为白血病患儿志愿服务过程中私自截留救助善款,后被法院起诉的事件。《法制晚报》在报道这一事件时采取了专题式的调查性报道,虽然花费了一定的时间,但却收获了更好的报道效果。

2. 多样化的体裁。

《法制晚报》的选材,呈现多样化、立体化的特点,其内容兼具消息、通讯、调查性报道、专题报道、专栏、评论、漫画等多种新闻体裁,特别以消息题材占绝对多数(见图6-18)。其对法制事件的解读,注重由浅及深、由点到面,体现了采编队伍较强的技术功力。

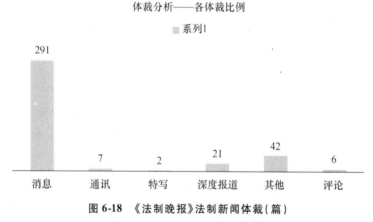

图6-18 《法制晚报》法制新闻体裁(篇)

3. 语言生动、富有文采的标题。

法制新闻也被界定为社会新闻,其题材内容所具有的"看点",常常能够吸引读者,成为人们关注的热点。《法制晚报》的标题制作借鉴了都市报专业新闻标题制作的经验,也同样体现出别具一格的"看

---

① 王巍:《志愿者截留救命钱 声称帮助人》,载《法制晚报》2010年11月25日第A06版。

点"。这些标题常常以复合型标题出现,文字形象生动,凝练而富有文采。诸如《"碰瓷翁"坐着轮椅听判决》《"长镊帮"夹手机 被民警当街抓获》《公正办案≠机械无情》《仲满:"绝不给片子一毛钱"》《患者难进法院们 缘于有人"踢皮球"》《城市能否"下蛋" 律师观点不一》等,充分体现了编辑记者丰富的语言发掘力和表现力。

4. 成熟的专题策划。

《法制晚报》十分注重对新闻报道的策划,通过策划着力发掘事件的本质和内涵。例如一篇名为《报警一年 假证网站仍在骗》[①]的专题报道,讲述的是一个假学历网站遭到举报后一年多仍旧"正常营业"的社会现象。整个采访过程都经过记者的精心策划,无论是新闻线索的发掘,还是对整个事件的调查、取证,其间还包含了"暗访"等采访手段,最终完成对整个事件的全面报道。体现了采编人员对法制类题材的良好策划和较强的把控能力。在 31 天的监测过程中,我们发现这样的深度报道、专题策划数量着实不少,共有深度报道 21 篇、通讯 7 篇、特写 2 篇,以及多篇公检法系统的调研报告和专题报道(见图 6-18)。

5. 特色化的版式设计。

《法制晚报》法制类版块设计很有特色,除固定的法制栏目外,还设有时政新闻、社会新闻、热线新闻、社区新闻、经济新闻、文娱新闻等,分设清晰,便于读者阅读。法制新闻版面借鉴了现代都市报的视觉设计理念,重视图文结合,注意选择有较强视觉冲击力的图片,同时还配以制作精细的各种数据图表、抽象示意图、漫画等,使整个新闻更加清晰、美观。

(四)法制副刊提供娱乐和普法服务

《法制晚报》的法制新闻版块承担了主要的资讯传递功能,而专门的法制副刊则承担着娱乐以及提供实用的法律服务,具有一定的普法功能。目前,这两个板块形式较为成熟。从 31 天的《法制晚报》监测看,法制副刊共计刊登了法制服务类文章 71 篇,其中关于民事法律纠

---

① 马熹哲:《报警一年 假证网站仍在骗》,载《法制晚报》2010 年 11 月 25 日,第 A10 版。

纷方面的服务性文章有46篇,有关商经法活动的文章9篇,占绝对多数(见图6-19)。

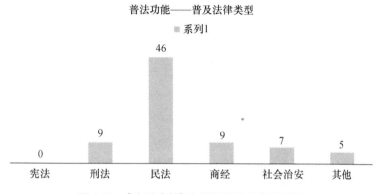

图6-19 《法制晚报》法制新闻普法类型(篇)

《法制晚报》的法制副刊,文章数量充足,版面形式固定。该栏目每期占有B版的2—4个版块,栏目类型主要有专家专栏、读者来信解答、司法看台解答以及新闻焦点解读等。其中"专家栏目"请法律专家、权威人士做客,主要的内容是为读者答疑解惑,普及法律知识,并且对焦点新闻事件进行法律解读。从内容取向上看,《法制晚报》在副刊里的法制服务文章虽然涉及了刑法、民法、商经、社会治安等方方面面,但还是以民法服务为主,民法类的法制服务文章数量占了总数的64.8%。例如,法制副刊目前较为关注房地产纠纷、婚内纠纷、遗产纠纷等题材,从这点上我们可以看出,《法制晚报》抓住了目前社会民生的重点,着重关注了民事法律案件,对老百姓最为关心的民事法律关系调整进行答疑解惑和法律普及。从本次调查的结果来看,法制副刊的文章整体上较为权威、专业、易读,质量较高。

三、《法制晚报》存在的不足

《法制晚报》作为一份以法制为特色的地方性都市报,既有它的优势,也有不足和亟待改进的地方。通过上述分析,我们提出以下几点意见和建议。

1. 案件报道偏多,题材过分倾斜。

本次调查的监测数据显示,《法制晚报》在新闻题材方面,案件新闻占了绝对多数的比例。31天的监测中,司法大案要案和普通案件的报道共有173篇,占总数的46.8%;而涉及法律法规解释的题材仅有2篇,反腐监督的题材仅有3篇,民生相关的法律资讯仅有9篇。(见图6-16)

对于一张地方报纸而言,满足地方受众的需求和兴趣爱好是必须的。但是一味地满足读者的猎奇心理或过度地报道案件,显然也是不可取的。我们认为,新闻媒介承担着引导舆论的作用,它通过报道所营造出的媒介的拟态环境,潜移默化地影响受众。媒体在设定议程时容易出现以经济利益和受众眼球为导向的片面性,《法制晚报》的法制新闻报道在题材取向方面就体现出了这样的隐忧。

2. 法制服务资讯数量偏少,实用性信息有待充实。

从此次的调查来看,目前《法制晚报》的法制服务资讯的数量相对较少。据统计,在31天的《法制晚报》当中,立法资讯相关的新闻报道仅有13篇,法律法规解释的适用相关的新闻报道仅有2篇,而与民生相关的法律资讯仅有9篇(见图6-16)。而从内容上看,对一些老百姓关心的法制民生事件略显不足,特别是对事件的背景、原因、意义和影响等都有待深入探讨和发掘。

如果《法制晚报》能够适当减小案件类新闻的报道力度,加大对贴近民生的实用性信息、服务性信息的报道,同时对相关法制资讯进行更好的解读和挖掘,不仅仅是进行资讯传递,而是将实用的"服务产品"立体化地呈现给读者,那么《法制晚报》在法制服务方面会更为有效实用。

第四节 《南方周末》法制报道内容分析报告
——以深度彰显特色

《南方周末》由南方报业传媒集团主办,创办于1984年,作为我国目前发行量大、传阅率高、影响广泛、公信力强的新闻周报,办报之初就确定了"积极、正向、均衡、稳健"的办报方针和以知识型读者群为主要目标的定位。该报以"理性、正义、良知、爱心"为理念,立足广东、面向全国;以内容、思想、文字独特和高质量版面,以及追求独家新闻、深度

法制新闻实证研究：对媒体法制新闻报道的监测与分析

报道、特色时评、副刊佳作为目标而彰显特色。《南方周末》现为32版，分头版、新闻、经济、文化和评论五大主要版块。

一、样本选择理由及研究方法

（一）样本选择理由

众所周知，在中国报纸领域，《南方周末》以其犀利深邃的报道风格、悲悯的人文情怀，向来有中国"新闻界良心"的美誉，其地位和影响力不仅在纸质媒体中遥遥领先，在新媒体发展如此迅猛的当今，依旧保持着自己强大的发行量和号召力，其精彩的专题策划经常引发舆论热议，形成独特的"南周文化"现象。无论在新闻理论界还是实务界，南周都是被广泛关注的研究对象。

选择《南方周末》作为样本，除了其本身在中国传媒界的地位外，其法制报道的突出也是另外一个重要理由。从创刊到现在，法制报道对于《南方周末》始终具有重要意义。不仅因为《南方周末》最初是靠对大案要案的深度调查性、揭露性报道而声名鹊起，逐渐树立起"新闻界良心"的标杆，更是因为法治文化理念的传播本身就是《南方周末》的核心价值。

从《南方周末》的发展进程可见，法制报道先是包含在新闻板块领域，后扩出"人与法"栏目，最后又专门辟出"法治版"，法制报道在南周的数量和地位都呈现不断增强之势。以至于有人说，南方周末可以称之为"南方法制报"①。对此，《南方周末》新闻版执行总监郭光东曾总结三点原因："从大的方面来讲，我觉得每个人都是法律的用户，任何问题都是法律问题。所以，从这点角度来讲，我们可以把任何问题都归为法制报道。有的情况下，把舆论监督的报道包装成法制报道就比较安全，这是从风险角度来讲。当然，更重要的原因是，《南方周末》创刊时期正逢中国法制百废待兴时期，中国开始重建法制，而法治又是我们办报的主要诉求。这样，法制报道在《南方周末》占了很大的

---

① 周长秀：《〈南方周末〉法治传播理念研究》，载西南政法大学2010年硕士学位论文。

比重。"①

（二）研究方法

本次研究采用定量分析与文本分析相结合的研究方法，首先根据媒介传播理论将法制报道的功能分为六大类：环境监测功能、普法功能、舆论引导功能、舆论监督功能、娱乐功能和负功能，每类又具体细化到不同的指标，在此基础上形成条目分明、指标详细的统计量表。然后，在2010年11月15日到12月15日31天的时段里进行样本收集与监测，该时段无重大节日，无可预见性重大事件，因此能够反映出媒体运行常态，进而为我们进行数据统计和文本分析提供了保证。

需要说明的是，无论是定量研究还是文本研究，由于样本数量的限制，都只能在一定程度上反映研究对象的情况，因而研究者总是努力搜集各方面的数据、例子来进行分析佐证，使研究成果更具有价值，因此本文的研究虽然以监测数据和文本为主，但并不局限于此，如果在分析过程中引用了非本次监测的文本，也是出于保证研究结果的准确和全面之故。

二、对《南方周末》法制报道的特色研究

历时31天的数据监测，我们对《南方周末》进行文本内容，包括文本结构、语言风格在内的多个方面进行分析，对《南方周末》法制报道的特点作出如下归纳：

（一）传播法治理念，彰显法制特色

《南方周末》从创刊到现在，法制报道在该刊始终占据着重要的版面。特别是对大案要案的深度调查以及舆论监督的揭露性报道，充分体现了法治传播的理念，也对中国社会产生了重要的影响。

如前所述，关注与民生相关的法律事件，监督公权力的运行、注重培育公民法律意识及权利意识是《南方周末》的一贯原则。这一点可以从法制报道内容和题材的分布情况得以验证。

《南方周末》法制报道的内容主要集中于行政执法情况的报道，占

---

① 郭东光：《一份报纸和中国法律报道的成长——以〈南方周末〉为例》，载腾讯网：http://view.news.qq.com/a/20111014/000044.htm，最后访问日期：2011年10月14日11:22。

27%,如1398期头版头条《成都户改》①;其次是与民生相关的法律资讯报道占18%,如1398期《将农民的还给农民——成都城乡统筹改革7年逻辑》②;而司法大案要案报道占了15%,如1399期《陈水扁坐牢:"大"总统的"小"特权》③;一般性案件占7%,如1399期《刑不上"大夫"——超女王贝死亡案观察》④;反腐维权占3%,如1396期《防控县委书记"霸权"》⑤,"其他"占30%,包含着大量的无具体事件指向的法制现象报道、法学专家访谈等形式的文章,如第1397期的《布道者蔡定剑》⑥《卧底水军日记》⑦等(见图6-20)。

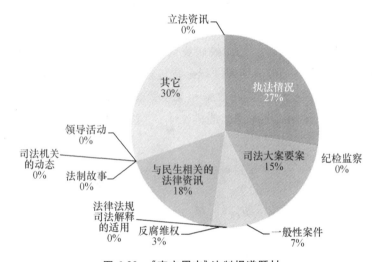

图6-20 《南方周末》法制报道题材

从选材对象分类方面来看,《南方周末》的法制报道中,对民众⑧及行政执法方面的报道最多,分别各占35%,其次是司法机关占20%,社

---

① 冉金:《成都户改》,载《南方周末》2010年12月2日。
② 邓瑾:《将农民的还给农民——成都城乡统筹改革7年逻辑》,载《南方周末》2010年12月2日。
③ 刘斌:《陈水扁坐牢:"大"总统的"小"特权》,载《南方周末》2010年12月9日。
④ 柴会群:《刑不上"大夫"——超女王贝死亡案观察》,载《南方周末》2010年12月9日。
⑤ 刘俊、李似德:《防控县委书记"霸权"》,载《南方周末》2010年11月18日。
⑥ 苏永通、黄秀丽:《布道者蔡定剑》,载《南方周末》2010年11月25日。
⑦ 罗琼:《卧底水军日记》,载《南方周末》2010年11月25日。
⑧ 这里的"民众",指国家公权力机关及社会团体以外的单个或数个自然人公民,对这部分主体所涉及的法制报道的统计即图表中所称的"民众"一项。

会团体的8%,立法机关的只占2%。可见《南方周末》关注民众,关注民生,符合其一贯倡导的人文精神(见图6-21)。

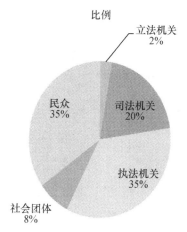

图6-21　《南方周末》法制报道对象分类比例

该报的法制评论对象以执法情况为最高,占42%,其他占31%,与民生相关的法律资讯占15%,反腐维权与立法资讯、司法大案要案各占4%,法律法规的适用及司法机关动态都为0(见图6-22)。这也是《南方周末》关注民生、关注公权力运行的体现。

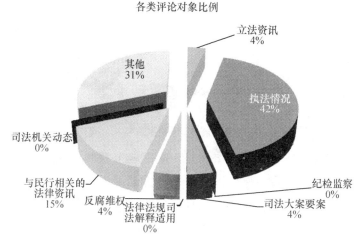

图6-22　《南方周末》法制评论对象分布比例图

综合以上数据,我们可以看到,相比于重视司法机关活动的机关报、注重法制故事的晚报,《南方周末》的关注点不在机关活动、案件通报等方面,而在更深层的司法执法监督、法律制度思考、法治文化传播上。与20世纪80年代初相比,现在的《南方周末》法制报道,更多地从对大案要案的揭露性报道转向对法治社会的建设性报道。从个案延展开,普及到某类现象,再挖掘其背后的原因并提出建设性意见,这一过程逐渐成为该报法制报道的主要脉络。这也是由《南方周末》文化培育法治公民、传播法治精神的使命决定的。

(二)深入挖掘,深度点评

一张报纸的风格特色犹如一张名片,是报纸为受众所知的最重要因素,也是联系忠实读者的重要纽带。在这张名片上,深入报道、深度点评是《南方周末》的"两个亮点"。监测显示,法制评论和深度报道分别以43%和35%遥遥领先,二者合计占78%(见图6-23),其地位和重要性不言而喻。需要说明的是,占据15%的"其他部分"主要包括:难以界定具体体裁的、界于新闻报道和深度报道之间的报道形式。

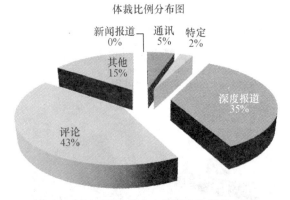

图6-23 《南方周末》法制报道体裁分布图

数据显示,《南方周末》作为一份周报,能够及时反应上一周(即一个发行周期)内发生的法制新闻,所占比例达到37%,发生在前两周的比例占5%,而发生在两周前的占到了23%,不详的占35%(见图6-24)。作为一家周发行的深度新闻报纸,《南方周末》致力于挖掘报道的深度、广度和强度,为读者提供及时的、全面的、深入的、高质量的信息产品。

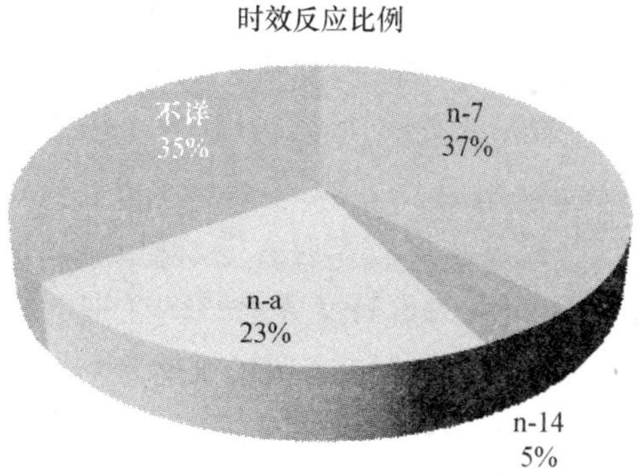

时效反应比例

图6-24 《南方周末》法制报道时效分布比例图

《南方周末》法制深度报道及时评所彰显的特色,主要表现在以下几个方面:

1. 报道:观察角度之深、分析论证之严。

《南方周末》的调查性、分析性报道往往从独特的视角出发,深挖新闻背后易为人们忽视的原因和细节,抽丝剥茧地深刻解析,集纳梳理纷杂的乱象,集系列报道为一体,最终形成"大深度报道"的格局。比如1398期头版头条为一篇深度报道《成都户改》[①],还在经济、新闻和时局版分别配发了《成都为何自戒土地财政之瘾》[②]《被改革改变的成都官员》[③]《土地财政撑实了这些政府的钱袋子》[④]三篇文章,从法律、经济行政管理等各角度对成都户改的原因、影响进行了剖析,同时还与国内其他地方政府土地财政状况进行比对,用实实在在的数据说明问题,该系列报道深入且全面,是"南周"法制报道中深度报道的一个经典案例。

2. 时评:理性批判之锐、建言献策之贤。

《南方周末》评论版包罗万象:"方舟评论""南周快评""周末茶座""读者来信"各色专栏齐聚,传导上至专家学者,下至草根百姓的声音,有广开言路之自由风气。其中最受关注也最被广泛赞誉的就是"南周"的独家时评"方舟评论"。方舟评论擅长以冷静而犀利的语言直指问题核心,理性批判、精辟独到,短小精悍、质量上乘的时评也因

---

① 冉金:《成都户改》,载《南方周末》2010年12月2日。
② 邓瑾:《成都为何自戒土地财政之瘾》,载《南方周末》2010年12月2日。
③ 冉金:《被改革改变的成都官员》,载《南方周末》2010年12月2日。
④ 明镜:《土地财政撑实了这些政府的钱袋子》,载《南方周末》2010年12月2日。

此成为南周又一特色鲜明的栏目。如针对上海火灾的报道,方舟评论于 1396、1398 期分别配发了《上海火灾反思应向香港看齐》①和《生命不该为发展让路》②的评论文章,犀利指出"每个国民的生命安全都应受到国家的同等保护。在这点上,没什么口子可开,没什么条件可讲,发展也不可以!",并提出政府应当向香港政府学习,建议当前建立公共服务型政府首先应当将问责制度落地。1397 期的《与其赔偿上天,不如良法落地》③,更是针对屡屡出现的"血拆"事件,尖锐批评事后许多地方政府"人民内部矛盾想人民币解决"的行为,并建议解决血拆,根本还是要"良法落地且不被虚置""司法摆脱地方控制",如此"问题才有望平息"。正是这种直指时弊、理性建言的风格,造就了《南方周末》纵深时评的鲜明特色,也成就了新闻时评这个经典栏目。

3. 深度报道 + 时评——1 + 1 > 2 的"深度"叠加。

《南方周末》法制报道中的专题报道所占比例,从 11% 到 46% 不等,平均比例为 28%;连续报道从 0 到 22% 不等,平均比例为 14%;经过策划的专版比例较高,从 22% 到 44% 不等,平均比例为 34%。(见图 6-25)可见《南方周末》的选题策划做的还是比较到位的。

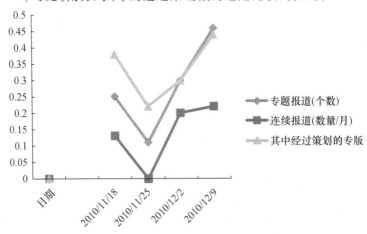

图 6-25 《南方周末》每期报道策划组织分布图

---

① 陈斌:《上海火灾反思应向香港看齐》,载《南方周末》2010 年 11 月 18 日。
② 笑蜀:《生命不该为发展让路》,载《南方周末》2010 年 12 月 2 日。
③ 戴志勇:《与其赔偿上天,不如良法落地》,载《南方周末》2010 年 11 月 25 日。

《南方周末》的深度报道不仅表现为连续报道,而且在同一期或相邻期报纸中,往往配发与该报道相应的时评,就此产生 1 + 1 > 2 的传播效果,两个追求深度的王牌强强结合,其影响力和感染力可想而知。如 1397 期的新闻版的《布道者蔡定剑》①与"方舟评论"的《为什么这么多人纪念蔡定剑》②,1398 期新闻版的《上海大火中的农民工》③与"方舟评论"的《生命不该为发展让路》④,这些优秀的报道和评论互为助力、相互辉映,让人慨叹之余更添深思,达到一种逐层递进的效果,从而更加深入人心。

(三)多版配合——新闻评论做主打、文化经济版相辉映

南方周末的版面主要分为头版、新闻版、评论版、文化版、经济版、绿色版。新闻版又分为时政、纵深、天下、社会、专题、特别报道、法治版等。评论版分为方舟评论、自由谈、点画魁、围观中国、一周高论、社会把脉、三言两语、少年中国说、读者来信等。

与其他有法治专版的周报相同,《南方周末》的法制报道也大都集中在专版和新闻版面,不同的是,它还在经济版、文化版等多个版面的文章里涉猎法治内容,不仅大的版面,甚至连小的栏目也如此。采用多版齐下的编辑手段,将法制报道、法治评论甚至法治短消息如星星点缀镶嵌到每一个版块文章中,各有侧重,遥相呼应,细微之中传导法治文化理念,同时"在新闻中挖掘社会新闻的法治因素并将其突出呈现,利用周报的深度报道将公众引入法治化思考;在评论中展现本报观点,提高媒介公信力;在法治版中刊载法学专家学者的专业意见,为公众呈现法理盛宴;在文化版中,利用文艺的趣闻性、娱乐性,寓教于乐,提升公众的法治文化素养"⑤。

以 1396 期经济版《"高危"摩天楼》⑥为例,文章开头就提出"为何最近摩天楼火灾频发",然后从摩天楼的原材料、成本、市场需求、建筑

---

① 苏永通、黄秀丽:《布道者蔡定剑》,载《南方周末》2010 年 11 月 25 日。
② 郭光东:《为什么这么多人纪念蔡定剑》,载《南方周末》2010 年 11 月 25 日。
③ 刘俊、陈中小路、赵一海:《上海大火中的农民工》,载《南方周末》2010 年 12 月 2 日。
④ 笑蜀:《生命不该为发展让路》,载《南方周末》2010 年 12 月 2 日。
⑤ 周长秀:《〈南方周末〉法治传播理念研究》,西南政法大学 2010 年硕士学位论文。
⑥ 徐楠:《"高危"摩天楼》,载《南方周末》2010 年 11 月 18 日。

过程、安全隐患各方面进行调查,指出经济诱因导致安全事故是重要原因,该报道虽然从经济角度着墨,但无时无刻不在提醒行政监管的缺失、行业自律的无力,公共安全的议题不言自明。又如第1217期文化版的《宪政:女王与首相》[①],作为一篇地地道道的影评,文章的主题却是讲述英国宪政文化,从其两个小标题可一窥,从"戴安娜之死:一次宪政危机"到"什么是英国宪制的真谛和奥秘?"作者用轻松诙谐的语调,带领读者从宪政角度看电影,娱乐之间领悟英国宪政文化,颇受好评。《南方周末》此种"喻法治于各版"的编辑手段,正是其法治文化传播理念和培育法治公民的责任感使然,可谓匠心独具。

三、对《南方周末》的几点建议

南方周末以深厚的法治文化底蕴,通过对法制现象的深度报道和评论,很好地发挥了引导舆论和实现监督的功能和定位。然而,这张具有法制影响力的周报既有它的优势,也存在着一些问题和亟待改进的地方,为此我们提出以下几点建议。

1. 新闻反应系统有待加快。

监测显示,《南方周末》法制报道的内容发生在上一周的占37%,发生在前两周的占5%,而发生在前三周前的占23%,一些日期不详的占35%,发生在两周内的仅占42%,不足半数。我们认为,作为一份周报,时效反应自然不能同日报相提并论,但也应当能够及时反应上一周(即一个发行周期)内的新闻。当然这中间有选题的理由,《南方周末》经常关注一些"冷门"并将其中的内涵挖掘出来,并不一味追求热新闻,这也是导致其时效性略差的原因之一,同时深度报道往往需要较长的时间以挖掘事实背后的深意,这也是一个重要因素。虽然《南方周末》用深度弥补了速度,但时效性对新闻的重要性是不言而喻的,若能在时效问题上得到进一步的提升,对于《南方周末》而言实可谓锦上添花。

2. 法律文本运用有待加强。

《南方周末》法制报道中法律文本使用比例从0到38%不等,平均

---

① 左亦鲁:《宪政:女王与首相》,载《南方周末》2007年6月7日。

比例只有18%（见图6-26），对法律文本的重视不足，部分是因为《南方周末》的报道经常从宏观的角度分析法律制度的问题，往往涉及诸多条款，文风也偏于趣味性，插入法律文本显得过于死板，有损文章的整体风格。但是这种缺失在法制报道中还是不宜成为习惯，法律本身具有庄重性，作为法制新闻的受众来讲有确认文本的需求，比如报道中经常用描述性的语言描述法律内容和规定，实则不如将所涉原法律文本摘要列于文章旁，一来有原文更具可信度，二来便于受众比对查阅，希望在这点上《南方周末》可以有更好的改进。

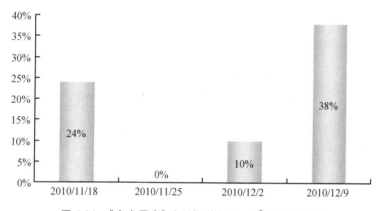

图6-26 《南方周末》法制报道中法律文本使用比例

3. 报道题材比例有待调整。

图6-20的"《南方周末》法制报道题材"显示，立法资讯占法制报道比例为0，法律法规司法解释适用的比例也为0，而在图6-21的"《南方周末》法制报道对象分类比例"中，立法机关的比例为2%，几个数据相合，可以看出，《南方周末》针对立法的法律文本运用报道较少，更多的是从执法、司法运行等层面投入关注，选材对象仍是偏重于民刑大案、政府管理、司法改革等。其实对众多媒体来讲，立法活动因其本身具有时段性、稀少性、专业性的特点，加上我国受众"民主立法"观念的缺失，使得立法报道本身就是法制报道中的一个弱项，立法资讯更多的是由日报以消息的形式进行刊发。从《南方周末》的角度来讲，一个以监督公权力、保障公民权利为己任的媒体，自然应将目光更多的投注在公权力的运行即行政执法、司法方面，但是从法制新闻专业的角

度来看,立法环节无论是资讯还是机关活动,对法治社会的构建都有着举足轻重的作用,一个小小的立法资讯有时堪比大案要案,也是深度报道可以挖掘的极好素材,希望擅长创新的《南方周末》能在以后多做一些有益尝试。也期待《南方周末》在中国法制报道进程中,继续履行中国"媒体的良心"的责任和使命,实现让广大受众在这里"读懂中国法治进程"的宏伟愿景。

第七章　广播电视媒体法制新闻报道内容分析报告

第一节　央视《今日说法》内容分析报告

《今日说法》是中央电视台著名的法制类栏目，从1999年1月2日开播至今，始终秉承"重在普法，监督执法，推动立法，为百姓办实事"[①]的栏目宗旨，坚持"以案说法、大众参与、专家评说"[②]的节目风格，以独特的报道形态成为中央电视台乃至全国电视媒体中最有"观众缘"的法制类栏目之一，其播出时段也被称为"午间焦点"，是中国法制报道中最具影响力的一档电视法制栏目之一，对推动中国法治建设进程、满足老百姓的法律服务需求、维护广大人民群众的合法权益发挥了重要的作用。2010年11月15日至12月15日，中国政法大学法制新闻实证研究课题组对《今日说法》栏目进行了为期31天的节目内容监测，在数据统计分析的基础上对其栏目内容特色进行了全面解析。

---

① 载《今日说法》官网"栏目简介"：http://cctv.cntv.cn/lm/jinrishuofa/。
② 同上注。

法制新闻实证研究：对媒体法制新闻报道的监测与分析

一、研究目的及研究方法

（一）研究目的

普法是电视法制类节目的首要功能和存在价值。电视法制节目利用其传播面广、可视性强、贴近大众等优势，承担着构建法治环境和推进民主建设的重要功能。《今日说法》开创了"以案说法"电视法制类节目的先河。为了克服传统法制节目单纯以教条式的方式宣讲法律、晦涩难懂的缺点，栏目组放弃了早期"就法说法""以案说案"的传统方式，以新闻事件为切入点，选取近期发生的重大或典型案件为题材，用讲故事的方式将案情娓娓道来，然后通过主持人和现场嘉宾对案件的评论和解读，将法律知识、法律原理与具体案件有机地结合起来，以期达到更好的普法效果。该节目推出以后，很多地方电视台纷纷模仿，"以案说法"也成为当今电视法制类节目的主要模式。

"重在普法""为百姓办实事"是《今日说法》一直以来秉承的栏目宗旨。凭借其专业的主创团队和高素质的记者队伍以及"以案说法"的节目风格，该栏目在宣传法律知识、增强群众法律意识、匡正社会群体行为等方面担当着先行者的角色，为和谐社会建设发挥着重要作用。因此，研究《今日说法》的普法效果，对进一步发展"以案说法"式的电视法制节目具有重要的研究价值。

（二）研究方法

本次课题采用样本分析和案例分析相结合的方法，通过研究《今日说法》节目在环境监测功能、普法功能、舆论引导功能、舆论监督功能、娱乐功能和负功能六个方面的监测指标，总结出该节目在法制报道上的特点、存在的问题并尝试提出解决方案。本次监测为期31天，监测对象选取《今日说法》2010年11月15日至12月15日共计31期节目。该监测时段里没有重大节日和事件，基本能够反映出节目运行的正常情况。

《今日说法》是"以案说法"模式的专题性普法节目，与其他媒体的法治报道相比，不注重新闻的时效性，一般不具有娱乐功能，侧重于完整展现案情、解释法律知识以及进行舆论引导和监督。因此,监测中更加注重其还原再现能力、普法功能、舆论引导和监督指标,分析报告也将重点考察其普法效果。

二、对《今日说法》栏目样本的监测与分析

监测数据显示:《今日说法》是"以案说法"模式的专题性普法节目,与其他媒体的法治报道相比,尽管在新闻的时效性和娱乐功能方面不具备优势,但侧重于完整解释案件、普及法律知识以及进行舆论引导和监督。

通过对监测数据的观察与分析,我们得出《今日说法》的如下特点:

（一）依托权威媒体,新闻采集能力强

新闻采集能力指标主要考察媒体获取信息的能力和通道。《今日说法》依托权威媒体中央电视台,具有专业的主创团队和高素质的记者队伍。这些优势使其具有较宽的信息通道、较强的信息采集能力和突破能力。与其他节目相比,它对新闻事件的还原再现能力相对较强,更有利于公众全面了解案件事实。监测期内的全部31期节目都是通过采访新闻核心消息源(案件当事人和相关知情人员)获取新闻信息,完整展现事件全貌。

但是,《今日说法》相对缺乏对权威消息源的采访。权威消息源是指来源于各部委或相关权威部门的信息。这些部门对国家法律法规和相关政策的解读具有权威性,可以达到良好的普法效果。《今日说法》栏目组具有接近这些权威信息通道的能力,应当多加利用,以使其节目内容更加全面。

（二）关注群众需求,贴近百姓生活

《今日说法》是"以案说法"模式的专题普法节目,大多选取贴近老百姓生活的案件作为切入点进行普法宣传。如图7-1所示,该栏目主要选择与观众日常生活相关、观众感兴趣以及与公众利益相关的案件。

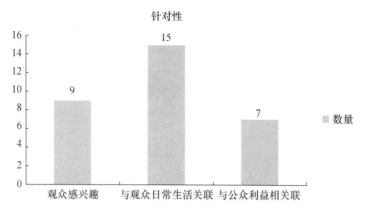

图7-1 《今日说法》案例选择特点

在节目表现风格上,如图7-2所示,《今日说法》以故事化的生动方式完整呈现案件全貌,讲述民事案件多平实感人、催人泪下;报道刑事大案侦查过程设置悬念、扣人心弦,将观众带入案件情节,轻松地理解复杂的法律关系,潜移默化地达到良好的普法效果。

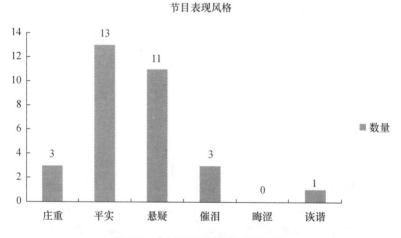

图7-2 《今日说法》节目表现风格

在普及法律类型上,如图7-3所示,《今日说法》也主要选择与老百姓生活联系较多的部门法,如刑法、民法作为普法类型。此外还包括诉讼法和其他法律类等。

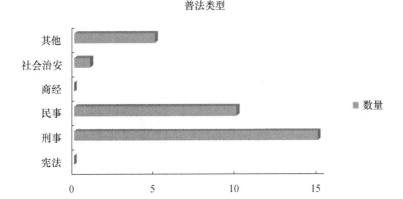

图 7-3 《今日说法》栏目普法类型

由以上数据也可以看出,《今日说法》较好地实现了其从群众身边小事出发,为百姓办实事,满足老百姓法律服务需求的栏目宗旨,实现了较好的普法效果。例如,拐卖儿童是目前多发的刑事案件,关系千家万户的家庭幸福,是大家关注的信息点。在为期 31 天的监测时段里,《今日说法》栏目先后播放了《消失在黑夜里的孩子》《寻找失踪的孩子》《婴儿的哭声》《东东失踪记》和《万里寻子》5 期与拐卖儿童有关的案件,从打击贩婴团伙、熟人作案、母亲万里寻子和被解救儿童安置问题等多个角度,全面展现拐卖儿童犯罪活动的各个方面,起到了威慑犯罪、为公众提供预防措施和促进相关制度建立的作用。

(三)嘉宾解说画龙点睛,理法结合升华主题

嘉宾解说环节是《今日说法》栏目的特色之一。权威嘉宾对案件相关法律问题进行深入浅出的解读,可以使观众更好地理解专业的法律知识,使得受众在了解案情的基础上掌握简单的法律常识,避免外行只能看热闹的情况发生。

在 31 期监测节目中,共有 28 期有嘉宾解说环节。节目邀请的嘉宾一般为著名高校学者,其中大多数为法学各领域的专家,非法学类专家根据具体案件的需要包括心理学、教育学、管理学和媒体方面专家。另有一期节目邀请的嘉宾为律师。由此可见,《今日说法》在嘉宾身份上具有较强的专业性。

此外,该节目充分利用地处北京的优势,邀请著名的学术专家和

业内人士作为现场嘉宾对案件进行权威解读,更增加了其权威性和公信力(见图7-4)。

图7-4 《今日说法》栏目邀请嘉宾身份

在嘉宾解说的解说性方面,虽然《今日说法》邀请的嘉宾多为相关领域的著名学者,但大多数嘉宾的解说通俗易懂,少数嘉宾解说较专业,法言法语较多,但一般都对专业词汇加以具体解释(见图7-5)。

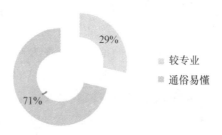

图7-5 《今日说法》栏目嘉宾解说尺度

《今日说法》通过权威嘉宾的专业解说,普及与公众生活关系紧密的基础性法律知识,普法效果较好。

(四)发挥舆论监督功能,做好人民的"瞭望哨"

法制报道的舆论监督功能是指新闻媒体揭露和批评各类法律主体在法律运行过程中存在的问题。在西方,新闻媒体被形象地称为"瞭望哨""报警器",指的正是新闻媒体的舆论监督功能。法制报道的对象主要是公权力主体的职务行为,在舆论监督过程中尤其发挥着重要的作用。

具体到《今日说法》,其舆论监督功能是指节目中对案件所反映的问题的揭露和批评。从涉及批评性报道的8期节目中可以看出,《今日说法》的舆论监督对象主要是执法、司法机关及其工作人员的职务行为和立法活动,此外还包括家庭教育、教师体罚学生等其他方面。

(见图7-6)这与《今日说法》"监督执法,推动立法"的栏目宗旨相一致,起到了公民权利制约国家权力的作用。

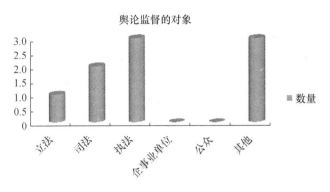

图7-6 《今日说法》舆论监督对象

需要注意的是,要充分发挥法制节目的舆论监督功能,不仅仅要揭露时弊,更重要的是通过报道引起社会关注,进而给主管部门造成舆论压力并促使其尽快解决问题。在监测期内出现的八处批评性评论播出后,有两处受到相关部门的重视或者得到解决。其中,11月19日播出的《打了八年的离婚官司》,在11月30日节目一开始就进行了后续报道,主持人向观众说明,节目播出后,该案在社会上引起了强烈的反响,当地相关部已经对案件进行了调查处理,相关责任人受到处分,这种后续报道的模式能起到良好的监督效果。

(五)报道规范,负面影响少

法制新闻报道因其对象的特殊性,有时会产生负功能,例如渲染凶杀、暴力、色情场面,诱导犯罪,媒体审判影响司法公正,媒体侵权等。

《今日说法》作为中央电视台的品牌节目,受众多、影响范围广,非常注意节目的规范性,以防止出现负功能。例如,节目中通过记者采访展现事件经过时,对未成年人和不愿透漏个人信息的受访者一般都对其面部图像进行技术处理并使用化名。在监测期内,有12期节目进行了这样的处理,避免了侵犯公民的人身权利。

但是,我们认为仍然有三期节目(见表7-1)可能涉嫌侵害当事人的人身权利。其中,12月4日《东东失踪记》中对被拐卖的未成年受害人东东没有进行面部技术处理;12月2日《好老师 坏老师》中,记者在学校人事部门采访时,对当事老师的个人资料报道过细,;在12月13日《西安撞人杀人事件调查中》,节目为了调查犯罪嫌疑人的作案动机,主观推测其家庭教育存在缺陷造成其为人处世走极端等,这些问题应引起注意,以避免引发侵犯隐私权或名誉权的后果。

此外,《西安撞人杀人事件调查》在没有采访到犯罪嫌疑人及其家长的情况下,对犯罪嫌疑人的犯罪动机进行主观、简单归因,这是否构成媒体审判,值得商榷。

表7-1 涉嫌侵权的电视节目

侵害名誉权		侵害隐私权		侵害未成年人利益	
名称	问题	名称	问题	名称	问题
12月13日《西安撞人杀人事件调查》	对犯罪嫌疑人及其父母主观推测	12月2日《好老师 坏老师》	对当事老师个人信息描述过细	12月4日《东东失踪记》	对被拐儿童面部没有进行技术处理

由以上特点可以看出,《今日说法》作为"以案说法"模式的电视法制类节目,具有较强的新闻采集能力和事实再现能力。其选取与公众生活相关的典型案例,以案件报道和专家评说的方式,权威、专业、通俗地向观众普及基本的法律知识,达到了良好的普法效果。其借助案件发表评论,倡导法治精神,监督国家机关的执法、司法行为及公众的法律行为,在一定程度上保障了"有法可依、有法必依、执法必严、违法必究"的法制原则的贯彻实行。

三、问题与建议

通过对《今日说法》节目进行为期31天的文本监测,在总结其优势特点的基础上,也发现了节目存在的问题与不足:

(一)新闻时效性有待提高

环境监测功能中的时效指标,主要考察媒体在新闻事件发生后的快速反应能力,也就是说媒体在新闻事件发生后的多长时间内对事件作出报道。《今日说法》是专题类的普法节目,注重对案件信息的完整采集和报道,因此一般不注重时效性。在可以查明案件发生时间的23

期节目中,时效最长的是两年(即案件发生后两年才报道),最短的是18天(《郑州菜农被打事件调查》)[①]。

由此可见,与其他法制报道节目相比,《今日说法》的新闻时效性较差。这固然是由其节目本身的特点决定的。但时效性是新闻报道的生命。尤其是一些引起社会广泛关注的热点案件,快速、准确、深入的报道,将使观众及时知晓真相,也会促使事件的妥善解决。11月27日的《郑州菜农被打事件调查》这期节目就实现了新闻时效性与完整性的结合。节目在事件发生后的第18天播出,通过采访当事人和相关部门,完整展现事件全貌,并通过揭露河南正在实行的不合理的城管制度改革导致城管与商贩之间矛盾加剧的问题,引发观众对城市管理制度的深思,并敦促有关部门对事件进行及时、合理的解决。在今后的发展中,栏目组应当尽量关注新闻时效性,在保持节目自身特色的同时尽可能快速、准确、全面地报道案件。

(二)应加大对法律文本的使用及案件评论功能

通过对样本的分析,我们发现,《今日说法》在内容上偏重于对案情的介绍和描述,法律文本的使用相对较少。所谓法律文本的使用情况是指节目中使用法律条文和法律知识的情况。如图7-7所示,在31期节目中,有17期未使用法律文本,而仅仅是对案件本身进行描述,6期节目使用1处,5期节目使用2处,其余3期节目分别使用了3处、4处、5处法律文本,详见图7-7。

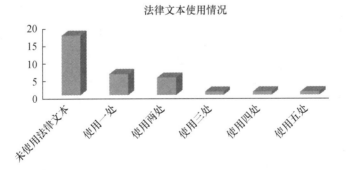

图7-7 《今日说法》栏目使用法律文本情况

---

① CCTV《今日说法》官方网站:http://space.tv.cctv.com/video/VIDE1290836414566883,最后访问日期:2010年11月27日。

另外，在《今日说法》的案情介绍和嘉宾评论两个环节中，有3期节目没有嘉宾评论环节，剩余的28期节目时长约为17分钟，嘉宾评论环节仅占2至3分钟，可见"说法"不仅要注重案件的过程描述，还应加大评论的权威导向功能。在"重案"的同时，也绝不"轻法"。

（三）选题力求"多元"，适时进行"集中"报道

由图7-8可知，《今日说法》的选题范围相对比较集中在刑事犯罪案件上，对民事案件报道相对较少。

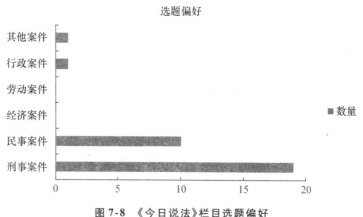

图7-8 《今日说法》栏目选题偏好

众所周知，随着我国社会主义法治建设的发展和完善，许多有关经济生活方面的法律法规成为人民群众迫切需要了解和掌握的知识。因此，栏目选题应可适当选择一些与百姓生活息息相关的题材，诸如经济往来、劳动纠纷、物业冲突、物权保护、行政诉讼等，特别是还要兼顾到一些热点问题，扩大选题范围，从而达到更好地宣传普法效果。

此外，节目应当充分使用集中报道的方式，也就是说当有大案要案发生时，既考虑时效性，也要考虑完整性；还要尽可能考虑将同类型的不同案件在一个相对集中的时间段内，同步播出和解说。比如涉及继承关系时，可以一集一案专讲法定继承、下一集专讲遗嘱继承，还有的专讲继子女继承等问题，这样集中报道、各有侧重，观众连看几天就能将继承法中常见的法律关系弄清，一些基本的概念和规则也可以得到强化，普法效果更加明显。

(四)嘉宾选择范围要多元,力求点评出新意

嘉宾评论环节是《今日说法》栏目的点睛之处,也是法制信息含量最大的地方。通过主持人与嘉宾的互动,将案件与相应的法律问题联系起来,为观众梳理法律逻辑,了解法律知识,提高法律意识。

《今日说法》栏目组邀请的嘉宾范围相对较狭窄,仅限于北京几所著名高校法律领域的专家,甚至一个专家连续几期评判不同案件,这种情形使解说角度比较单一,缺乏新意,容易形成视觉疲劳。我们建议栏目组不妨扩大专家邀请范围,同时也可邀请多位嘉宾对同一问题做出评论,即使嘉宾的观点不尽相同。因为对于一些有争议的法律问题,尤其是现行法没有明确规定的问题,单个嘉宾的所谓权威解读有时难免失之偏颇。此外,除了学术界的专家,还可以邀请实业界的法官、检察官、律师,从实践的角度告诉观众遇到类似问题应当如何解决,如何快速有效地用法律维护自己的合法权益。

第二节 央视《法治在线》法制报道内容分析报告
——追踪新闻现场中的法治轨迹

中央电视台新闻频道的法制新闻资讯栏目《法治在线》于2003年5月1日开播,设有《新闻现场》《热点追踪》等时事性质的版块。

本研究重点研究《法治在线》在快速播报、完整事实的挖掘和再现、分析解读三个方面的表现,采用样本分析和案例研究相结合的方法。研究选取了2010年11月15日至12月15日共计31天的节目作为研究样本。

一、对节目内容的监测与分析

(一)选题:"进行时"取代"完成时"

选题确定是电视法制新闻报道的第一个环节,它通常体现一档节目在播出形态、观众定位、报道领域等方面的特点。《法治在线》在创建初期就提出"第一时间、第一现场、第一需要是新闻频道的追求",题材筛选采用"进行时"取代"完成时",力图在犯罪作案现场和警方抓捕

现场与受众一同见证案件的发生、发展过程,就成为《法治在线》的必然选择。《法治在线》的制片人陈杰提出"把现场记录的特征强化到最大"①。这一次的样本监测也印证了其题材筛选时注重事件的"进行时",给观众呈现了真实发生的状态。

1. 案件报道的及时性。

这主要体现在刑事案件的报道中。根据监测数据的统计,《法治在线》报道的 61 件刑事案件中,报道时机位于审前公安机关侦查阶段的占 82%,这说明报道是随着事件发生及进展而进行的。(见图 7-9)在最短的时间内将正在进行的案件报道给受众,有利于提高收视效果,满足受众的信息需求。这也是《法治在线》区别于《经济与法》《今日说法》等电视法制节目的特点,它及时报道案件,虽然位于审前,但是秉持公正、客观的宗旨,主观性的评论较少,多数是通过案件现场画面和公检法机关工作人员的讲述来展现案件本身。《法治在线》在保证及时性、新鲜性的同时避免了媒体审判和误导受众的可能性。

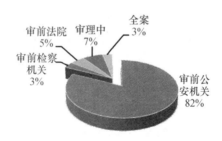

图 7-9 《法治在线》案件新闻报道时机

2. 重视突发事件的报道。

突发事件具有不可预测性,尽量追踪突发事件,一步步向观众展示真实而完整的事件发生过程,从某种意义上来说,这样的题材选择其实是在追求一种节目的标高,也是营造品牌节目的策略。

《法治在线》对"11·15 上海特别重大火灾事故"的报道就是对重大突发事件追踪报道的典型。《法治在线》11 月 16 日的头条新闻对此

---

① 陈杰:《央视〈法治在线〉的品牌营销策略》,载《中国广播电视学刊》2006 年第 11 期。

事进行了报道,包括"领导视察""火灾现场""现行高层住宅防火规定的解释""今年火灾形势的回顾和火灾统计数字"等,无论是现场画面还是有关法律发条解释,都很到位,报道对事实的呈现为全方位多侧面的。11月17日和19日,《法治先线》对火灾进行了连续追踪报道。对重大法制新闻事件连续性的报道,不仅能使受众全面了解法制故事的真相,也体现出《法治在线》的节目特点。

3. 注重再现新闻现场。

新闻捕捉能力是电视新闻类节目对新闻事件快速反应能力的直接体现,本课题研究着重从现场画面、现场声音、现场报道等方面来监测和考量。

从图7-10可以看出(其中11.21、11.28、12.12为周日,没有节目播出),《法治在线》栏目对法制新闻的报道,注重现场画面、现场声音的同期录制,该类报道占较大比重,分别占新闻总数的80.15%和54%,而记者出镜采访的现场报道也占到新闻总数的44.12%。着重于现场的声音和画面可有效增加信息的现场感、准确度和权威性,有助于对事件做准确、客观的记录,能够很好地渲染现场的气氛,也增强了《法治在线》的可视性。

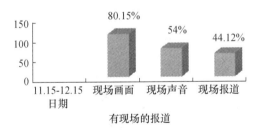

图7-10 《法治在线》节目中的"现场"元素

(二)舆论构建:"事前引导"取代"案后点评"

法制报道的媒体意见表达,一定意义上说对舆论引导起着至关重要的作用。那么如何表达,以及何时表达对舆论引导起着至关重要的作用。

1. 栏目意见表达时机主要集中在案件审理之前。

监测显示,《法治在线》案件审理之前发表的评论占总评论数量的

64%,其次是审理中的评论占14%(见图7-11)。这充分体现《法治在线》在及时"告知"的同时,迅速对正在发生和播出的时间作出判断,由新闻事件引发开来,就相关或类似的社会问题发表意见,这也是电视的舆论引导功能最大限度的发挥和延伸。

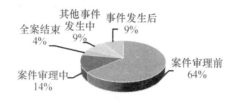

图7-11 《法治在线》发表评论的时机

2. 意见表达以法说理,观点客观中立。

监测数据显示,《法治在线》节目的意见表达中以法说理的数量占85%,主要是通过以案说法来穿插不同意见或评论,其中还包括一些安全提示性的信息,充分体现节目服务性强的特点(见图7-12)。以2010年11月27日《热点追踪:"超女"王贝整形意外死亡》为例,《法治在线》在全方位报道案件过程中穿插"关注整形乱象"的评论,介绍《医疗机构执业许可证》制度的同时,评论当下整形机构违规操作行为及问题,批评了一些不具有专业资质的整形医生,同时给受众中肯的建议,"整形需要谨慎,不能拿生命开玩笑"。

图7-12 《法治在线》的评论态度

3. 及时解读法制事件,较多使用法律文本。

《法治在线》使用法律文本解读法制事件,特别是司法部门和专家解释占到81%,增加了新闻的权威性(见图7-13)。

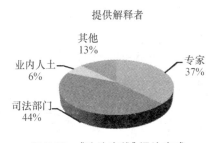

图 7-13 《法治在线》评论方式

由于一些电视法制新闻节目只专注于报道案件本身,忽略有关法律的解释,受众在接受的过程中缺乏有关法律的相应指导,因而大大削弱了法制新闻节目的普法功能。有些电视法制节目虽然注意到这一点,但是在解释相关法条的时候,专业性太强会给受众的理解带来困难。而《法治在线》很好地克服了这些缺陷。

二、存在的问题与建议

通过对监测数据的研究,发现《法治在线》栏目存在如下问题:

1. 新闻时效性有待提升。

监测数据显示,《法治在线》节目即时报道事件(当天发生的新闻)数量仅占新闻总数的12%,3天之前发生的新闻事件的报道占到了总数的77%,可见《法治在线》以报道法制新闻资讯为主,这样的数据结果显然不够理想。当然,《法治在线》在对新近发生的法制新闻事件的报道中,注重法制事件进程的报道,与《今日说法》等访谈类的节目大多报道已经结案的案件相比,时效性相对还是较强。但是,在新闻实时报道已经是常态的今天,其法制新闻的时效性有待提高。

2. 存在"重刑轻民"现象。

"重刑轻民"现象是存在于大部分电视法制新闻节目的问题,《法治在线》也不例外。现实生活中,血腥、暴力的事件只是少数,但反映在我们电视屏幕上却恰好相反。监测结果显示:11月15日至12月15日《法治在线》共计报道刑事案件61件,纯民事案件4件,刑事案件是民事案件报道量的 15 倍。"然而据有关部门统计,2010年上半年,全国法院共新收各类案件 5415737 件。其中,新收各类刑事案件 446763 件,民事案件 3351289 件,行政案件 75684 件,执行案件 1241475 件,分别占新收案件总量的 8.25%、61.88%、1.40% 和 22.92%。"①

从节目题材的选择和现实状况的巨大反差可以看出,《法治在线》"重刑轻民"现象严重,根据传播心理学的"期待视野"理论,如果电视上反复播放刑事大案,会令观众对恶性犯罪习以为常,进而认为其他题材的案件不够刺激,甚至不值一提。这会使电视文化价值取向对受众的价值取向的建构产生不利影响。"尽管人的价值取向并不完全取决于媒体,但是媒体有责任杜绝任何一种消极或恶性的想法在受众的思想中滋生,毕竟展示法律不是展示犯罪。"②

"有调查表明,近 10 年来,在全国人大通过的法律中刑事法律的比例不到 10%,司法部门处理的民商法纠纷却在逐年上升"③,因此,《法治在线》这一类的电视法制新闻的题材筛选应调整思路,注意选取有代表性的民事案件,注意解读与人民群众日常生活密切相关的民事、经济、行政等有新闻价值的典型个案。

3. 报道题材还需进一步放宽。

《法治在线》报道题材主要集中在执法机关动态以及其他相关的活动,占总数的 88%,其中,执法机关的活动主要是公安机关的动态和案件侦破。司法机关动态占 10%,社会团体等报道较少,而立法机关的动态几乎没有涉及(见图 7-14)。

---

① 李娜:《全国法院上半年新收各类案件超 541 万件 案件总量继续上升》,载《法制日报》2010 年 8 月 11 日第 5 版。
② 张莹:《论"看客心理"在当下中国电视法制节目叙事中的表现》,东北师范大学 2008 年硕士学位论文。
③ 同上注。

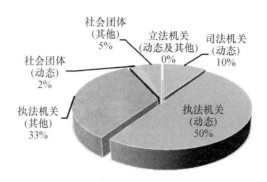

图 7-14 《法治在线》报道题材一览

从以上统计我们可以看出,《法治在线》对法律的展示主要集中在执法上,这样的展示是远远不够的。重视执法、司法,并不意味着轻视立法、守法。因此要注意节目内容的平衡。

4. 部分选题追求感官刺激,悬念设置过度。

《法治在线》成功的重要原因之一就是"第一现场"的灵活运用和刺激性悬念的设置。然而过分利用这样的技巧,也会偏离了节目本身的目的。以 12 月 1 日《法治在线》"云南泸西煤矿爆炸枪击案调查"为例,这一期 20 多分钟的节目就围绕这一个案件展开,煤矿爆炸枪击案题材本身具有轰动性和吸引力,叙述方式采用倒叙,主要内容分为三部分,从最动人心魄的案件死伤情况讲起,"9 人死亡,48 人受伤,涉案矿主归案"。记者实地调查采访相关当事人:"80 人赴现场,目击者还原案发时刻",并且动画模拟案发当时的情况。现在很多电视法制节目都会运用这种蒙太奇和倒叙的电影手法来描述案情。然而,从第三部分"两矿主其人其事"开始,节目带有过度煽情的色彩,"两个煤老板之间有着怎样的恩怨,又是什么点燃了罪恶的火焰?"虽然成功吸引观众注意,但是悬念设置过度。此外,无论从画面还是解说,都给人血腥的感官刺激,与《法治在线》高端理性的定位和人文关怀的宗旨有所偏离。

第三节　江西卫视《金牌调解》内容分析报告
——替代性纠纷解决机制背景下的电视调解模式探索

随着电视法制节目的兴起,调解类法制节目,诸如江西卫视的《金牌调节》也应运而生。该类节目以其新颖的调解模式、特有的媒介平台,以及对个案所达到的非常好的调解效果和影响力而备受关注,并对类型化纠纷的解决具有一定的指导意义。随着诸如《新老娘舅》《第三调解室》等调解类法制电视节目的成功,电视调解作为有效解决纠纷的一种手段越来越引起人们的重视,也被定位为司法调解、行政调解、人民调解之外的第四类调解。

一、替代性纠纷解决机制与电视调解

替代性纠纷解决机制(ADR),或称为非诉讼纠纷解决机制。该制度起源于美国,是指诉讼外各种纠纷解决机制的总和,如调解、仲裁、协商等。在我国,无论是和谐社会的构建,还是法院高密度的工作量都将解决方法指向替代化纠纷解决机制的建立。最高人民法院于2002年、2009年分别出台了《关于审理涉及人民调解协议的民事案件的若干规定》和《关于建立健全诉讼与非诉讼相衔接的矛盾纠纷解决机制的若干意见》,这是司法部门对于ADR机制的早期探索。

随着电视法制节目的兴起,调解类法制节目也应运而生。该类节目以其新颖的调解模式、特有的媒介平台,以及对个案所达到的非常好的调解效果和影响力而备受关注,并对类型化纠纷的解决具有一定的指导意义。随着诸如《新老娘舅》《第三调解室》等调解类法制电视节目的成功,电视调解作为有效解决纠纷的一种手段越来越被实践所肯定。上海市社会学学会会长、上海大学邓伟志教授则指出,电视调解可以定位为司法调解、行政调解、人民调解之外的第四类调解。(见图7-15)

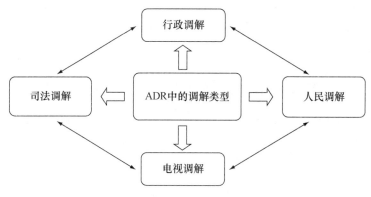

图 7-15　ADR 机制的调节类型

二、《金牌调解》与其他调解类型的互动

作为一种独立的调解模式，电视调解并不是孤立存在的，它必须借助于其他调解模式来强化它的调解效果。《金牌调解》栏目主要存在于司法调解和人民调解的互动，而行政调解则基本缺失互动。

（一）与司法调解的互动

在调解人员的互动方面，一是优秀基层司法人员诸如廖喜玉、蔡建武等作为观察员参与节目录制，将司法调解的经验带入电视调解；二是节目不定期组织部分观察员接受司法培训，提升观察员的法律素质。

在调解效力的互动方面，《金牌调解》节目依据新《人民调解法》最终签订的调解协议书具有合同的效力。该协议书由双方至法院进行司法确认后，具有强制执行力。

（二）与人民调解的互动

江西卫视于 2011 年 3 月成立了"江西电视台卫星频道人民调解委员会"，负责实体性的人民调解工作，并将疑难案件呈至《金牌调解》节目进行电视调解。该委员会的成立，一方面通过线下实体服务为《金牌调解》进行了品牌延伸；另一方面也形成了《金牌调解》节目与人民调解的良性互动。

此外，节目的调解员和观察员两个角色吸收了大量的民间调解人士,比如聘请明星调解员柏万青担任调解员,聘请知名心理学专家沈珊、寒枫、刘毅平、宗月英,特约律师罗久保等社会知名人士担任观察员。

三、《金牌调解》的独特调解模式

作为第四种调解模式,电视调解的独特性就在于调解过程均依托电视媒体而向社会进行公开播放。由于电视的媒介特性,致使电视调解的角色分配、调解手段和进程等都与其他调解类型有所差别。以《金牌调解》为例,主要表现在以下几个方面:

(一)节目舞台设置

为了克服近几年电视调解出现的泛娱乐化现象,营造公信力和专业化形象,《金牌调解》首先模拟法庭的坐席设置,将调解员的坐席升高;其次,调解员身着专业正装,以显示权威感;同时,节目开场和调解结束时均设有法槌。这些舞台设置在形式上摆脱了家长式的调解模式,树立一种规范化、专业化、权威化的形象,提升了节目的公信力。

(二)节目角色分配

相较于司法调解、人民调解的"等腰三角模式",《金牌调解》作为电视调解节目,采用的是一种全新的"四方模式"——当事人、主持人、调解员、观察员。这四个角色的分配直接决定了调解的效果,因而是电视调解模式的关键所在。在此,我们随机抽取《金牌调解》2012年3、4月份的5期节目,通过细致的文本研究来探讨该问题。

1. 主持人。

本节目主持人的话语时间主要集中在事实调查环节和引导环节,节目主持人从未知第三人的角度出发,主要职责在于通过对当事人的询问尽力还原事实真相,在事实挖掘的过程中起到了穿针引线的作用(见图7-16)。

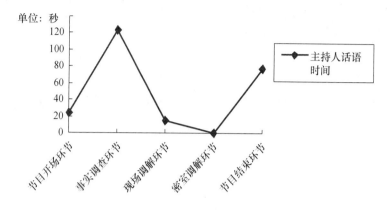

图 7-16　主持人话语时间

在语言风格上,该节目主持人的话语主要分为两类,第一类是疑问句,如 2012 年 3 月 29 日期《我想当"股神"》中的疑问句:"为什么不喜欢医院环境却还是进了医院?""什么时候开始炒股?"等。第二类是总结句,梳理、归纳当事人比较混乱和随意的话语。如同期中的总结性语句:"也就是说,你回医院是为了得到炒股的启动资金,是吗?""你是说,要给你一次机会,让你去闯一回是吗?"等。这样的语言风格使得主持人的语言显中立理性,几乎不进行道德评价。

2. 调解员。

该节目调解员在整个认定事实的过程中始终保持冷眼旁观,很少参与事实认定。在调解环节主要依赖调解员和观察员的调解(见图 7-17)。

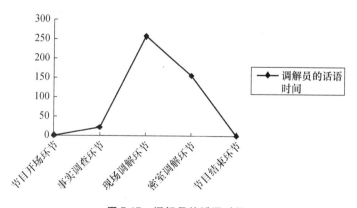

图 7-17　调解员的话语时间

《金牌调解》中主持人主要负责事实挖掘和认定,调解员主要负责事实认定后的调解,这种角色分配对于调解过程的顺利进行、调解结果的产生有很大的帮助。一方面,它使得调解建立在事实充分挖掘的基础上,避免了调解员依经验对纠纷的主观判断;另一方面,则赋予了主持人独立的角色职能,避免其参与调解工作,而使得调解现场形成舆论声讨。

3. 观察员。

观察员的职责主要有两个方面:一方面,凭借自己的专业知识和职场经历等,(律师、企业顾问、心理咨询师、民政干部等)为当事人提出专业性的咨询。比如 2012 年 3 月 9 日一期,蔡建武(退休民政干部)就离婚协议的生效要件和离婚证书被撕毁的效力阐述了自己的专业意见;3 月 29 日一期,郑美暄(企业顾问)就职业生涯规划,长线规划与短线投资之间的取舍分享了自己的职场感受。

另一方面,观察员负责表达个人意见和道德评价。由于观察员的观点只是代表个人,多方的话语集合,意见的集纳,有利于克服单一调解员下的主观性和片面性(见表 7-2)。

表 7-2 观察员的核心观点

	观察员姓名	核心观点	备注
2012 年 2 月 9 日	李小芸	别拿自己当外人	针对妻子一方提出的建议
	段晓霞	放低对婆婆的要求	
	余晓春	男方不该不作为	针对丈夫一方提出的建议
	廖喜玉	男方的不作为会伤害母亲和妻子	
2012 年 4 月 9 日	李小芸	双方缺乏信任,防御心太重	心理方面的建议
	蔡建红	太看重金钱,易破换感情	
	罗久保	夫妻共同财产 遗弃行为的认定 假想防卫的类比	法律方面的建议

4. 当事人双方。

在《金牌调解》中,当事人的对话呈现抗辩式对话。主持人充分保证双方的话语权,且在重要事实的认定方面,双方形成有效对峙。这对于保护当事人的抗辩权利、达到充分的调解效果起到了重要的作用(见图7-18)。

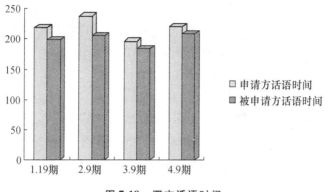

图7-18 双方话语时间

(三) 调解手段

《金牌调解》的调解手段与其他栏目的调解模式存在差异(如《新老娘舅》)。其调解一方面具有双面性,从双方来找原因,很少看到完全倾向于一方。另一方面,具有挖掘根源性原因的特点。有些原因基于当事人的个性,调解过程没有很直接针对调解事实本身,往往从双方个性等角度入手,达到比较好的调解效果。

如2012年3月29日一期《我要当"股神"》,调解分别从父亲和儿子身上各找到问题的关键:儿子的根源是对股市的风险认识不足,性格浮躁。父亲的根源是主观性,不放心儿子的决定,喜欢将自己的意志强加于儿子。节目依次进行3轮调解,最后达成调解结果:重新审视父子关系,让儿子自己选择自己的人生道路。最终儿子作出合理的职业生涯规划,儿子经济保持独立。可以说,解决问题的关键是调解从深层面找到了问题。

《金牌调解》正是基于上述独特的调解模式与调解特点,最终获得好的调解效果,也获得了社会的好评。

第四节 重庆卫视《拍案说法》栏目内容分析报告

2000年6月19日重庆电视台全景式日播法制节目《拍案说法》正

式开播。节目伊始,便以其新颖的表现手法、独特的话语方式成为中国电视法制节目中一个引人关注的焦点。节目形式独辟蹊径,推出以说书人讲故事的模式,并配合章回体故事编排吸引观众视线,获得良好口碑。节目播出后收视率节节攀升,达到全国日均收视率稳定在0.4%,全国收视份额占到2%。①

一、对样本的监测

本课题组以《拍案说法》为研究对象,对其节目内容进行监测,选取2012年3月26日至4月26日共计25期节目。(该时段没有重大节日和事件,能够反映出节目运行的正常情况。)在监测数据统计分析的基础上,对栏目内容特色进行了全面解析,有针对性地提出了建设性的意见。

二、《拍案说法》栏目的特点

(一)题材选择的交融性

节目题材的总原则是"立足重庆、放眼全国"。在具体题材的把握上坚持避免非善即恶、缺乏故事性与情理法冲突的案例。话题选择重在情节曲折、故事性较强的,能调动观众情绪、引发观众思考的话题。如图7-19所示,该栏目所选取的案件以重庆当地为主,同时还兼采全国其他省份发生的话题性事件。

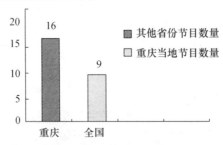

图7-19 案件来源地区

---

① 韩鸿:《法无定法,创新为本——浅析重庆卫视法制节目〈拍案说法〉的三个创新点》,载《中国电视》2009年第5期。

该栏目内容主要倾向于四方面的选择:第一,情、理、法冲突交织的典型案例;第二,前沿性的法治话题;第三,焦点性重大题材;第四,贴近普通百姓生活的法治题材。① 如图 7-20 所示,该节目选题在具体内容上呈现如下分布:

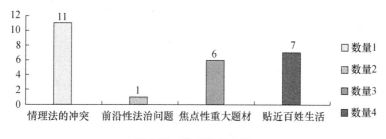

图 7-20　节目选题内容

（二）叙述风格的双重性

《拍案说法》的叙述风格是悬念性和故事性的结合,凸显了"案件故事化、故事人物化、人物情节化、情节悬念化"的特色。对百姓而言,贴近生活又跌宕起伏的故事更容易获得他们的认可。因此《拍案说法》采用故事化的叙事风格容易走近观众,取得良好的传播效果。另外不断设置悬念也是《拍案说法》的主要技巧。与其他电视节目相比,法制类节目可以通过扣人心弦的情节抓住观众的心,《拍案说法》深谙此道,悬念的设置可谓费尽心思。除三次"拍案"形成三大悬念外,在各刻"拍案"中,分别依据情节发展设置若干小悬念,使整个节目充满"设悬"与"解悬",分分秒秒抓住观众,也控制了观众。②

在节目表现风格上,如图 7-21 所示,《拍案说法》以故事化的方式完整呈现案件全貌,讲述民事案件时真实感人;报道刑事大案侦查过程设置悬念、扣人心弦,将观众带入案件情节,轻松地理解复杂的法律关系,潜移默化地达到良好的普法效果。

---

① 赵中颉:《〈拍案说法〉:打造平民化普法节目旗舰》,载《传媒观察》2007 年第 7 期。
② 同上。

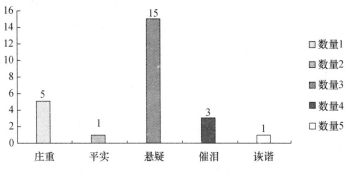

图 7-21 《拍案说法》节目风格

在普及法律类型上,如图 7-22 所示,《拍案说法》也主要选择与老百姓生活联系较多的部门法,如刑法、民法作为普法类型。此外还包括社会治安管理处罚条例等与百姓生活息息相关的行政法规。

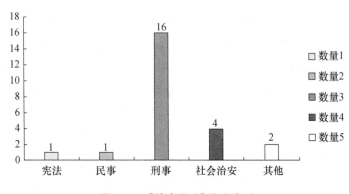

图 7-22 《拍案说法》普法类型

由以上数据可以看出,《拍案说法》较好地实现了其从群众身边小事出发,为百姓办实事,满足老百姓法律服务需求的栏目宗旨,达到了较好的普法效果。

(三)包装技巧的创新性

目前中国的电视节目克隆成风,而《拍案说法》从节目形态上有所突破,让人耳目一新。节目借鉴了我国明代著名小说家冯梦龙"三言二拍"系列中的叙事技巧以及名称。创建了以悬念开场、故事贯穿、评论收场、直扣主题的整体结构模式。在名称上,借用"一刻拍案""二刻拍案""三刻拍案"将故事划分为三个阶段,进行章回体编排,突出故事性效果。三拍内容层层递进、环环相扣,"大悬念"中又套着"小悬念",使观众紧跟案件发展进程,扣人心弦,从而牢牢地吸引了观众的目光。在节目中,主持人韩咏秋以说书人身份出现,为观众讲述案件,语言生动。有学者认为,这种整体结构的精心设计和巧妙安排标志着中国电视法制节目形态开始从单纯的克隆,发展到自主创新的新阶段。

（四）嘉宾选择的灵活性

当下电视法制节目大多设有嘉宾解说这一环节,试图通过权威嘉宾对案件相关法律问题进行深入浅出的解读,使观众更好地理解专业知识,了解相关的法律常识。《拍案说法》节目在嘉宾选择方面做的比较灵活、出色。

在监测的25期节目中,共有9期有嘉宾解说环节。节目邀请的法学类嘉宾一般为著名高校学者,这体现了专业性及权威性。而灵活性则表现在所邀嘉宾还有许多是非法学类专家,根据具体案件的需要包括：心理学、教育学、管理学和媒体方面专家。另有一期节目邀请的嘉宾为律师。由此可见,《拍案说法》在所邀嘉宾的身份上具有较强的专业性和灵活性（见图7-23）。

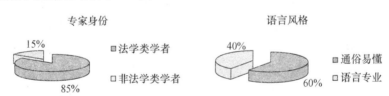

图7-23 专家身份及语言风格

（五）报道行为的规范性

由于法制节目的特殊性,有时会因节目报道角度的不当而产生负面效应,例如渲染凶杀、暴力、色情场面,诱导犯罪,媒体审判影响司法公正,媒体侵权等。但《拍案说法》作为重庆电视台的品牌节目,非常注意节目的规范性。

例如,节目中通过记者采访展现事件经过时,对未成年人和不愿透漏个人信息的受访者一般都对其面部图像进行技术处理并使用化名。在监测期内的25期节目中,有14期节目进行了这样的处理。当然,也有三期节目（见表7-3）出现问题,节目内容有可能涉嫌侵害当事人的人身权利。其中,2012年3月26日《惨遭毁容的花季少女(上)》中对被毁容的周岩有部分镜头没有进行面部技术处理;在2012年4月15日《"影子狂魔"落网记》中,对犯罪嫌疑人盗窃并使用受害者身份证的受害者姓名并没有使用化名;2012年4月16日《血色迷情》中,记者在敖培生家采访时,对犯罪嫌疑人敖培生的父母个人资料报道过细。这些问题应引起注意。

表7-3 涉嫌侵权的节目问题

时间	节目名称	存在问题	涉嫌侵权的性质
2012年3月26日	《惨遭毁容的花季少女》	对被毁容的周岩有部分镜头没有进行面部技术处理。	侵害未成年人利益
2012年4月15日	《"影子狂魔"落网记》	对犯罪嫌疑人盗窃并使用受害者身份证的受害者姓名并没有使用化名。	侵害隐私权
2012年4月16日	《血色迷情》	对犯罪嫌疑人敖培生的父母个人资料报道过细。	侵害名誉权

由以上特点可以看出,《拍案说法》具有较强的新闻采集能力和事实还原能力。其选取与公众生活相关的典型案例,以讲故事和说书人的方式,权威、专业、通俗地向观众普及基本的法律知识,达到了良好的普法效果。

三、问题与建议

通过对《拍案说法》节目的文本监测,在总结其优势特点的基础上,也发现了节目存在的问题与不足,具体表现如下:

(一)新闻时效性滞后

这里所考查的新闻时效性主要是指媒体在新闻事件发生后的多长时间内对事件作出报道。

《拍案说法》作为专题类的普法节目,注重对案件信息的完整采集和报道,但时效性会有所欠缺。因此,在监测的25期中全部可以查明案发时间。但其中时效最长的是两年半(即案件发生后两年半才报道),最短的是3个月(3月28日的节目《伸向同窗的黑手》)。其中不少节目案件发生的时间将近一年。在4月11日《婚礼前被捕的新郎》该期节目中,事件案发时间是2011年5月18日,民警在案发后6小时后即破案,即案件在2011年5月19日凌晨即宣告破获,但《拍案说法》节目却在时隔11月后的2012年4月11日,才对该案件进行报道。

由此可见,《拍案说法》的部分新闻时效性相对滞后。这固然是由其节目本身的特点决定的。但时效性是新闻报道的生命。尤其是一些引起社会广泛关注的热点案件,快速、准确、深入的报道,将使观众及时知晓真相,会促使事件的妥善解决。在今后的发展中,栏目组应当尽量多关注新闻时效性,在保持节目自身特色的同时尽可能快速、准确、全面地报道案件。

(二) 法律文本使用较少

样本监测发现,《拍案说法》在内容上过于偏重对案情的介绍和描述,法律文本的使用相对较少。① 如图7-24所示,在25期节目中,有十七期未使用法律文本,而仅仅是对案件本身进行描述,两期节目使用一处,三期节目使用两处,其余三期节目分别使用了三处、四处、五处法律文本。

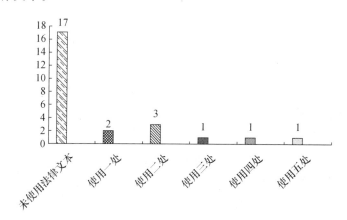

图7-24 法律文本使用情况

---

① 所谓法律文本的使用情况,是指节目中使用法律条文和法律知识的情况。

其实法理性才是电视法制节目的灵魂和本质特征。[①] 优秀的电视法制节目往往是故事性和法理性的有机统一。固然大量的婚恋、家庭、财产、遗产等问题引发的刑事或民事案件纠纷可以纳入法制节目议程设置,这样的选题也具有很强的"故事性"和"悬念性",符合《拍案说法》栏目的叙述风格,但不能将此作为节目选题的主要原则,还应兼顾"法理性",以"法"为本,以"法"为根,在讲故事的同时更要讲法。

(三) 普法范围单一

由图7-25可知,《拍案说法》主要集中在对刑事犯罪案件的报道上,而对民事案件、经济案件和行政案件的报道相对较少。

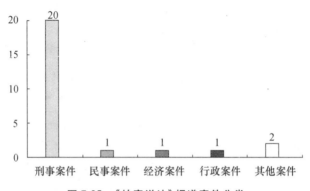

图7-25 《拍案说法》报道案件分类

众所周知,随着我国法治建设进程,人们渴望了解更多的有关经济生活方面的法律法规。因此节目可在此类题材的选择上,多关注诸如经济往来、劳动纠纷、物业冲突、物权保护、行政诉讼等一些热点问题,注意扩大选题范围,从而达到更好地宣传普法效果。

(四) 题目噱头性过重

节目的题目可以看做是一期节目的灵魂,因为题目往往高度浓缩和概括本期节目的主旨内容。观众也会根据题目大致判断对该期节目是否感兴趣。因此栏目组往往在题目上下足功夫,尽可能将题目起得噱头性和趣味性十足,夺人眼球,引起观众强烈的观看欲望,表7-4显示了监测期内的25期节目的题目。

---

① 王平:《情理法理,孰轻孰重——以重庆卫视〈拍案说法〉一期节目为例》,载《声屏世界》2011年第8期。

表7-4 2012年3月26—4月27日节目统计

3.26	3.27	3.28	3.29	3.30	4.2	4.3	4.4	4.5	4.6
惨遭毁容的花季少女	惨遭毁容的花季少女	伸向同窗的黑手	消失的受害者	遗留在盗窃案现场的菜刀	错位婚姻（上）	错位婚姻（下）	中国足球大审判	隐藏在天花板上的罪恶	"弓弩杀手"的末日
4.9	4.10	4.11	4.12	4.13	4.16	4.17	4.18	4.19	4.20
无法行走的杀人犯	激战忻州恶霸	婚礼前夜被捕的新郎	祖坟里的秘密	"影子狂魔落网记"	血色迷情	就人命的猪皮	偷窥车震引发的血案	惊魂11时	"弓弩杀手"的末日
窨井盖下的三具白骨	赤裸的诱惑	追尾惊魂	神秘蚊香隐藏的罪恶	贪官和他的洗钱女友					

上述题目不乏"题文不符"的情形，其中有的题目只是选取了案件中的某个方面，并不涵盖案件的全部，但却因为它有极强的吸引力而作为噱头，就确定为题目，这种做法十分值得商榷。

总之，《拍案说法》作为重庆电视台重点打造的电视法制类栏目，记录着我国的法治进程，代表着我国电视法制类节目的总体水平。在今后的发展中，栏目应当总结现有的成功经验，分析和了解存在的问题和不足，并从节目内容、选题、报道方式等多个方面加以改进，争取进一步完善自身，获得更为广阔的发展空间。

第五节 吉林都市频道《说实在的》栏目内容分析报告——法制新闻栏目地域化传播研究

地域化传播是针对现阶段省级卫视在央视和地域电视台之间的生存困境而提出的一种传播理念，地域化传播就是要求省级卫视在传播信息的过程中以本省域的传播责任为基础，对内构建本省域受众群体对卫视的归属感，对外强化地域特色的文化传播，形成与央视权威话语和地区电视台平民话语不同的特色栏目。

在我国电视节目类型中，作为收视率和口碑都极好的法制新闻节目,多年来的发展成绩有目共睹。但高度"同质化"和低盈利点并存,引发传媒界的关注。作为省级电视台的法制新闻类节目,通过走地域化传播道路来实现"差异化"发展和赢利点的增长,或者可算是一条为实践所证明的可以继续探索的道路。本节将通过对吉林都市频道《说实在的》栏目的地域化传播形态进行解析和研究,以期为省级法制新闻栏目的发展提供一定的参考和建议。

一、栏目内容及研究方法

吉林都市频道于 2001 年 9 月 3 日正式开播,每天播出 24 小时,通过有线和无线双重覆盖吉林省 50 个市、州、县,收视人口超过 2700 万人。目前,都市频道的大型直播新闻类栏目《守望都市》、民生法制新闻栏目《说实在的》、娱乐栏目《娱乐双响炮》、时尚资讯类栏目《时尚》等 10 档阵容强大的自制栏目,全面展示了都市频道"与时俱进,关切民生"的定位和宗旨。其中,《说实在的》作为唯一一档民生法制类新闻节目,开播于 2008 年 12 月 3 日,首播收视率达到 3.2,并持续稳步提升,12 月 9 日,收视率已达 5.85,时段收视率超过竞争频道,所有频道排名第一。

在吉林法制频道日播节目《法制全方位》的夹攻下,《说实在的》作为都市频道的一档民生法制新闻栏目,竟然取得了如此高的收视率,其原因耐人寻味。《法制全方位》包括三档子栏目,分别为"法律故事"类栏目《法律在行动》、法制新闻类栏目《第一法制》、法律服务性栏目《真情帮办》,自开播以来收视表现良好,2009 年全天时段收视份额平均在 3 个点左右,然而与《说实在的》相比,后者则表现出了更高的人气和更持久的发展潜力。相对于吉林法制频道法制节目的专业化、全方位覆盖化,都市频道法制栏目《说实在的》在地域化传播上则有相对更精准的把握,以下通过数据分析我们可以得出一些认识。

本节采取量化分析为主,文本分析为辅的研究方法。首先对节目地域化传播划分为目标受众的地域化、传播内容的地域化、节目风格的地域化、广告投放的地域化四大方面。每一方面设定具体的指标进行监测统计。目标受众方面包括收视率指标;传播内容方面包括选题类别、选题覆盖区域指标;节目形态方面包括主持人风格、节目语言、主持人串词解说词风格、媒体立场指标；地域化运营方面包括广告来源、广告类别、品牌活动指标。本次监测选取了2010年2月1日至15日共十五期的节目内容作为样本，根据具体指标对《说实在的》栏目运营形态进行解析，与吉林都市频道对这档民生法制类节目的定位与需求进行对比，由此观察该节目地域化传播的效果。

二、《说实在的》法制新闻栏目地域化特色

1. 选题、受众的地域化。

在十五期样本共47条新闻中，法制新闻共42条，其中，全部发生于吉林、黑龙江、辽宁三省内，即东北三省的法制新闻占所有法制新闻数量的100%。在这42条新闻中，只有一条当事人是居住在吉林省的山东人，其余当事人均为东北本地人。所选新闻中，有关家庭亲子关系的为22条，占52.3%；有关亲属、邻里土地纠纷、相邻权纠纷的为11条，占26.2%；有关借贷纠纷的为5条，占12%；其他包括居民与物业纠纷、雇主与雇员劳务合同纠纷等共4条，占9.5%。

从数据可以看出，《说实在的》在选题上，以地域接近性为特色，主打地方牌。所选取的新闻事件全部来自于以吉林省为主的东北三省范围，与法制频道《第一法制》节目选材的面向全国不同，《说实在的》只讲发生在东北人民身边的民生法制事件。同时，不关注大案要案，只讲平民百姓身边的纠纷，也是《说实在的》的一大特色，作为民生与法制并举的一档新闻栏目，《说实在的》将焦点集中于有关家庭、婚姻、邻里之间的纠纷与矛盾，通过与栏目组有合作的吉林省几家律师事务所志愿服务律师的现场调解与咨询，力求实现纠纷的合理化解。

作为一档面向吉林省50个市、州、县的民生法制栏目，《说实在的》的受众定位于吉林省2700万名的广大人民，与同时段的竞争栏目的收视率相比，《说实在的》播出第一年就达到了7.43的平均收视率，名列2008年长春市电视节目收视第三名，反映了受众对《说实在的》节目的肯定。

2. 节目风格的地域化。

"说实在的"四个字本身就是一句地道的东北嗑，它体现了东北人的直爽实在，也体现了栏目的风格特色所在。它以民生法制新闻为主要内容,以主持人脱口秀为表现形式,以互动直播为播出方式,融入了戏剧、曲艺、漫画、娱乐等诸多幽默元素,与吉林法制频道的"正规法制新闻报道"相比,这个娱乐气息浓厚的民生法制节目却取得了"出奇制胜"的效果。

在整个节目中,无论是主持人、记者还是新闻配音都是在唠嗑,用别具特色的东北话讲述这些发生在家人、朋友、同志、邻里之间的矛盾和纠纷。主持人周全和大羊是长春的本土电视明星,凭借之前在都市频道情景剧《红男绿女》中的人气,一个捧哏一个逗哏,引出新闻,评论新闻,这确实是《说实在的》栏目的一大亮点。而节目配音露露一口地道东北话的解说,使得节目洋溢着浓厚的东北气息。主持词和解说词都以轻松、随意为基调,立场也并不保持绝对中立,而是讲情讲理,更贴近普通老百姓的心理感受。在 15 期样本中,以屡次出现的家庭成员间纠纷为例,主持人常常以换位思考的方式发表评论,以"家和才能万事兴"这样的语言进行引导,一改往常人们心中法制新闻主持人严谨但呆板的形象,更具亲和力。

综观《说实在的》的每一个节目,可以从各个细节中感受到节目整体风格对于东北文化的体现和表达。这种地域文化不仅奠定了节目风格,更加深了受众的文化依赖性和文化认同感。

3. 广告、运营的地域化。

作为电视机构主要的经济来源之一的广告收入,也是考量一个节目地域化传播的重要方面。在监测的 15 期节目中,由于时间的连贯性,数据中《说实在的》节目插播广告也体现出一致性,每天共 19 条广告,其中属于全国投放性质的广告有 9 条,占据总广告数的 47.3%,如三精集团药品广告、必胜客广告、汇源果汁广告、汰渍洗衣粉广告等;东北地方广告有 10 条,占据总广告数的 52.7%,如白象东北大骨 130 广告、长春皮肤泌尿专科医院广告、吉林中山医院广告、豪爵铃木摩托车广告、长春博爱医院广告等。

通过数据可以发现,《说实在的》作为吉林都市频道的三大收视王牌之一,其间插播的广告主要组成部分为针对本区域受众的本地广告,占到了 52.7%,同时,根据《吉林都市频道》2010 年广告刊例,《说实在的》广告收费标准仅次于都市频道主打节目《守望都市》,成为都市频道赢利第二名的栏目。但是即便高居广告费第二名的位置,《说实在的》依旧凭借其精准的地域化传播,成为本地广告商眼中的"兵家必争之地"。

而对于一个栏目来讲,品牌活动的建设也反映出栏目的定位与发展策略。2011年是都市频道开播十周年,《说实在的》栏目组开展了"进万家社区 见百万观众"的大型互动活动。活动通过文体进社区、法律进社区、环保进社区和观众见面会的形式,增强观众与栏目组的联系,宣传《说实在的》栏目以及都市频道。主持人与观众的亲密接触更拉近了节目与市民、观众的距离,与《说实在的》一贯的亲和形象相符,加深了栏目在观众心中的印象。这些其实归根结底是基于良好的栏目定位,以及对地域文化的把握和渗透。

三、对省级法制栏目地域化发展的建议

通过上文,我们对《说实在的》地域化传播的特点及模式有了一个比较全面的了解,针对《说实在的》反映出的特点和问题,对于省级法制栏目的地域化发展,总结出以下几点认识和建议:

1. 明确需求与市场。

对于省级法制栏目而言,是否要走地域化发展道路,首先要明确是否存在这样的需求或市场。以《说实在的》为例,面对吉林法制频道多档专业法制新闻栏目的夹攻,其作为都市频道的法制节目,要想取得持续的发展,自然要另辟蹊径、自成一格,在节目形态和受众定位等方面找到突破点。因此,《说实在的》走了一条其他同类节目没有走的地域化发展之路,强调针对本地受众,发掘本地法制新闻,同时注重民生题材,与都市频道的整体导向保持一致。一个省级法制栏目,必须根据本省法制类节目的数量、形态、市场份额进行考察,确定是否具备地域化传播的市场空间,这是最基础也最关键的第一步。

2. 强化地域文化特色。

在节目形态上,《说实在的》栏目将地域文化通过主持人的方言、解说词的表达,取得观众的文化认同感。法制栏目地域化发展一条隐藏的精神纽带就是地域文化,没有这个纽带,栏目就不可能有长久的生命力。《说实在的》首先以东北方言大大拉近了与目标受众的心理

距离,然后将主持人角色设置成邻居大哥、小弟的形象,以普通东北人的视角和思维解读新闻,豁达直爽的风格完全为目标观众所理解和欣赏。不过,关于方言主持有一定的争议性,因为有可能导致对外地潜在受众的排斥。《说实在的》没有出现这个问题是因为东北话本身与普通话十分接近,外地人也能够听懂,而一些省市的地方方言比较难懂,若也采用方言播报可能导致对收看该节目的外地观众的排斥。因此,作为省级法制栏目,要强化节目的地域文化特色,是否一定使用方言不是一概而论的。方言是个好的载体,但最关键的是文化理念和文化思维的统一。

3. 强调选题、议题的地域接近性。

新闻的接近性意味着人们总是对发生在自己身边的新闻更关注,这种区域的认同感和归属感也是省级法制栏目走地域化发展的一大原因。对省内法制新闻事件的报道往往吸引着目标受众更大的关注,同时,作为区域法制节目,也具备全国性法制节目不具备的优势,那就是对具体区域政策的解读。在法制类节目日益受到人们喜爱的今天,法制节目的法律服务功能也日益彰显。作为省级法制节目,对本省、市、县的行政法规、地方性规章的宣传和解读,是当之无愧的"第一喉舌"。因此,选题、议题的设置要强调地域性,就变得尤为重要。同时,本地区的大案要案以及民生案件都是选题时应当注意的主要关注点,在选题上把好关,才能办好受到观众喜爱的法制栏目。

第六节 北京人民广播电台《警法在线》内容分析报告——以民生为基础,以法律为视角

《警法在线》栏目是2010年由北京人民广播电台新闻频道新创办的一档警法类新闻节目,每期节目基本分为即时法制资讯和警法故事两大板块,节目时长40分钟,每日10点20分首播,次日0点25分重播。节目通过两个主持人的直播讲述、现场访谈以及精致的录音报道把身边的法治新闻、故事、人物呈现在听友耳边。

节目内容立足北京,报道重点着眼于北京发生的重要案件;节目注重民生,和百姓的人身财产安全权益密切相关的警情是报道的重

头;节目注重时效,节目力图在第一时间将重大法制信息传递给听友,有事关百姓利益的法律规章出台,节目会及时组织专业人士从百姓的角度解读。从新闻事实出发,以法律视角报道,用故事手法讲述,是《警法在线》栏目的基本报道模式。①

一、研究方法

1. 样本选择的理由。

近年来,广播媒体仍能够紧跟媒体市场发展潮流,主要得益于交通台和音乐台的推动。但同时随着广播频道的逐步细分,新闻广播逐步剔除了几乎所有其他专业台所涉及的领域的节目,基本上成为了时政新闻的专业台,给听众很大的距离感②。因此,从中央人民广播电台到各个地方台,新闻台的改版成为大势所趋,改版的目标基本都定位在重提广播的亲和力,以声音来争取稳定的受众圈。在内容上,与普通民众密切相关的法律问题成为新闻台改版的重头,摒弃普法式的说教宣传,加强以案说法,以法眼关注民生、关注社会成为广播法制报道改革的重点。

2010年,北京新闻广播进行了改版,在节目设置上力图拉近与受众的距离,为体现"新闻立台"的方针,在节目设置上以新闻和新闻性谈话节目为主。《警法在线》作为此次改版新添加的栏目之一,其栏目定位为新闻谈话栏目,栏目理念是"以新近发生的案例为线索,邀请权威嘉宾以案说法,指导听众运用法律知识保护自己的合法权益,提高民众对违法行为的防范意识"③。

因此,我们可以看出,北京新闻广播的此次改版主打的是民生牌。《警法在线》在这一理念的引导下,不论从其栏目理念,还是节目形式都体现出"讲法而不局限于法"的策略,其根本目的是为民服务。这可以说是广播类法制栏目制作的一大趋势,因此《警法在线》对我们研究新媒体时代广播法制新闻报道的发展路径有一定借鉴意义。

---

① 以下内容参考"北京广播网",《警法在线》栏目:http://topic.rbc.cn/10zht/yxlmpx/lmjs/201004/t20100413_1672006.htm。
② 《从三家"新闻广播"的对比看北京新闻广播的定位》,载"北京广播网论坛":http://forum.rbc.cn/thread-534890-1-1.html。
③ 《突显"新闻特色"报道现在的新闻》,载《新广播报》2009年第47期。

同时,依托北京地理位置的优势,使《警法在线》栏目立足北京,放眼全国,具有一定的市场影响力。对该栏目的分析,有助于我们把握其在法治报道中的特色、技巧等,从而进一步分析我国广播法制报道的发展现状,找出缺陷和不足。

2. 研究方法。

本研究以定量分析为基本思路、以内容分析为基本方法、以法制报道的特点为基准,结合传播学中关于媒体社会功能的基本理论,总结出法治报道的六项基本功能:环境监测功能、普法功能、舆论引导功能、舆论监督功能、娱乐功能、负功能,并对每一项功能进行细化,制定了若干项具体指标,并制作统计量表。

本研究以 2010 年 11 月 15 日—12 月 15 日为研究时段,以北京新闻广播《警法在线》栏目为媒体样本。这个时段,无重大节日,因此无特别策划或特别报道,能够反映栏目正常的运行状况。研究范围包括一切涉法报道,最终扣除重复以及与研究主题无关的报道后,获得统计样本共计 190 条。

二、观察与发现

1. 新闻意识上:新闻敏感强、报道介入早,第一时间传递新鲜法治资讯。

相较于其他传统媒体,广播对时效性的要求更高。作为一档每日播出的常规性栏目,《警法在线》继续秉承这一传统,在收集到的 190 条样本中,昨日和当日新闻所占比例超过半数,达到 62%,共计 119 条。根据图 7-26 显示,《警法在线》每日的首发新闻平均比例为 61.31%。其中 12 月 1 日和 12 月 8 日两天首发率达到 100%;11 月 20 日及 12 月 4 日为最低,首发率仅为 20%;大部分时间,首发新闻比例处于 60%—80% 之间。

整体看来,《警法在线》的时效意识还是比较强的,首发新闻可以达到 6 成以上。也许由于涉法机构本身工作的特殊性,对于一些案件不适合做即时报道,所以有时候的采访往往会在时间上以模糊的"今日""最近"等来取代,造成 3 天以外及没有明确时间性的报道占到 30% 的分量(见图 7-26)。

第七章 广播电视媒体法制新闻报道内容分析报告

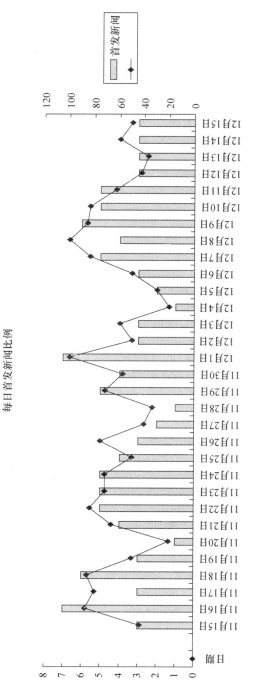

图 7-26 《警法在线》每日首发新闻比例

在具体的新闻报道中,案讯报道有 120 条,占 63.2%。我们以司法程序中的时间点为依据,把对案件的关注点分为审前、审理、终审、后续、全案 5 个阶段,进一步的分析发现,栏目组在审前就介入报道的比重达到 63.8%。如图 7-27 显示,在刑事案件中,有 46 条的关注点都在审前,超过 50%,其中,报道对象为公安机关的为 20 条,检察机关的略多,为 26 条;以全案为关注点的次之,为 18 条。这说明对于大部分刑事案件,栏目从立案阶段开始就进行关注,对于个别重大案件的关注可能会持续到全案结束后做综合报道。相对而言,在审理中和终审判决阶段才对案例进行关注的比例较低。在民事案件中,近 50% 的关注点都集中在全案,占 13 条;其次是终审阶段,占 9 条;关注审前阶段的仅有 4 条。这说明,民事案件作为自诉案件,一般在法院受理及开庭审理后,栏目才会介入报道,对于一些矛盾复杂的案件一般会持续到全案结束后做综合报道。在其他案件中,虽然数量较少,只有 8 例,但是其中有 5 条的关注点在审前,另 3 条集中于全案。这说明,栏目组对于其他案件(行政诉讼、仲裁案)的关注从立案阶段就开始了。

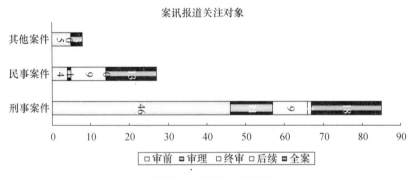

图 7-27 《警法在线》案讯报道关注对象

综合以上数据可以看出,《警法在线》栏目组在宏观上能够保证报道整体的时效性,而且深入现场采访,使首发新闻也占据相当大的比重;在微观上能够及时介入到案件的报道活动中,从案发到结案的全程关注能够为百姓提供充分的信息支持。

2. 新闻选题上:民生是重点、案讯是切入,以案说法,传递"法治精神"。

《警法在线》是北京新闻台 2010 年改版后新推出的重要法制栏目,此次改版的主要目标是通过"新闻立台",弱化以往报道中的行政色彩,在节目设置上拉近与受众的距离。在此目标的影响下,《警法在线》把报道重点放在了"以法眼关注民生、关注社会",讲法而不局限于法,通过案例警示百姓在日常生活中可能遇到的不法行为,为民众解决纠纷提供方法。这一点从其报道题材的选择上可以看出,如图 7-28 显示,在新闻头条的选择方面,"与民生相关的法律资讯"为 11 条,接近 50%;其次是"执法情况"和"司法大案要案"各 4 条;"立法资讯"和"法律法规司法解释的适用"各 2 条;"纪检监察"没有头条关注。

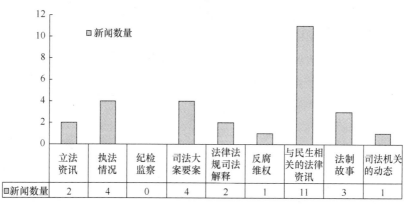

图 7-28 《警法在线》新闻头条题材

在所有的头条新闻中,有 6 条的体裁是深度报道,其关注题材分别是"法律法规司法解释的适用"(11 月 24 日,《〈城市房屋拆迁管理条例〉的修订》)、"法制故事"(12 月 1 日,《孩子被轧身亡 母亲心理出现问题》)、"执法情况"(12 月 6 日,《打击用医保卡牟利犯罪》)、"司法大案要案"(12 月 7 日,《故意杀人案中的精神鉴定问题》)、"法制故事"(12 月 8 日,《家庭暴力惨剧》)、"法制故事"(12 月 12 日,《太子奶公司破产》)。可以看出,这些深度话题关注的重点仍旧是民生问题。

在整体报道内容的选择方面,如图7-29显示,"与民生相关的法律资讯"仍旧处于一枝独秀的地位,共67条,占35.45%;"纪检监察"和"领导活动"最少,各2条;"执法情况"26条,占13.76%;"司法大案要案"及"其他"(社会现象)各24条,占12.7%。在评论对象的选择上,如图7-30所示,"与民生相关的法制资讯"数量最多,为7条,占38%。

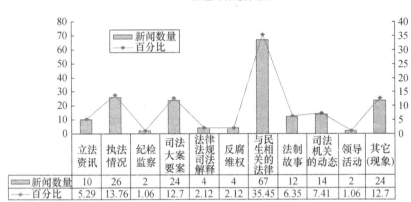

图7-29 《警法在线》整体报道内容选择标准

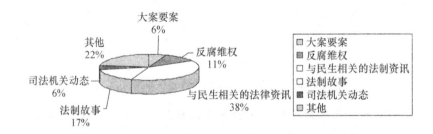

图7-30 《警法在线》评论对象的选择

民生是报道重点,那么这个重点是通过怎样的报道形式展现出来是下一步要考察的,从图7-31的统计可以看出,新闻头条中,案讯的比例是最大的,占到50%,会议和领导活动没有出现在头条新闻中,仅在12月5日的头条报道了公安部副部长关于经济犯罪问题的讲话。因此,在头条的选择上《警法在线》体现的是以司法案件为本位和以司法活动为依托的理念,尽量减少法制报道所附加的政治性,使其更加贴近民生。

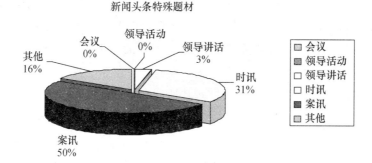

图 7-31　《警法在线》新闻头条特殊题材

在整体的报道题材选择上,如图 7-32 所示,案讯有 120 条,占报道总量的 63.8%,其中刑事案件 85 例,占 70%;民事案件 27 例,占 23%;其他案件仅有 8 例,占 7%。

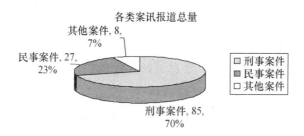

图 7-32　《警法在线》案讯报道分布比重

通过以上数据可以看出,以案说法是《警法在线》栏目的主要报道方式,在案件的选择上,矛盾冲突尖锐、容易引起社会共鸣的刑事案件占据更大比例。但栏目不停留在以案说法,而是注重案件背后的指导意义,通过嘉宾访谈,透过案件本身向百姓传达一些涉及切身利益的提示,通过对法条的解读为百姓处理类似纠纷提供参考思路。

3. 新闻操作上:重新闻轻评论、消息来源单一、传者意识重、不利于民众对案例的全面把握。

在网络的推动下,我们进入了海量信息时代,网络为我们获取信息提供了多样化的途径,受此影响,许多传统媒体纷纷通过"时评"开启"复兴之路",纸媒评论版的不断扩充,电视媒体不断发掘自己的新闻评论员队伍等都取得了很好的成效。但是在这样的趋势下,《警法在线》作为广播新闻类栏目改版创新的产物,对评论的重视程度仍显不足。根据统计,在所有报道中,包含点评的共18条,占报道总量的9.47%,比重较低。其中针对案件进行点评的有13条,在案件审理前进行点评的有5条,在判决和全案结束后进行点评的各有4条,没有在案件审理过程中进行点评;针对其他社会事件进行点评的有5条,在事件发展进程中进行点评的有4条,在事件结束后进行点评的为1篇,没有在事件发生前进行点评的。

《警法在线》90%的节目都是新闻报道,但是消息来源较为单一,如图7-33所示,权威消息源占到87%,即政府机关及其工作人员、公检法部门及其工作人员、律师、专家等,仅有9%来自核心消息源,热线报料也只有4%。可以看出,栏目在采访时很少能够与案件的当事人有直接的交流,新闻报道的内容主要来自相关部门及办案人员和行业专家,而且节目中没有现场同期声、现场音响。一方面,可能由于案件本身处理需要相对封闭的环境,案件当事人不宜接受外界的采访。另一方面,可能由于栏目记者本身有相对确定的对口报道部门,凭借长期采访与相关部门工作人员形成的良好个人关系,信息获取相对便捷,对于个别案件依据对办案人员的采访及对涉案笔录的参考即可形成完整的新闻报道,不需要再去对案件当事人进行采访。

消息来源分布

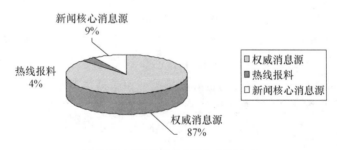

图7-33 《警法在线》消息来源分布

消息来源单一的另一表现是在以案说法的过程中,对案例进行分析的嘉宾一般仅有一人,而且一般以司法部门人员为主。如图7-34显示,在解释的主体方面,司法部门占到77%,具有绝对优势;业内人士和专家仅分别占9%和3%;其他(主要是主持人的解读)占11%。可以看出,栏目的主要采访对象都集中在司法办案人员,这与上文统计得出的节目87%的消息来自权威消息源的结论相吻合,提供案件信息的办案人员本身亦是对案件进行解读的主体。但业内人士和专家的解读比重甚至比主持人自己解读还低,则显示出在组织报道的过程中栏目记者的投入不足,未能从多方面采集信息,为听众提供全面的解读。

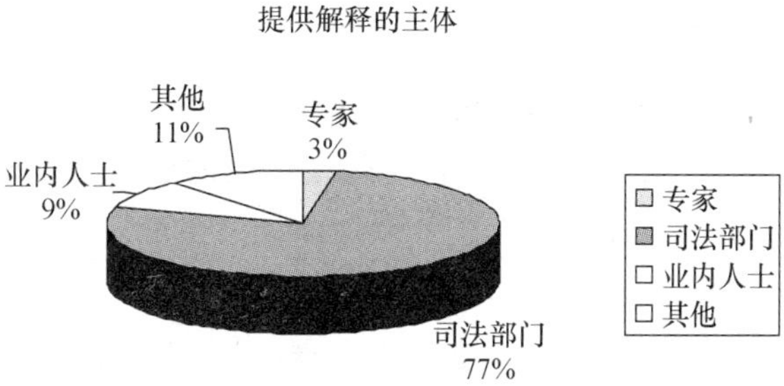

提供解释的主体

图7-34 《警法在线》报道中提供解释的主体身份

消息来源的身份特征直接会影响到案例解读的方式,我们发现司法部门工作人员由于其充分的实践经验,在解读案例的过程中,往往不直接引用法律文本,而是将枯燥的文本进行一定生活化的转化,以易懂的方式表述出来。从图7-35的统计可以看出,报道直接使用法律文本的情况较少,平均为15.66%。比例最高的是12月3日,当日5条报道中有3条使用了法律文本,达到60%;有9天的报道中没有出现法律文本解释,其中11月26日—28日,连续3天未有法律文本解释。这说明,栏目在以案释法方面更多地从情与理的角度来分析,对法律文本的使用不够重视,也许是由于法律文本过于生硬,不利于拉近与听众的距离。

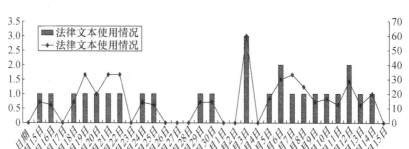

图 7-35 《警法在线》法律文本使用情况

通过以上数据可以看出，《警法在线》重报道轻评论在很大程度上与其信息来源的单一性相关。由于栏目主要的报道模式是"以案说法"，而访问对象又集中于该案的司法办案人员，正所谓司法独立不仅要独立于权力，也要独立于媒体，因此在报道的过程中办案人员是不会对案件本身发表观点的，其发言重点都集中在对案情或事件的描述以及对听众行为方式的建议方面。

4. 新闻的社会效果上：对公权监督弱、批评性报道持续性差，不利于热点案件产生有效舆论互动。

新闻报道是媒体协助民众实现其监督权的重要途径，因此舆论监督功能一直被认为是媒体履行其"社会公器"职能的重要标准。尤其在法治社会的建设过程中，媒体对于国家和政府行为的监督，以及对公检法系统的司法执法情况进行监督显得尤为重要。但是我们发现《警法在线》的舆论监督功能实现较差。

舆论监督主要是通过批评性的报道和评论实现的，在统计中，共有批评性报道4条，仅占报道总量的2.1%。4条报道的关注对象都是社会企事业单位，没有对立法、司法和执法等公权力部门的批评性报道。这4条报道分别是11月17日关注的北京免费公厕成摆设问题，11月18日关注的国有企业贪污的新形式，11月23日关注的湖南联通不正当竞争问题，12月3日关注的百度竞价排名问题。但是这4条报道之后均未有后续报道，问题是否得到解决尚无法得知。

与之相对应，《警法在线》在报道的连续性方面实现的不够，总共仅有9篇连续报道，也许由于某些热点案例栏目组采取的是全案关注的报道方式，压缩了连续报道的发展空间。这其中最典型的是西城法院受理的"雪碧汞中毒案"，从西城区检察院提起公诉开始，到案件一审宣判，《警法在线》在12月3日和13、14、15日进行了连续报道，是监测的时间段内连续报道最多的案例。

通过分析我们发现，《警法在线》栏目的批评性报道比重低，连续性报道比重低，而批评性的连续性报道没有出现，针对权力部门的批评性报道没有出现，使其在舆论监督环节大大缺位，不利于栏目本身社会公信力的培养。

三、结论和建议

通过对栏目监测结果的数据分析，我们发现《警法在线》栏目较好的实现了其栏目理念，即"以新近发生的案例为线索，邀请权威嘉宾以案说法，指导听众运用法律知识保护自己的合法权益，提高民众对违法行为的防范意识"，坚持了"从新闻事实出发，以法律视角报道，用故事手法讲述"的基本报道模式。栏目的报道内容的选择上以法为主，但不局限于法，将"与民生相关的法律资讯"作为报道重点，栏目的采访对象和访谈嘉宾基本都是一线的办案人员，在介绍案例之后都会给听众提出面对类似违法行为如何保护自身合法权益的建议。

但是作为专业化的法制报道，在保持亲民性的同时，应该进一步加强栏目的专业性和监督性。

第一，尽量使消息来源多元化。现在《警法在线》的主要消息源是权威消息源，即政府机关及其工作人员、公检法部门及其工作人员，提供解释的主体中司法部门占到77%，这就使得听众得到的声音只是来自于公权力一方的解读，涉案当事人、当事人辩护律师或是一些专家学者的意见都鲜有出现，这样的报道方式使新闻显得不够客观。

第二，加强法律文本的使用率。法制报道的专业性在一定程度上是通过法律文本的专业性体现出来的，而《警法在线》栏目的法律文本使用率仅为15.6%，使其节目在专业性上打了一定折扣。法制报道的专业性和亲民性并不冲突，专业体现在提供分析的主体和分析的依据，亲民体现在进行分析的方式，建议栏目在解读案例时首先以一定的法律文本为基础，再通过案例解释法条在其中的具体适用。

第三，加强栏目的舆论监督功能。栏目要做到亲民，除了在内容选择上注重民生、新闻解读上增加亲和力外，还需要在舆论监督上下工夫。因为亲民的基础是维护权利，监督的目的是规范权力，栏目舆论监督做得好自然会引发听众对自身权利的关切。而《警法在线》现在不仅舆论监督报道整体偏少，而且监督的对象并未涉及公权力，仅停留在个别企业或事业单位的违法行为上。也许这与栏目的信息来源单一化有关，因为权威消息源的信息和解读是栏目的基础，因此在批评性报道中就会有选择性地剔除公权力部门，但是随着栏目信息来源的多元化，相信在舆论监督方面也会越做越强。

第八章　网络媒体法制新闻报道内容分析报告

第一节　人民网法治频道内容分析报告
——权威、实力，源自"人民"，更源自人民

在众多国内声名赫赫的综合类门户网站之中，人民网对法治新闻的重视非同一般。当新浪、网易的法治新闻还隶属社会新闻之时，人民网将法治新闻从中抽离出来，单独开设法治频道，并于2010年年底改版升级。

2010年11月15日至12月14日，课题组对人民网法治频道625条常规新闻、274条论坛新闻、40条博客新闻、29组图片新闻及若干视频新闻和专题进行了内容监测，在数据统计分析的基础上对其频道内容特色进行了全面解析。

一、研究目的及研究方法

（一）研究目的

在新闻发展史上，法制新闻作为传统的新闻类型之一，以其故事化的讲述和专业化的遣词而独具特色；它在传播法律常识、弘扬法治精神方面所发挥的重要作用，更使得法治新闻的研究价值不可小觑。随着互联网新闻的发展变化，网络法制新闻也显现出独特的风格和特

点。如何全面的分析、辩证的看待这些新特点,推动网络法治新闻进一步完善和发展,是新闻研究者的使命和职责。

人民网作为中央级国家重点新闻网站,以世界十大报纸之一的《人民日报》为依托,具有新闻信息资源、人才、网络技术、消息权威性、规模等方面的优势,其严肃的新闻理念及法治新闻特色,使其区别于其他社会新闻而别具特色。更重要的是人民网将法制新闻从社会新闻中抽离出来,单独开设法治频道,认可网络法制新闻的独立传播价值,这与课题组的理念不谋而合。选择它作为样本来源,能更好地发掘网络法制新闻特色、查找网络法治新闻问题,达到本课题的研究目的。

(二)研究方法

本次研究结合样本分析和案例分析两种方法,针对法治新闻的特点,设"环境监测功能""普法功能""舆论引导功能""舆论监督功能""娱乐功能"和"负功能"共六个方面的监测指标,以2010年11月15日至12月14为时段展开监测。鉴于互联网媒体在时效、数量、互动等方面与传统媒体多有不同,我们在设置样本考察指标的过程中做了一些调整和补充,以达到突出网络新闻即时性、海量性、交互性和多媒体性的效果。

二、对人民网法治频道样本的监测与分析

作为中央级国家重点新闻网站的特色频道,人民网法治频道的特点十分突出,即"权威"和"实力"。以下结合监测数据,围绕这两个关键词,对其特点展开论述。

(一)权威、实力,源自"人民"

权威、实力,源自"人民"是人民网创办之初即提出的根本性理念,这句口号中"人民",当然首先指的是人民网。人民网以号称中国第一大报的《人民日报》为依托,拥有记者千余名,合作媒体超过500家,其地位之权威、力量之强大,毋庸置疑。

1. 风格理性克制,彰显大家风范。

为吸引眼球而编辑一些"雷人"标题,为争取时效性而忽视新闻者实行的原则,这是一些常见于其他媒体、屡屡被批评却始终难于克

服的弊病。人民网一贯以理性和克制的形象示人,避免了这些弊端。

首先,其文风平实,娱乐诉求低于同质媒体。根据对人民网法治频道头条和要闻语言风格的统计数据,如图 8-1 所示,该频道大都以"平实"的文字报道法制新闻。

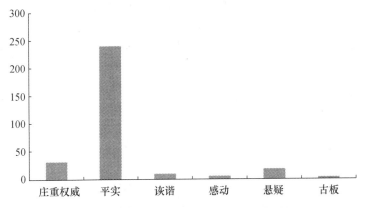

图 8-1　人民网法治频道头条和要闻的语言风格

监测显示,该频道首页新闻价值的诉求不追求娱乐趣味性,特别是常见于法制新闻中的悬疑、暴力、情色等娱乐诉求,以及低俗、猎奇等趣味元素更是少见(见图 8-2)。

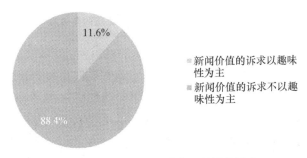

图 8-2　人民网法治频道首页新闻的诉求

其次,新闻报道的负效应很弱。法制新闻报道的负效应一般集中表现在三方面,第一,根据"破窗效应",对违法犯罪的手段、过程过于详细的描写,可能产生教唆和示范的负效应,而血腥的图像也会传导不悦、反感等负面情绪。第二,法制新闻的特殊性在于记者介入报道的时机多是案件还没有定论、嫌疑人尚未经审判认定为犯罪分子的时候。此时最容易侵害报道对象的各种人身权或者未成年人的利益。此外,由于违法犯罪的隐蔽性,记者为了获取第一手的新闻素材,往往采取暗访、偷拍等富有争议性的手段,有可能侵犯到被报道对象的隐私权和肖像权。第三,在案件的终审判决之前做出定性报道,或者有意制造舆论影响司法审判,这些有可能导致媒体审判。而人民网法治频道在这三个方面都力所能及地尽到了注意的责任,做到了"三个少":即违法犯罪的细节描述少,涉嫌媒体侵权的表述少,涉嫌媒体审判的文章少,如图8-3所示,将法制新闻的负效应降到最低。

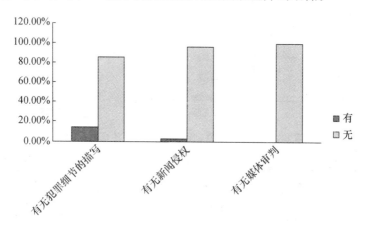

图8-3　人民网法治频道首页新闻的负效应

2. 掌握特殊信源,展现平台优势。

网站作为一种新媒体,与传统媒体最明显的不同就在于,新媒体打破了传统媒体与受众之间固定的、单向度的传播关系。在网站上,个人既可以是信息的传播者,同时也可以是接收者。基于此,新闻网站的信息来源极大地扩张,参与者几乎是来自社会的各个阶层。

值得注意的是,人民网的官办背景,使其得以掌握一种其他网站难于获得的特殊信源——权力机关及其领导人。在83条人民网原创新闻中,有40条新闻的消息源来自高官和部委等权威部门,比例达到48%(如图8-4所示)。

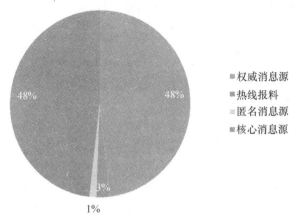

图 8-4 人民网法治频道原创新闻的消息源

我们在监测人民网法治报道的过程中还发现,法治频道下设《公安厅局长留言板》专栏,栏内除了设置给 31 个公安厅局长留言的专区,还将这些厅局长对于网民留言的回应放到显著的版面位置,其中河南省公安厅长的留言数达 3000 多条,位列留言排行榜第一名。此外,在社会博客的首页上,设有公安博客专区,13 个市局和分局,以及 1 个市公安网络发言人在这里开博,目前博客主要用于发布两类内容,一是辖区内发生的违法犯罪事件的通告,二是针对近期多发案件类型,警方提醒市民注意和预防。

可以看出,《公安厅局长留言板》的操作手法已经相对成熟,公安博客还处于探索阶段,其间不断地有新的公安局或公安发言人加入进来,人民网正致力于成为沟通"庙堂"和"江湖"的桥梁,成为"官声"和"民意"碰撞的平台。这既是人民网的现有优势,更表明了人民网的未来发展趋势。

(二)权威、实力、更源自人民

用户贡献内容,作为衡量一个 web2.0 网站发展程度的重要指标,以其在汇聚人气、丰富内容方面的强大作用,成为每个网站的积极追求。强国论坛之所以能蝉联"十大中文论坛"领军地位,其中很大一部分就是得益于人民的支持——用户贡献内容之量大、之质优,才是强国论坛核心竞争力所在。在监测的 30 天内,论坛法制版的用户原创新闻就有 243 条,而同一监测周期内,法治频道首页新闻也才 657 条。把博客中的博友原创新闻加进来计算的话,可以这么说,人民网每3条法制新闻中,就有1条是人民网的用户贡献的。这个比例印证了"权威,实力,源自人民"这句口号的第二重含义,人民的充分参与才是网站权威和实力的来源。

1. 坛友素质较高,鲜见新闻侵权。

强国论坛是时政性论坛,与一般的娱乐性论坛不同,这里的坛友整体特征是:文化程度更高,使用论坛的动机更严肃,政治参与感更强。据统计,法治频道首页中体现出娱乐诉求的新闻仅占11.6%,而强国论坛中有此诉求的新闻更少,占5.5%。常见于一般论坛的原创新闻侵权,在这里也没有,如图8-5所示,除了在判决前进行定性报道和涉嫌侵害名誉权的稍多,约10%,其他侵权形式,诸如侵害隐私权、侵害未成年人权益等,几乎没有。

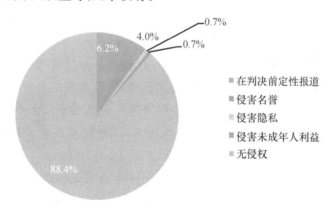

图8-5 人民网强国论坛法治新闻有无侵权

2. 民怨汇聚,论坛成为下情上达通道。

在监测过程中,我们发现论坛原创新闻中除了一部分内容是在揭露贪污腐败、徇私枉法的问题,其余的都是当事人以第一人称出现的申述冤情。只要看看来强国论坛做客的历任嘉宾,便可知论坛缘何受到这些人的如此青睐。"人民网强国论坛是我上网必选的网站之一",国家领导人胡锦涛的这句话便奠定了强国论坛的地位,成为一块金字招牌。走常规的司法程序,权利没有获得有效救济,中国老百姓习惯于求助行政权力。既然许多拥有行政权力者经常浏览强国论坛,那么这里的帖子被行政权力拥有者看到的可能性就越大,一些人寄希望于依靠行政权力影响获得司法救济,这就是在强国论坛申冤者的普遍逻辑。这一逻辑的背后是中国司法与行政纠缠不清的现实图景。

三、对人民网法制报道现存问题的分析

(一)监督乏力——舆论监督避重就轻

此次统计的720篇网站文章中,批评性报道仅有16条,评论仅有42条,就算都加起来也才占总量的8.1%,频道的舆论监督力量明显不足。

1. 针对权力运行的少,针对社会现象的多。

暂且不论学术概念和法律术语中,舆论监督的对象唯一指向公权力,即便是社会常识中的"舆论监督",其对象虽囊括一切主体,重点仍然在于对权力机构和公众人物的监督。但根据此次统计的数据显示,在批评性报道中,如图8-6所示,以公权力运行过程中的问题为报道对象的仅占20%,针对社会现象的监督占25%。可见,人民网法治频道的舆论监督还有待加强。

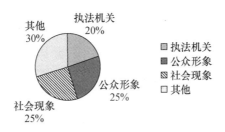

图8-6 人民网法治频道批评性报道的对象

以公权力和公众人物为监督对象,媒体必然面临一些现实的风险,第一,不适当的监督会损害公权力的尊严;第二,可能导致媒体与权力机关关系恶化,采访工作难于开展;第三,一旦引发媒体侵权之诉,媒体容易处于弱势地位。但即便面临这些风险,监督公权力仍然是媒体的天职。

2. 针对案件的少,针对其他事件的多。

在16条批评性报道中,针对案件的报道有2条,占总数的12.5%。而在42条法治评论中,针对案件的评论有7条,占总数的16.7%。可见,在舆论监督报道中,针对案件的少,针对其他事件的多。与此相反的是,首页新闻以案件报道为主,约占65%,而在针对头

条和要闻的题材统计中,案件报道比例竟上升至 77.3%。在一般报道范围内对案件新闻如此追捧,而在舆论监督范围内对案件新闻如此克制,这一热一冷的对比,说明编辑在甄选舆论监督的稿件时,刻意避开了针对案件的监督。

根据一份题为《中国媒体与司法关系现状评析》的调查报告显示,在"是否允许大众传媒对案件发表评论"的问题上,媒体记者和专业的法律工作者的观点呈现两极化分布,"记者们普遍认为'在任何诉讼阶段都应允许评论',这个观点的认同指数高达58.7%,但法官们却普遍就传媒发表对案件的评论持反对或保留的态度。"①可见,人民网法治频道的编辑内容恰恰不同,他们在这个问题上的态度与一般的媒体记者相左,却与法官的立场一致。此种做法能有效地避免法制报道中最为人所诟病的"媒体审判",却也使舆论监督由于缺乏针对性而流于泛泛。

3. 事实少,意见多。

批评性报道负责提供舆论监督中作为依据的事实,而评论负责提供舆论监督中具有明确倾向性的意见。一般说来,由于评论的观点更明显、行文更自由,其感染力和煽动性也更强,即便是一篇标榜理性的评论,也比一篇同题材的新闻报道更易唤起读者的共鸣。

此次研究中,批评性报道的数量仅有16条,而评论的数量有42条。相对于事实报道的沉寂,评论更显繁荣,这一现象不单存在于人民网法治频道,而是整个舆论监督领域的阶段性特征。自2004年有关部门下发文件禁止异地监督以后,调查性、批评性报道几乎陷入停顿。此时,评论这一新闻体裁成为舆论监督的突破口。

(二)策划不足——资源分散难成合力

所谓新闻策划,从新闻编辑学的角度,是指新闻编辑通过对新闻资源的开发与配置,实现最佳传播效果的创造性活动。新闻策划在传统媒体上已经有了相当成熟的流程设计,而网络新闻的策划,受限于网络编辑的专业程度和网络新闻策划理论的欠缺,显得较为混乱,往往是一个编辑一种思路。且不论法治频道的编辑是哪种独具个人特

---

① 徐迅:《中国媒体与司法关系现状评析》,载《法学研究》2001年第2期。

色的思路,仅从新闻策划的几个常规项目看来,人民网的法治报道缺乏整体策划,资源分散,难以形成合力。

这种不足主要表现在以下几个方面:

1. 专题制作没有得到应有的重视。

网络新闻经过几年的探索,开始从最初简单粘贴的新闻处理方式向解读新闻的方向发展,网络新闻专题正是这种发展方向的典型代表。一个专题可以把同一主题下不同形式的新闻信息集纳在一起,在节省寻找和阅读信息耗时的同时,使受众形成对新闻的全面认识和完整印象。但法治频道在30天的监测周期内,推出的新闻专题仅有3期,平均每10天才有1期,可见该频道非常不重视信息的整合和解读。

2. 对稿件的加工处理不足。

频道超过半数的新闻没有进行过任何加工处理,有加工的也主要集中在修改标题上,未有一次使用链接博客、论坛、微博的手段。特别是在处理头条和要闻上,如图8-7所示,没有使用多媒体的新闻比例高达66.1%,使这些新闻与纸质媒体上的新闻无异。可见网站对转载新闻的加工处理程度低,且手段单一,网站内部合作有障碍,资源整合的意识和能力都很低。

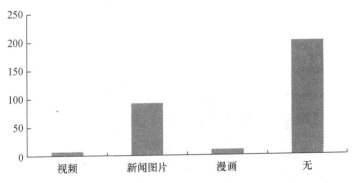

图8-7 人民网法治频道头条和要闻的多媒体手段使用

3. 忽视事实报道与评论的配合。

监测显示,人民网法治频道的42条新闻评论中,评论对象来源于本刊事件性报道的仅有12条,比例不超过30%,而来源于无提示事件性报道的则超过了30%。读者在阅读评论之前还要费时去搜索相关事实,这无疑大大削弱了评论的可读性和舆论监督效果,尤其针对本网原创新闻的评论那么有限,更是对原创新闻这一优势的巨大浪费,如图8-8所示。

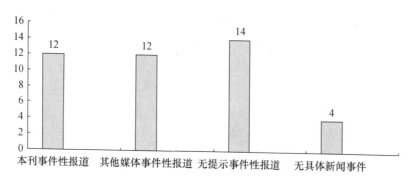

图8-8 人民网法治频道新闻评论对象的来源

4. 未能形成持续监督

统计数据显示,人民网首页新闻中,非专题式的连续性报道比例不足1.5%,特别是批评性报道多不了了之。事实上,无论是对事件还是现象的监督,希冀毕其功于一役是不切实际的。一次监督不过只能吸引注意力,只有持续的监督才能看到成效。从舆论监督的结果看,如图8-9所示,未有后续报道的新闻超过50%,公众的视线随着新的监督不断转移,各种问题轮番出现在公众视野,却只是像一场闹剧,无法引起人们的思考,也无法触及问题的本质。

图8-9 人民网法治频道舆论监督的结果

四、对人民网法制报道的若干建议

综合看来,人民网的特点很突出、优势很明显,但同时,存在的问题也比较大。以下将针对人民网法治报道的不足提出以下三个方面的建议。

(一)针对普法报道存在的问题提出建议

针对人民网在普法报道上的问题,我们建议从三方面着手改进。首先是要增加普法文章的数量,丰富普法文章的形式,比如开设专家专栏进行普法,还可以链接专家的博客。其次是要注意多媒体配合,给普法文字配漫画或者动画等,提高普法文章的可读性和易读性。再次是要提高法律咨询栏目的更新频率,建议组建一支专家顾问团队,针对网友提出的问题给出及时、详细、通俗的解答,树立服务受众的形象。

(二)针对监督报道存在的问题提出建议

针对人民网在舆论监督上的问题,我们建议增加以下三种新闻报道的数量:

第一,增加对权力机关和公众人物监督的报道。随着互联网的发展,普通老百姓的生活越来越透明,公权力的运行过程却始终处于云里雾里。舆论监督要发挥效应,首先是要社会信息公开,就现阶段的情况看来,就是要政务信息公开。增加对权力机关和公众人物的常规报道,提高权力运行的透明度。

第二,增加对案件的舆论监督报道。根据社会心理学上的责任分散理论,负担责任的人越多,每个责任负担者的责任认领意识就越弱,推脱责任的心理就越强。因此法制报道的舆论监督要避免泛化监督,加强具体监督。需要提醒注意的是,针对案件的报道尽量不要针对案件的审判过程和判决本身,而是透过案件对案件反映的问题进行监督。如2010年的"王鹏错案",媒体最终将关注点落到诽谤罪的存废问题,这是值得借鉴的。

第三,增加对新闻事实的调查性、揭露性报道。即便评论再丰富,媒体信息报道缺失,也会留下"做表面文章"的口实,给读者形成媒体失语的印象。精彩的评论需要结合丰满的事实,才能实现有效监督。

（三）针对新闻策划存在的问题提出建议

针对人民网在新闻策划上的问题，我们建议在以下几个细节处提高策划意识：第一，重视新闻专题的制作，力求在司法大案要案、法律重大修改等题材上体现人民网的资源整合能力，把握第一解释权。第二，提高加工处理转载稿件的水平，将同一事件不同视角、不同体裁、不同形式的新闻素材相互链接起来，构建全景新闻。第三，增加连续性报道的数量，既满足新闻对时效性的要求，又使读者对事件形成持续关注的态势。第四，开发论坛新闻这一富矿，在频道首页上设一个强国论坛法制版的链接，达到资源整合的目的。

相信人民网经过有针对性的整改，并保持其一贯的克制和理性作风，进一步扩大平台优势，加强与人民之间的互动，不断推陈出新，定能打造出具有人民网特色的法制报道，做到权威，实力，源自"人民"，更源自人民。

第二节　人民网《政法高层留言板》栏目互动性研究

互联网的发展，给人们带来了更便捷、更广泛的互动交流空间。不仅在普通人之间进行交流，也在官员与百姓之间互动，由此网络问政应运而生。目前许多政府部门利用网络互动平台，在政府官方网站或其他网站开设留言互动栏目，最具典型的就是人民网获得中国新闻一等奖的名专栏《地方政府留言板》。在这个专栏里，政府官员参与网络互动，利用网络听民声、集民智、解民忧；利用网络问政于民、问需于民、问计于民。可见网络已经成为了解民情、表达民意、参政议政的重要渠道。

本文以人民网法治频道的《政法高层留言板》为研究对象，以留言所涉及的最高人民法院、最高人民检察院、公安部、司法部四大部门，从2011年5月至2012年3月的11个月中的留言统计为例，分析和研究网络问政的特点、规律，以及存在的问题，特别是通过与政府留言板互动栏目的对比，为政法部门留言板发挥实际作用提供借鉴。

一、《政法高层留言板》的特点

1.《政法高层留言板》是与民众交流的渠道之一。

受众可以通过此栏目对最高人民检察院、最高人民法院、公安部以及司法部四大政法部门高层官员留言,参与互动(见表8-1)。

表8-1　2012年3月《政法高层留言板》四大政法部门留言对象及数量

最高人民法院		最高人民检察院		公安部		司法部	
院长	1	检察长	1	部长	1	部长	1
常务副院长	1						
副院长	6	副检察长	8	副部长	7	副部长	4
党组成员	1					纪检组组长	1
政治部主任	1			政治部主任	1	政治部主任	1
其他	2	其他	3				
总人数	12	总人数	12	总人数	9	总人数	7

从受众的角度看,与这些部门高官进行交流,并非容易之事。尤其是与政法部门高层人员进行互动更是难上加难。而通过留言板,利用网络的便捷性、匿名性、开放性等特点,受众可以在上面畅谈对司法、执法过程中的问题和意见,提出质疑,进行投诉、开展批评。通过这种留言互动,推进司法信息的公开和问题的最终解决。

2.《政法高层留言板》是提高政法部门工作效率的有效途径。

群众发帖留言只是一种外在形式,其内在本质是要表达网民的情感、观点或者诉求。在网民的只言片语之中,政法部门可以及时发现工作中存在的问题和不足,从而有针对性地加以纠正和改进,而且可以从中了解、掌握基层存在的大量具有苗头性、倾向性、隐患性的问题,从而及时知晓隐患、化解矛盾,防患于未然,实现部门与群众之间的双向交流。可见它是政府部门倾听百姓诉求,解决民生问题、提高工作效率的一个重要渠道。

3.《政法高层留言板》具有一定的可信度与权威性。

依托于人民网个国家重点新闻网站,坚持"权威、实力,源自人民"的理念,以"权威性、大众化、公信力"为宗旨,以"多语种、全媒体、全球化、全覆盖"为目标,以四大政法部委——最高人民法院、最高人民检察院、公安部、司法部的主要领导为互动对象,具有一定的可信度与权威性。

总之,《政法高层留言板》具备了互动性强,参与度高,人气足以及解决问题快的优势,是一个公民参政议政、建言建策、释疑解惑的平台,也打造和树立了政法机关的良好形象。

二、《政法高层留言板》存在的问题及原因

《政法高层留言板》作为一个网络互动性栏目,总体看留言的数量很有限。以最高人民法院从 2011 年 5 月至 2012 年 3 月的 11 个月中,四大部门的留言统计为例,总计共有留言 121 条,其中最高人民法院留言数量最多,共 59 条,平均每月 5.36 条留言;最高检共 25 条,平均每月 2.27 条留言,有三个月留言数为 0 条;公安部共 20 条,平均每月 1.82 条留言,有三个月留言数为 0 条;司法部共 17 条,平均每月 1.56 条留言,有 4 个月留言数为 0 条。(见图 8-10)

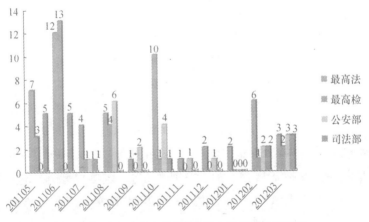

图 8-10 《政法高层留言板》四大部门每月留言数

从图 8-10 可见,四大政法部门的每月留言条数屈指可数,说明群

众参与度并不高,互动性不强,人气不足,其成效与广大网民的期待还有比较大的差距。此外,比较突出的问题集中在无回帖、解决实际问题不明显,没有建立起长效机制等,而这些问题与该栏目在推广上的不足是密切相关的。具体原因如下:

1. 在设置的形式上,留言板设计过于简陋,互动"硬件"不足。

对比人民网《地方领导留言板》的网页的设置上,《政法高层留言板》明显在栏目形式设计上逊色。

首先,留言板在留言要素上,前者共细化成留言标题、选择板块、主题类别、留言正文、真实姓名、联系电话、图片添加共7个部分,其中真实姓名和联系电话也注明了除工作人员外其他人员无权浏览,只是为方便留言办理单位调查处理的提示,而且7个部分用了整张页面涵盖,足见该栏目对群众留言这个消息源部分的重视。这让留言者信赖和心里踏实,设计相对合理。而后者所须填写的要素含四部分,即留言者昵称、来自何处、留言内容以及是否匿名,并没有设计留言者联系方式的板块。留言要素的不全,就可能造成有留言无回复的结果,因为即使政法高层人员有回应,也会去向不明,而且容易使留言者产生其留言有可能不了了之的疑惑。

其次,从栏目规模来看,《政法高层留言板》没有子栏目,仅仅留言的几张网页,也无相关链接。对比《地方领导留言板》可以看到,《地方领导留言板》整个栏目规模相对完善,设置了若干相关栏目,如领导回应、各地最新回复、网友声音、网连中国、网友反馈、栏目动态等。可见人民网对《政法高层留言板》栏目设置相对简陋,有待进一步调整和完善。

再次,在栏目宣传上,《地方领导留言板》的主页,即地方领导频道上,在第三栏开始的位置以红底白字,以及网页中下方中间栏的位置上就分别开设有《地方领导留言板》专栏,进行有关该栏目的新闻和重点留言的报道。同时在该主页上还设有《市级领导留言排行榜》,对回复率高的领导名单进行公布。可见,《地方领导留言板》的宣传是比较到位的,无论是在主页位置上、面积比例上,都是显著的,使群众进入该主页时难以忽视掉该栏目。而《政法高层留言板》仅在主页法治频道上第三栏中间位置进行了链接,毫不突出,易被忽视。因此,《政法高层留言板》栏目在宣传上的不足,也是其人气低、互动性不强的原因之一。

2. 设置的机制上,单方留言无回复,缺乏互动。

网络留言板的定义是一种与用户沟通、交流的方式,通过留言板,可收集来自用户的意见或需求信息,并作出相应的回复,从而实现网站与客户之间及不同客户之间的交流与沟通。由此可知,《政法高层留言板》的作用应该是收集来自群众对四大政法部门的意见、询问等信息,从而便于四大政法部门对群众留言进行回复,架起四大政法部门与群众的沟通桥梁,实现政法部门与群众的双向互动。互动就包含有来有往、双向交流的含义。而实际上,《政法高层留言板》在内容设置中,并没有将政法高层的回复作为必有的一栏,即不公开回复,这就使得网页上只有群众留言信息,没有官方回复反馈。这样的单向且不公开传播,既会有损群众留言的积极性,也会使得政法高层领导回复和解决问题缺乏监督力和示范性,甚至是否得到回应也难以知道,使得留言作用未能发挥。而缺乏政法部门的回复,互动也就无从谈起。

另外,互动也有及时性问题。《政法高层留言板》在简介中说明该栏目是定期向以上留言进行汇总,递交有关部门,为百姓争取反馈。"定期"就是固定的时间状态。固定的时间进行留言汇总难免使得一些及时性的问题滞后解决,使其失去意义。

3. 栏目营销上,未"对症下药",定位方向偏差。

从营销学来说,人气是聚起来的,而人气的聚集最主要就是满足用户的需求——你要知道用户到你的网站是干什么的,满足他,他就会再来。如何满足用户的需求呢?方法之一就是注意、接近并收集用户感兴趣的议题或资讯类型,作为决策的参考。对网站经营者而言,若能充分掌握内容,并对准网友所喜好的资讯类型或口味,再辅以加值服务,必能因势利导掌握消费者的行为与习惯。

据此,对《政法高层留言板》而言,要聚集人气,首先就要找到群众对该栏目的期待,究竟该栏目能满足他们什么需求。图8-11显示,群众在咨询、求助以及质问、投诉等问题方面,是参与度比较高的,分别有48条和39条,共占留言总数的71.9%,可见群众的需求主要集中在政法高层对其提出的问题进行释疑解惑的期待上的。而事实是,该栏目虽提出群众可以对建言建议进行留言,但实际并不一定回复。统计数据也显示,纯粹在建言建议方面的内容,只有 27 条,约是咨询、求助以及质问、投诉问题的 1/3。因此,只有及时回复群众在咨询、求助以及质问、投诉等问题,才是真正的满足群众的需求,使栏目不形同虚设。

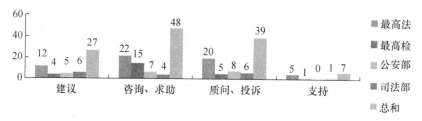

图 8-11 《政法高层留言板》留言内容统计

4. 留言内容详细度偏低,信息不足,价值不高。

《政法高层留言板》是连接群众与政法高层领导的桥梁,真正发挥其作用就需要群众、高层领导、人民网三方的共同配合。一方面,从群众留言角度来看,每条留言字数平均不到 20 个字,大部分是一句话,难以将自己所要表达的内容说得清楚明白,这使得网站人员难以筛选出有价值的信息,从而使得政法高层人员的回应缺乏指向性,降低留言作用。另一方面,群众留言内容之所以不详细、价值偏低的原因,在于人民网缺乏对该栏目的有效推广,以及政法高层人员并未形成公开、积极回复的有效机制。这两个原因容易导致群众认为自己向官员反映的问题被忽视,进而产生留言板只是在"作秀",因此也就代之以"游戏"心态参与,降低了对该栏目的信任度,失去参与热情与积极性。因此对于留言板这个需要双向互动的栏目来说,官方回应少,必然造成群众参与度降低;群众留言价值低,从而丧失留言被重视度——如此形成人气不足,互动性差的恶性循环。

总之,人民网《政法高层留言板》的设置是网络问政的延伸和突破,是应该积极发展和建设的。栏目目前存在的若干问题,是需要多方努力才能解决的。比如,政法高层的网络互动可以参考各地政府留言板的制度建设,如出台规定、通知等进行制度上的支持和规范;建立在线回复、在线谋划、在线督办制度等,确保网络问政的实际效果;或者建立评估的专栏,如回馈统计、参与度统计、回复排行榜等,提高回复积极性;在推广上,可以和人气高的类似的网站,如《地方领导留言板》做交换友情链接,带动人气。总之,为确保留言板不走过场,取得更好的"问政"效果,则应多在满足群众需求,聚集人气,互动的效果上下工夫,真正实现网上纳民意、网下解民忧的效果。

第三节　正义网法制报道内容分析报告
——中国专业性法制网络媒体研究

正义网创办于1999年1月1日,前身是《检察日报》的网络版,是最高人民检察院主管,由《检察日报》社主办的法治类门户网站。

2000年初,检察日报电子版正式命名为"正义网"。同年9月,正义网获得国务院新闻办公室批准从事网络新闻登载业务,成为国内首家具备网络新闻采编发布资格的法治网站。

长期以来,正义网秉持"立足法治 面向社会"的理念,以"网聚正义的力量"为最高追求目标,积极宣传法治建设成就,从法治视角观察社会,为社会公平正义鼓与呼,努力打造多平台、多介质传播渠道集成的"法治资讯数字化集成服务平台"。

目前,正义网是中国最大最权威的法律网站之一,是目前中央重点新闻网站行列中唯一的法治类网站。

课题组对2010年11月18日至12月18日(部分监测时间因故整体有所延迟)为期31天正义网的法制新闻报道进行了监测和取样分析。

一、正义网法制新闻报道的特点

(一) 法制新闻原创度高

监测显示,正义网首页上每天上传的新闻类型中,事件性新闻数量远大于非事件性新闻的数量。说明了该网站对社会环境的监测是较为密切的,广泛参与法治事件的传播,有利于保障公民的知情权从而行使舆论监督权、批评建议权等其他宪法和法律赋予的公民权利。(见图8-12)

第八章 网络媒体法制新闻报道内容分析报告

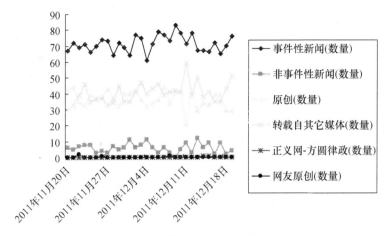

图 8-12 正义网首页上每天上传的新闻类型

在新闻来源中,正义网原创性的新闻数量和转载的新闻数量不相上下,保持了大概一半的原创率。这在网络新闻多是转载的众多网络媒体中原创率是较高的。

(二)法制新闻信息权威

监测显示,在正义网网站新闻的四个消息源中,权威性消息源和核心消息源的比例远大于热线爆料、匿名消息源的比例。热线爆料的比例不仅比较低,而且从时间上来看,许多时候并没有热线爆料的信息提供给网站。网站新闻的热线爆料之所以较低,这与网站传播新闻的特殊性有关。一般热线爆料人提供的多是零碎的简单的新闻线索,需要进一步的采访挖掘才有可能产生受众可知的"新闻报道",既耗时又耗力。且网络新闻的即时性也间接地决定了网站不可能或很少花费时间和精力去深度挖掘热线爆料的新闻。此外,与报纸、电视不同,在我国网站普遍性没有新闻采访权,而所以相较于其他消息源,网站的热线爆料消息源比例较低(见图 8-13)。

权威消息源和核心消息源占据较高的比例,有利于保证网站新闻信息的权威性、真实性和信息质量。热线爆料信息的真实性较难以保障,但可以保证信息的独创性和首发性,因此网站信息的热线爆料消息源还有待拓展。

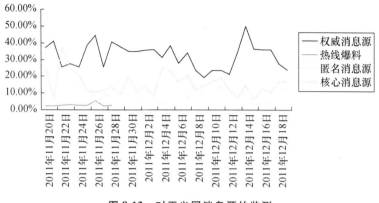

图 8-13　对正义网消息源的监测

（三）信息整合性强

2010年11月23日—12月23日31天内,正义网共制作新闻专题20个,日均制作0.6个新闻专题。统计显示,新闻专题的时间多是事件发生的第二天,一定程度上保证了新闻专题的数量和及时性(见图 8-14)。

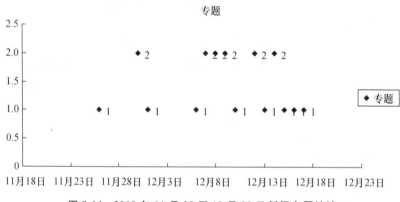

图 8-14　2010 年 11 月 23 至 12 月 23 日新闻专题统计

制作新闻专题有利于充分发挥网络媒体的优势。文字、图片、音频、视频、评论甚至微博直播等多种报道方式的集合,海量信息的集纳,有利于受众全面深度了解、掌握事件发生的过去、现在和在掌握了大量事件相关资料基础上的对事件结果的预见性推测。因此,网络媒体应充分发挥这一优势,加强网络新闻专题的制作和报道。

（四）法制报道负功能少

法制新闻报道不当会导致违法侵权行为的发生,如侵害未成年人权益、侵犯报道对象隐私权、肖像权、名誉权等人身性权利。根据对正义网法制新闻报道的统计显示,网站上传的新闻是比较规范的,并没有发现有会导致引诱犯罪的报道出现。在新闻侵权上,比例也是较低的。

二、正义网法制新闻报道存在的问题

(一)网络法制新闻信息的高时效性并未充分发挥

本次监测以30分钟为单位统计时效差(此为相对性指标),n为30分钟以内即发布,分为n-1(30分钟—1小时)、n-2(1—2小时)、n-3(3—4小时)、n-4(当天)、n-5(第二天)、n-a(2天以外的新闻数量及没有明确时间性的报道)。

根据图8-15可以看出,正义网时间在2天以外(n-a)的新闻数量明显占了很大的比重,在连续31天的首页新闻总量中,多达506篇,约占46%的比例。其次是30分钟以内(n)的新闻数量,270篇约占25%的比例;当天(n-4)和隔天(n-5)的新闻数量也较多,分别为110篇和173篇,占了11%和16%的比例;较低的是大于0.5个小时到4个小时以内的新闻数量。综合起来看,当天的新闻数量比例约为38%,而第二天和两天以后的新闻数量比例约为62%。

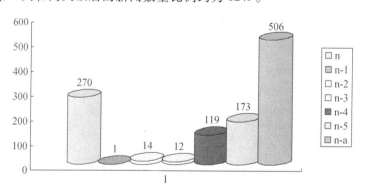

图8-15 正义网新闻的时效性

综上所述,虽然半小时内的新闻数量较大,约有1/4的比例。但是总体上看,网络新闻的时效性上并不是很强。相较于报纸、电视的快速传播新闻的优势并没有充分发挥出来。

(二)网友互动性不强

根据图8-16的分析可以看出,网友的新闻原创率是比较低的,网友的新闻原创功能还没有充分发挥出来。在受众与媒体角色充分互动的时代,网络、手机等网络通信工具的发展,使得很多网民发挥着"网民记者"的功能,许多大的法制事件都来自于网民的爆料;许多事件发生时,网民先于记者到场或者在现场。通过视频、图片等方式向社会公众"报道"新闻。因此,应当重视网民在法制新闻传播中所起到的作用,充分发挥网民的力量,让其参与到法制新闻传播中来。

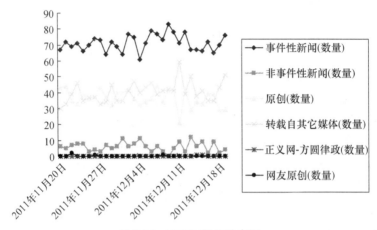

图8-16 正义网新闻的来源

网站有文字、图片、音频、视频、博客、微博等多种新闻报道形式,所以应当充分发掘这些便于网民担任"公民记者"的资源,为网民提供便利。

(三) 报道形式较单一

监测显示,正义网编辑操作的具体内容及数量如图8-17所示。

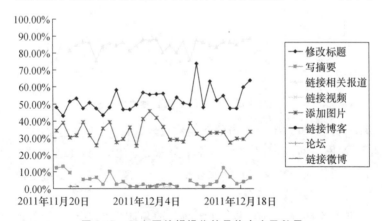

图8-17 正义网编辑操作的具体内容及数量

在我国,一般网络媒体并没有新闻采访权,其新闻来源多是转载自报纸或者其他网站。新闻转载是网络新闻的一大特点。网站编辑在转载新闻时一般有几个基本的要求:修改新闻标题、写摘要、标明原出处、填写关键字链接本网站相关新闻报道、添加图片等。但是众所周知,在现实中的情况是除了修改新闻标题和链接相关新闻报道外,上述其他几个方面编辑有很大的操作空间。网络编辑加工处理的越多,越可以体现出本网站网络新闻的特殊性,在众多类似新闻中可以脱颖而出,吸引大众的眼球。正义网的网络新闻加工处理方式有如下特点:

1. 链接相关报道。

链接相关报道常见的方式是网络编辑通过后台操作,填写一个或几个关键词,从而在文章生成时,系统自动将搜索到的标题中含有关键词的新闻标题链接到文章下面。通常都是类似报道。关键词多选择事件发生地、人物名称、事件名称等,比如北京、邓玉娇、三聚氰胺等。这样一方面有利于将该事件相关连续报道搜索出来,方便受众进一步获取事件的相关信息,避免了在网站海量信息中再去搜索相关报道的麻烦,对网民有利;另一方面,可以增加网站新闻的 PV 量,对网站也有利。从图 8-17 的数据显示可以看出,正义网的链接相关报道的比例还是较大的,在 85% 至 90% 之间。链接相关报道对网民和网站来说,是一种双赢的模式。

2. 修改标题。

从图 8-17 可以看出,正义网首页新闻的标题的修改比例最高的接近 75%,最低的接近 40%。没有达到百分之百的修改标题比例,这与该网站有新闻采访权和原创新闻占一定比重有关。

3. 添加图片比例较高。

根据图 8-17 可知,正义网的新闻加工处理,除了一般网络都会选择的链接相关报道、修改标题外,使用添加图片的比例也是较高的。图文结合,使得新闻报道更有吸引力,有利于增加网民的黏性。

在写摘要、链接博客、视频、微博、论坛等几种文章处理方式上,正义网的比例是较低的。摘要是网络编辑对新闻核心的萃取、一定程度上柔和了网络编辑的主观态度;微博、论坛、博客则多是来自网民的声音。网络舆论的形成离不开网民的添砖加瓦,网站的发展离不开网民的支持,应努力培养用户对网站的黏性,所以网民的声音应当重视。

综上,正义网的网络新闻加工处理,一方面保持了普遍性,另一方面有创新,即链接微博、博客、论坛,但力度不足。应着重发展完善后者。

(四)舆论引导能力不足

1. 评论数量。

从图 8-18 可以看出,在 31 天的首页新闻监测统计中,网站发表的评论性文章共有 177 篇。其中事件性新闻的评论 137 篇达 77%,远高于案件的评论。对司法大案要案的报道也多达 400 余篇,而且在"反腐维权"中许多是涉及贪污腐败案件的报道。其中对案件的评论则仅有 40 篇,不足 1/10。

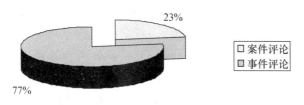

图 8-18 网评数量统计

2. 评论时机和态度。

从图 8-19 可以看出,法制新闻事件和案件的评论发表的时机呈现对立趋势。案件的评论多集中在法院审理前,而法制事件的评论则多集中在事件进程中和结束后。

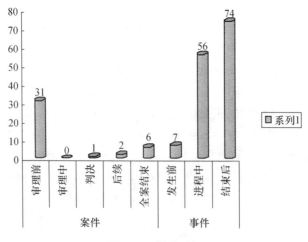

图 8-19 评论时机

从图 8-20 可以看出,近半数的评论是带有批判性色彩的。

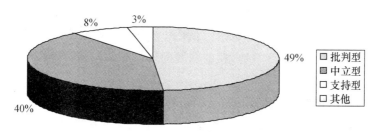

图 8-20 评论态度

案件评论发表的时机正当合理与否,主观态度如何,会影响到网络舆论的形成态势,而网络舆论在某种程度上和情况下会影响到法院判案,进而影响到案件被告人能否获得公正审判。在我国,虽然没有"媒体审判"的相关立法,但是在司法实践中,因为媒体不当报道或者未审先判的评论报道而导致法院不公正断案的情况并不少见。所以,关于案件的评论应当在法院判决作出后,针对法院判决的正当与否、法律使用情况、事实认定等发表评论,而不应在案件审理前就过多的发表带有主观色彩的评论。

通过上文对正义网的监测数据统计分析可以看出,网站在我国的法制新闻传播中既有优势也有不足。下面主要对其不足地方进行总结并提出一些建议以供参考。

首先,要努力拓展消息源。网站虽然没有采访权,但可以充分利用网民大军这一资源。尤其是随着网络通信的发展,"公民记者"不断涌现,微博、博客、播客等新媒体优势网络应充分利用,而不应局限于依靠转载报纸或者其他网络媒体新闻的方式。

其次,报道形式要创新。网站法制新闻的报道形式应追求多样化。网络编辑在编辑文章时,除了文字、图片新闻外,视频、音频、论坛、微博、博客等新兴的媒体形式也要充分利用。既有利于充分还原和再现新闻事件,也有利于增加报道的吸引力,增加网民的黏性。

再次,在舆论监督上应避免"媒体审判"现象。网站的对案件的新闻评论在时间上应适当调整。尽量不在案件审理前发表定性评论,要正确引导舆论,避免造成对法官公正断案的干扰。

总体上看,正义网的法制新闻报道独具特色。不论是在新闻报道的规范性上还是其他等方面,诸如网站丰富的报道形式,除了传统的文字、图片,还有专门的博客专栏,许多法律学者、司法工作者加盟入驻,使法律氛围更加浓重;此外,还紧跟网络媒体潮流,开辟了法律微博,成立了专门的影视基地,着重发展网络视频新闻播报等,都是可圈可点的。

不过,作为新兴的媒体形式,网络法制新闻仍要充分认识到相较于传统媒体的优势与不足,取长补短。

第四节 《法制日报》与法制网两个"互动专区"的交互性研究

在传播领域,互动的含义是某种直接行动会带来即刻的后果,也就是即时的反馈。这是建立在交换之上的,即存在某种传——受关系。如果这样的关系是双向的,我们也就可以称其为"互动"的。它的基本模式是输入—反馈—输出。① 在全媒体时代,互动性是一个处于媒体核心位置的关键词汇。尤其是在媒体的同质化和同业竞争越来越激烈的趋势下,互动性成为取得优势的一个重要砝码。法制日报"互动专区"是位于"声音"版的一个半固定专栏,基本为每周一至周六刊出,在遇重大新闻事件或者报纸策划时有中断。"互动专区"是法制日报唯一的一个以互动为主题的专栏,同时又位于评论版,可见,它是以读者来论的方式实现报纸和读者互动的专栏。

一、研究方法

本节主要采用观察分析的研究法,通过观察分析法制日报"互动专区"的特征,以期评价其互动效果;在法制网平台上,"互动专区"被网络化,通过比较两者的不同,探索利用网络平台增进"互动专区"互动性的可能,从而提出针对性的改进建议。样本的抽取采用立意抽样的方法,选取 2012 年 3 月 15 日—4 月 14 日《法制日报》法制网"互动

---

① 胡泳:《互动性》,载《商务周刊》2010 年第 4 期。

专区"的文章作为样本,观察其文章数量、作者特征、文章信息类型及作者态度、文章评论对象和文章评论角度六个方面的特征,进行计数统计,分析"互动专区"的互动性特征;从数量和百分比两方面对两者进行比较,分析其异同。在此基础上,对两者优劣进行评价,扬长避短、互相协调,从而提出进行改进的建议。

二、法制日报"互动专区"的互动性分析

法制日报开辟专栏刊登读者来论,是互动性的重要体现,"互动专区"是读者与报纸单向互动的平台,即读者通过报纸表达自己观点,由此研究"互动专区"的文章及其作者,是评价其互动性的重要指标。但是,要实现真正良性的互动,只靠单向的表达是远远不够的,需要更多的反馈和对反馈的反馈,从而实现良性的互动循环。南方都市报在评论的互动性方面比较突出,它主要通过"众说纷纭"的众论和"平等对话"的对论实现互动。① 众论是多元化的、多层次的主体多同一问题再同一平台上同时发表自己的观点。对论是报纸针对新进发生的比较有争议的新闻事实,表达正反对立观点或多层面阐释问题,表达多源观点的一种评论形式。② 众论和对论是衡量评论是否真正实现全方位互动的重要指标;同时,通过编辑的对众论、对论和来论的技术性编排,能够实现更好的互动效果。下文将从以上两大方面分析"互动专区"的互动性。

(一)"互动专区"的文章及其作者分析

1. 文章数量。

"互动专区"是一个相对固定的专栏。以刊出的周期来看,在统计的一个月期间,周一至周六每日刊出一次,除4月3日至4月6日节假日期间之外,没有例外;数量上来看,每期基本为3篇读者来论,除3月19日和4月12日外。这两天两次刊发了关于药家鑫案的众论,所以编辑加了一个新闻链接和总体观点评述,为4篇,其实读者的来论仍然为3

---

① 李冬明:《互动:报纸时评专版(栏)的创新之路——以〈南方都市报〉时评版为例》,载《新闻传播》2005年第5期。
② 杨丽丽、刘九洲:《析新闻评论中的"对论体"》,载《新闻前哨》2010年第3期。

篇。固定的、常态化的互动能够给读者以确定感并能提高其积极性,也说明了法制日报对读者互动的重视,有利于提高互动性,见图 8-21。

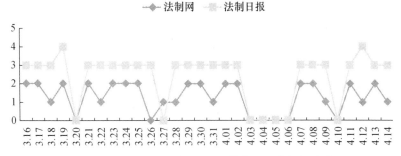

图 8-21 "互动专区"和法制网转载的文章数量统计

2. 文章作者特征。

从作者职业和分布地域(见图 8-22、图 8-23)两个层次来看,"互动专区"比较好地照顾了平衡性,同时又避免了平均主义,根据报纸的性质和所处区域有所侧重。在职业方面,统计的一个月期间,文章的作者包括了十一类职业,还有一大部分不能确定职业的读者或网友;同时,公务员、媒体人和学生分别占据了较大比例,可能是由于这一部分人比较关心法治、积极撰文,所撰文章相对比较通俗,易于为一般读者理解;但并没有忽略专业人士的观点,律师、法官、检察官都有涉及。在地域方面,统计的一个月期间,文章的作者分布地域覆盖了全国的 17 个省级行政单位;同时以江苏、北京和湖北为主,可能与这些地区读者数量较多、积极性较高且距报纸所在地较近有关。在作者职业和地域的分布多个层次的处理上,"互动专区"都有利于实现更好的互动。

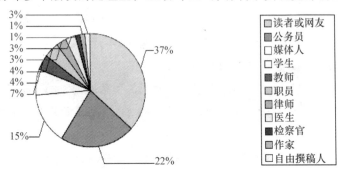

图 8-22 "互动专区"文章作者职业统计图

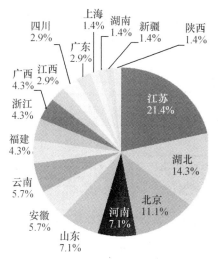

图 8-23 "互动专区"文章作者地域统计图

3. 文章特征。

监测显示,在文章的特征选择上,"互动专区"也有利于读者的参与,为互动创造了条件。信息类型和作者态度比较好地照顾了平衡性,使目前观点多元化的读者都有机会表达其观点。评论对象集中于行政机关和社会现象,评论角度集中于制度建议、理性反思和原因分析,这与最主流读者的身份是分不开的,绝大部分读者都是一般大众,日常接触最多的是行政管理和社会,最关注的是事件如何解决、为什么发生及应然状态。同时,作为法治类专业报纸,没有忽视法治专业领域的需求(见图 8-24、图 8-25、图 8-26)。

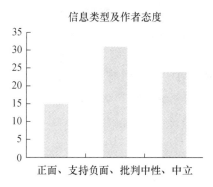

图 8-24 "互动专区"信息类型及作者态度统计图

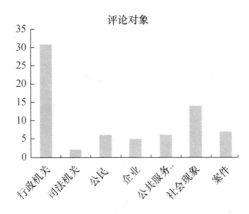

图 8-25 "互动专区"信息评论对象统计图

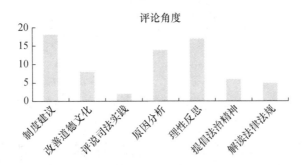

图 8-26 "互动专区"信息评论角度统计图

4. 对文章的编辑安排

"互动专区"中编辑所配发新闻漫画都是对读者来论的形象性解读,是编辑和读者互动的一个重要途径。统计的一个月期间,基本为每日3篇文章中有1篇配发了新闻漫画,占所有文章的近1/3。编辑和读者通过这种形式实现了一定程度的交流。配发导读显示了编辑的策划性,对一组相关文章进行集纳,编辑通过导读提示新闻事件,总述读者观点,体现对互动的策划编排。监测显示,23期中仅有2期配发过导读,不足一成,可见编辑对互动的策划不强,编读互动有一定程度的随意性(见图 8-27)。

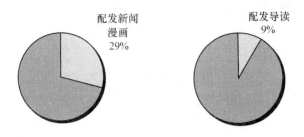

图 8-27 "互动专区"对文章的编辑安排统计图

(二)"互动专区"的众论和对论分析

监测显示,众论和对论所占比例比较小,特别是通过前后的跟踪分析,发现其众论和对论都没有经过策划,只有比较有争议或读者热议的事件发生后,在此后一段时间选择一组相关的读者来论刊登,有较强的随意性,且没有更深层次的挖掘或回应。"互动专区"的互动绝大部分是单向表达(见图 8-28)。

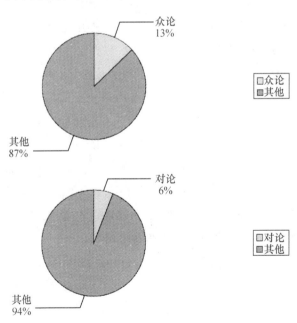

图 8-28 "互动专区"众论和对论统计图

如前文所述,评论版的互动主要靠编读互动和众论及对论实现,没有回应地登载读者的来论只能是单向的互动。虽然"互动专区"在文章及其作者的选择和安排上煞费苦心,为较好的互动创造了条件,编读之间也有一些互动;但由于编读互动频次过低,众论和对论的比例过低,良性互动仍然没有实现,可以说是"箭在弦上",但一直"引而不发"。

三、"互动专区"的报网互动分析

报纸的互动性一般通过设立专栏登载和回应读者来信、来论、开放手机报或开通热线电话等方式实现。然而,作为传统的纸质媒介,其互动性与网络等新媒体相比,不但无力,而且大多流于形式。与此相对,新媒体的"互动性"具有无可比拟的优势。计算机给用户提供了"写入"文本的能力,使之能够改变、删除、增加或配置他们所获得的信息,从而为自己建立一个个性化文本,从"接受者"转而成为"创作者"。这种互动模式包括面向所有用户的、多层面的互动活动,诸如"互联网布告栏""新闻组"和"聊天室"等,都是互动式传播和交流的范例。[1]

随着网络媒体的蓬勃兴起,报纸、图书、广播、电视等传统媒体已逐渐形成与网络媒体互动的发展格局。各大报业集团都有自己的网络传播平台,借以连通内外、扩大影响。跨媒体互动合作利于媒体间相互取长补短,使媒体得以从受众活动的不同时空和状态下从视、听、读不同角度切入,引发受众对同一专栏的关注。[2] 因此,笔者认为,在报网互动良性发展的大背景下,在实现"互动性"方面,由于纸质媒体天然的劣势和网络媒体与之相对的天然优势,纸质媒体可以着力通过网络平台提高其互动性,以弥补自身不足。法制日报的"互动专区"也进行了报网互动,置于法制网评论频道的"公民·声音"栏目下。此栏目以转载"互动专区"的文章为主,但其转载并非照搬,而是选择其中部分文章

---

[1] 潘源:《国际学术视野中的新媒体——系列研究之"互动性"》,载《当代电视》2009年第6期。

[2] 王亚敏、顾建明:《用后现代的视角分析跨媒体互动在大众传播中的现实合理性》,载《采写编》2004年第3期。

呈现与于网络平台之上。因此,下文将对两者进行比较分析,以期探讨两者的定位、特性的不同,同时分析网络化的"互动专区"的互动性,得出结论。

1. 文章数量。

监测显示,网络平台完全机械地转载报纸文章,没有自主性和独立性。但网络转载数量安排较为灵活。通过比对两者内容发现,网络平台上的文章内容全部只字未改地复制于报纸,但是在数量上稍有变化,一般情况下,网络平台上每日选择性地转载一到两篇报纸文章。在时间的连续性上,网络平台具有更好的连续性,而报纸由于周日或者其他情况而中断,网络平台可以继续转载较前一天的内容。可见,在"互动专区"网络化之后,编辑还是对其进行了一定的处理。

2. 文章作者特征。

监测显示,网络转载的文章作者职业范围稍窄(见图8-29),相比之下,媒体人和不能识别身份的读者或网友比例较大,专业人士比例较小。这与网络用户的匿名性、平民化和其职业特征是相符合的。

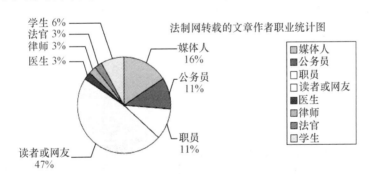

图8-29 法制网转载的文章作者职业统计图

监测显示,网络转载的文章作者地域分布范围稍窄,涉及11个省级行政单位,以东部和中部为主,西部地区比例明显不高。这符合网络用户的数量分布。在作者选择方面,网络化后的"互动专区"更突出了网络用户的特征,这有利于发挥网络平台的优势(见图8-30)。

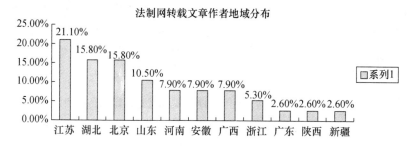

图 8-30　法制网转载的文章作者地域统计图

3. 文章特征。

监测显示,与报纸相比,网络平台上的文章最大变化体现在文章信息类型和作者态度上。信息类型指向明确和作者态度鲜明的文章占了更大比例,而不像报纸那样较好地照顾了平衡性。这是符合网络阅读的特征的,网络时代由于信息的海量化和碎片化,读者对信息的阅读和接受比较零碎和肤浅,常常是一扫而过;态度鲜明、指向明确的文章更易吸引读者阅读且易于在更短的时间内理解(见图 8-31)。

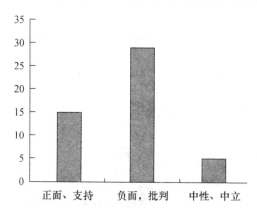

图 8-31　法制网转载的文章信息类型及作者态度

文章的评论对象和评论角度与报纸是相似的,只是在评论对象方面更为集中于行政机关,减少了报纸上针对社会现象的文章比例,这符合法制网的定位(见图 8-32)。其他网络平台上大量地充斥着社会新闻及网民对其的评论,法制网作为法治类网站,要突出自己的特色,明确定位,没有必要再做其他网站重复了数遍的东西。

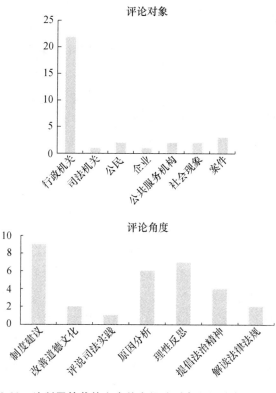

图 8-32　法制网转载的文章信息评论对象和评论角度统计图

4. "互动专区"的网络呈现没有发挥其网络平台应有的优势。

在互动方面,网络平台最大的优势就是,读者可以通过实时的留言或者网络表情来表达观点,编辑和其他读者也可以通过相同的手段与其即时地互动,如果没有实现这点,网络平台的互动就远远没有发挥。监测显示,该网络平台上的"互动专区"没有开发留言栏,也没有其他的方式支持实时互动,没有发挥网络平台最大的互动优势。

由此可见,虽然"互动专区"在网络呈现之后进行了一些技术性的处理,使其更为适合网络受众,为进一步互动打下了基础。但由于没有为互动创造应有的条件,互动仍然不能实现。

四、结论

1. 总体上,"互动专区"及其网络呈现的互动绝大部分是读者观点的单向表达,众论和对论较少,网络呈现部分没有留言评论功能,互动性不足。

在纸媒的评论版块,互动主要靠众论和对论实现;在网络平台上,互动主要靠读者留言评论实现。由上文的分析可见,这两方面都没有实现。虽然通过刊登读者来信来论,一定程度上实现了互动。但是,都是单向的观点表达,没有真正实现互动的最重要功能。由此,互动能够给媒体带来的读者"黏性"和专栏的必读性大大降低,不利于法治专栏的健康发展。

2. 具体来看,"互动专区"及其网络呈现具有较好的稳定性和连续性;较好地照顾到了平衡性,同时力避机械的平均主义,重点突出。

从时间维度上来看,"互动专区"的互动比较稳定,稳定的互动能够体现出媒体对互动的重视,读者也能够连续地关注此专栏,这对读者阅读习惯的形成和积极投稿的信心是巨大的鼓舞。从空间维度上来看,平衡而不平均,照顾到了最广泛的读者,又能倾斜关注重点区域和行业的读者,这对最大限度的培养读者群,并巩固一定的固定读者群有大作用。

3. "互动专区"网络呈现后有一定的技术性处理,照顾了网络的特性,但远远没有发挥其互动的优势。

网络媒体的特性与纸媒有巨大差异,各有优劣;网络受众的特征与报纸的受众也有巨大差异;这是处理纸媒网络化首先要弄清的两个问题。互动专区的网络化基本区分了两者之间的受众不同,但对各自的特性和优势没有区分和最大发挥。由此,网络化也就失去了其意义。

4. 报网互动严重不足,网络机械转载报纸文章,报纸文章没有反应网络平台上的声音。

报网互动是指报纸利用互联网传播信息,具有快捷、信息量无限、交互性强等特点。互联网利用报纸在内容制作、权威真实等方面的优势,首先实现双方在内容上的合作,进而利用报网在资源共享、广告经营、社会活动等方面全方位合作互动,从而实现互利双赢。① 具体到评论的互动,笔者认为主要是报网之间应互相取长补短,以期实现全方位的互动。而在这方面,"互动专区"严重不足。

五、建议

1. 强化"互动专区"的编辑策划,多组织众论式和对论式评论互动,增强报纸本身的互动性。

具体包括:

(1)编辑要根据热点新闻事件有目的地选择来论,进行议程设置,促进读者更多地参与互动。热点新闻事件是读者关注度比较高的事件,同时也一定是有一定争议的新闻事件。这类事件具有很好的传播价值,而同时由于事件的复杂性,读者可以产生多元化的观点,这样就有更多的人参与其中进行讨论,从而形成一定规模的对论和众论,自然地提升了专栏的互动性和影响力。(2)发展较为固定的评论员,引导众论和来论的壮大和繁荣。读者自发进行的讨论一般不稳定不集中,比较散乱,这就需要一批专家式的较为固定的评论员队伍的带动作用。在这一方面,南方都市报比较突出,它每天必有专家互动性的评论出现,在这样常态化的评论激下,普通读者发表自己观点有了由头,也有了更大的积极性,如此就一个一个话题,你来我往,互相辩论,就形成了互动评论的良性循环。

2. 充分发挥网络平台的互动优势,实现网络评论和回应的功能和机制。

"互动专区"网络化之后,利用网络用户的特性,灵活处理转载、原创和互动的关系,充分发挥网络平台的互动优势,实现网络评论和回应的功能和机制,并使其常态化。

(1)实现"回帖"功能和转发功能,促进网络互动。网易有一个新闻口号:即"无跟帖,不新闻",这充分表现了网络平台上跟帖、回帖的

---

① 毛雷君:《媒介融合视角下报网互动的研究——以宁波日报报业集团为例》,复旦大学 2010 年硕士学位论文。

重要性。尤其在互动方面,跟帖和回帖本身就是互动的表现,更应该大力开发和提倡。目前,网络平台上的"互动专区"做得远远不够,开发促进回帖跟帖的功能,并能够进行新闻、视频的链接,促使评论效果达到最大化。(2)"互动专区"网络化后要有网络平台上独特的内容,比如论坛的评论和博客文章等,促进网络原创评论。"互动专区"网络化之后,仅仅机械地转载报纸上的读者来论是远远不够的,没有充分发挥网络平台的优势——接收者即生产者。网络用户通过阅读网络化的"互动专区"文章,有感而发,要能够予其以网络空间表达自己的观点。同时编辑还能够选择其言之成理、比较系统者转载至"互动专区"的网络平台上。这样就能够更好地促进互动的实现。

3. 促进"互动专区"的报网互动。

通过报网互动,报纸要刊发网络用户的主要观点,网络平台要提供机会让读者回应、辩论报刊所刊发的观点。从而在两个平台上展现读者观点,实现评论——反馈——再反馈的循环,以期实现全方位、即时、立体化常态互动模式。

4. 形成多层的立体化互动网络。

在上述目标基本实现的基础上,要进行互动的立体构建,通过微博、博客、论坛、"互动专区"及其网络化平台的互相交互,最终形成多层的立体化互动网络,这样"互动专区"的互动性才达到最佳的状态。

第五节 法制电视栏目的微博传播特征研究
——以《今日说法》新浪微博为例

微博为人类世界带来了一个"人人都能发声,人人都可被关注"的时代,让每一个"小我"都有了可以尽情展示自我的大舞台,引领了大量用户原创内容的爆发式增长。"在微博上,140字的限制将平民和莎士比亚拉到了同一水平线上。"[①]

微博的出现的确带来的一场媒体革命。越来越多的传统媒体及

---

① 张建军:《传统媒体如何开微博?》,载《新闻实践》2011年第3期。

从业人员(包括不计其数的总编辑、主编、记者、制片人等传统媒体人)纷纷开通了个人新浪微博,据《新浪微博元年白皮书》统计:"截至2010年8月,共有466家主流新闻机构开通了新浪微博,其中包括118家报纸、243家杂志、36家电视台和69家电台"①。可见,传统媒体与微博相融合的进程已经开始。

然而,这条融合之路风光与风险兼而有之。一方面,它既能带来扩展新闻线索渠道、扩大品牌影响力以及加强与受众互动等诸多好处;另一方面,它也有内容与原媒体同质、重复以及假新闻的发布使公信力下降的种种潜在风险。

一、研究方法

《今日说法》是中央电视台第一档全日播法制栏目,自1999年1月2日开播之日起,秉承"点滴记录中国法治进程"的理念,以"重在普法、监督执法、促进立法、服务百姓"为己任,为观众奉献丰盛的"法律午餐"。开播11年来,《今日说法》不仅是央视最具影响力的法制节目,也是全方位的中国法制资源平台。2010年12月21日,它开通了新浪微博。

《今日说法》的新浪微博在网络传播中颇具典型性、代表性特征。本节监测以《今日说法》的新浪微博作为媒体样本,以2011年3月15日至4月15日共计31天为研究时段,以微博条数为基本分析单位,以其传播特征的各项指标作为研究对象。具体研究项目包括:《今日说法》新浪微博的每日微博数、每条微博的转发量及评论量、转发来源以及与其他法制类栏目的粉丝数量对比等。

二、样本分析

通过精确统计并分析2011年3月15日—4月15日的《今日说法》新浪微博后,发现其传播特征呈现如下特点:

---

① 缪琦:《解析传统媒体与社会媒体的融合趋势》,载《电视研究》2011年第2期。

1. 微博界面设计合理、特征明确。

首先,《今日说法》新浪微博的账户头像及背景图片均为其电视栏目的Logo,给受众以专业、可靠、权威之感,使品牌信息得到明确传递。

其次,其账户简介为"今日说法,中国人的法律午餐！央视一套,每天12:35,敬请关注！说法QQ:2008124",简要介绍了该媒体的自身定位以及播出时间和联系方式。此外,笔者认为还应留下反馈以及爆料的联络方式,最好包括电话、邮件等方式,便于与用户适时地不同形式的互动。

同时,媒体在微博发布什么性质的信息,通过什么渠道等,都应体现在标签里,便于用户迅速获得直接的感官认知。标签是微博受众碎片化后的重新聚合,系统会根据标签自动将账户推荐给用户,因此准确、全面地设置标签非常重要。《今日说法》设置的微博标签是"时评、案件、法律、公平、正义、撒贝宁、路一鸣、张绍刚、今日说法、CCTV",这些关键词极为准确、贴切。

2. 每日发布微博的时间和条数较为固定。

为期31天的统计中,《今日说法》新浪微博基本保持固定更新,一般在每天上午10点半左右开始发布,每日保证发布2条微博,即当日节目预告以及视频链接,但偶尔因为微博直播某一热门话题而发布数条。

如2011年3月23日,《今日说法》新浪微博对"药家鑫案"在西安市中级人民法院的审理进行全程的微博直播,当日共发布了51条微博。从上午9:15至下午13:03,每隔3—5分钟就发布一条与案件相关的微博,包括审理现场情况、案件相关背景、案件相关人员的介绍等内容,吸引了大批粉丝关注,产生了1094条转发以及1063条评论。

而3月29日与3月30日,由于《今日说法》持续对"今日说法与红板小学"的爱心公益活动进行微博直播,每日各发布16条微博,分别产生了566条转发、250条评论以及189条转发、173条评论。此外,4月8日是针对"河北多名少女被刺之谜"这一话题进行的微博直播,当天共发布11条微博,见图8-33。

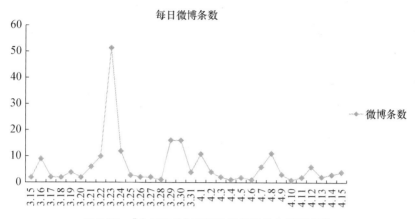

图 8-33 《今日说法》新浪微博每日发布微博条数

3. 每日微博发布的内容类目相对明确。

每日微博发布的内容主要包括：官方节目的预告、节目视频的链接、转发媒体的新闻、自我发布的话题讨论以及回复博友留言等。

一般情况下，《今日说法》新浪微博会在每天上午 11 点左右对当天中午将要播出的电视节目做简短介绍，用词多悬疑，并配上图片宣传，以吸引更多粉丝收看电视节目。

而大约在下午 14 点左右，《今日说法》新浪微博又会以"文字描述＋短网址"的格式发布视频链接，以引导受众对该电视节目的第二次探讨。考虑微博的 140 字容量，文字务必简短，突显核心信息。手机客户端上一般呈现前 30 个字符，所以应尽可能将主要信息体现在前 30 个字符内，以便手机用户会有兴趣进行点击。

除了以上两项是每天必备的发布内容以外，《今日说法》新浪微博还会转发包括其他部分新闻媒体以及公安系统的有关法制内容的微博。在监测月的统计中，《今日说法》新浪微博转发了厦门警方在线、江西公安效能在线以及连江县公安局关于"宣传防诈骗动漫短片"、"打拐公益歌曲"以及"谨防陷阱"的微博，见图 8-34。

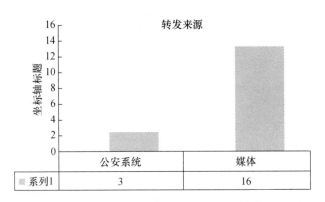

图 8-34 《今日说法》新浪微博转发微博来源

本次监测显示,《今日说法》新浪微博 16 次转发其他媒体有关法制新闻的微博。内容包括"失踪学生疑陷类传销组织""多地惊现瘦肉精供销链"等与受众息息相关的法制新闻。其中,转发《法制晚报》微博的法制新闻所占比例最高,为 19%。显而易见,这与《今日说法》的媒体定位密切相关,见表 8-2。

表 8-2 《今日说法》新浪微博转发媒体来源及数量统计

转发媒体									
财新网	南风窗	新周刊	每周质量报告	三联生活周刊	头条新闻	法制晚报	中国新闻周刊	南都周刊	新浪环保
1	1	1	2	2	2	3	2	1	1

《今日说法》新浪微博还时常发布热门话题,采取"#……#"的格式进行微博直播,组织与粉丝们展开热烈讨论。如 3 月 16 日的"#小撒探会——2011 幸福公式#",3 月 23 日的"#药家鑫案#"以及 4 月 1 日的"#今日说法 2010 年年终会#"等热门话题。

此外,《今日说法》新浪微博还注重对用户评论的选择,对普遍、典型的问题择机转发式回复。可见,要做好与用户的互动,除了回应微博内的留言,还应时刻关注整个微博范围,及时回复与本媒体相关的重要信息。

4. 每日微博转发量以及评论量走向一致,但数量较少。

监测显示,每日微博的转发量与评论量二者走向基本吻合。此外,两者与图 8-35,即每日发布微博数的变化趋势也基本保持一致。

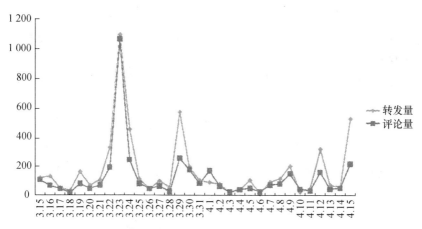

图 8-35　《今日说法》新浪微博转发量和评论量走向

但是,除了每天的档期节目预告和视频链接的转发跟评论还不错,其他内容的微博的转发量跟评论量相对比较少。如 3 月 23 日"药家鑫案"的微博直播,除了 10:54 这一时间点,其他时刻的微博转发跟评论量都很少。这与该案件受社会关注的程度不吻合(图 8-36)。

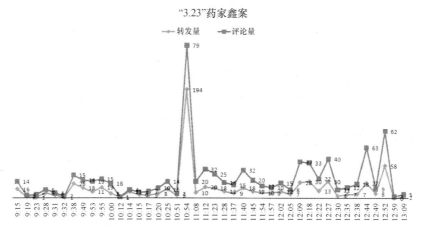

图 8-36　"3.23 药家鑫案"微博直播的转发量与评论量

5. 善于利用微博的"@功能"和"名人效应"相结合。

当你在微博里发布"@昵称"的信息时,就代表"向某某人说",对方能及时看到你说的话,并能够适时地进行回复,实现一对一的沟通。一旦拥有了"@功能"之后,微博用户之间的交流与联系就会变得更为紧密。倘若微博上别人发布的信息中含有"@你的昵称",你都可以及时看到这条微博。

《今日说法》新浪微博栏目就充分利用了微博的"@功能",并使其与"名人效应"有机地相结合。比如,3月16日它发布了5条关于"#小撒探会——2011幸福公式#"的微博,在视频后都附加了"@西藏昌都人韩红""@姚晨""@梁树新""@王石";以及4月4日它发布了"谢谢大家对红板小学'午餐计划'的关注!@汪涵@保剑锋@龚蓓苾@任重@秋瓷炫"。显而易见,这都是为了及时地让这些名人注意到该条微博内容,进而关注活动并利用"名人效应"帮助宣传。

三、结论和建议

截至2011年4月21日下午16时,《今日说法》新浪微博粉丝数为117600,而《法治进行时》新浪微博粉丝数为4178,《经济与法》新浪微博粉丝数为9410。总体而言,《今日说法》新浪微博办得比较成功,其传播特征主要得出以下结论:

1. 即时传播,占据信息发布制高点。

技术门槛趋近于零,文本发送简洁化,时间成本微乎其微,这使得微博的使用者几乎是以零成本的优势来显示信息。①

在对突发事件的报道上,微博的简易操作以及便利的电脑或手机终端服务器,使其具备4A特性(Anytime、Anywhere、Anyway、Anyone),信源多样,随时随地,任何人都可以成为传者。在对突发性事件的报道中,微博往往可以占据信息发布的制高点。如在3月30日"#今日说法与红板小学#"活动中,一名记者突发翻车事故,《今日说法》通过新浪微博对当地情况进行了即时传播。

---

① 周业安、任风远:《微博经济学》,载《中国经营报》2009年12月15日。

2. 定期更新,量"小"效果"大"。

《今日说法》微博基本每天都固定发布当天节目预告和视频链接,并且转发其他媒体有价值的法制新闻,也自我发布热门话题以及有选择的回复部分博友留言。虽然都是碎片化信息,但并不减弱它的价值与影响。人们关注的焦点被分秒刷新,提升了微博的要求与意义:无跟帖,不新闻;微观微新闻,不能"微"影响。

在"围观即表态,转发即参与"的网络交互下,微博可以聚合成强大的舆论力量。虽然信息量微,新闻微小,但意义不微,影响不微,效果不微,这才是微博持续成长的希望所在。如"#今日说法与红板小学#"活动不仅受到了众多粉丝的热切关注,还吸引了名人的广泛关注与宣传,给予了当地孩子们极大的帮助与支持。

3. 形成媒体推广和沟通的一大新平台。

"假如你的粉丝超过100人,你就是本内刊;超过1000人,你就是个布告栏;超过1万人,你就是本杂志;超过10万人,你就是省市报;超过100万人,你就是全国性报纸;超过1000万人,你就是省市电视台;超过1亿人,你就是CCTV了!"[①]这段评论形象地证明了微博的影响力。

通过在微博上提供节目摘要及内容链接,《今日说法》利用"微传播力"促进了电视栏目收视率的提高,也促进了媒体品牌的推广和影响力的延伸,让微博成为法制电视栏目推广的一条新路径。《今日说法》既能切实地听取微博上个体发出的真实声音,又能担当起网络中的"意见领袖",二者相得益彰。

然而,如何使《今日说法》新浪微博能够更好地与传统媒体相融合,做到尽善尽美,在此抛砖引玉地提出以下几点建议:

1. 利用微博平台,成为媒体智囊团。

当今微博时代,人人都可成为传播者,个个都有信息发布平台。微博极大地发挥了广大网民的无穷智慧,使得每个用户都可能成为突发事件的现场记者,随时随地进行现场记录并即时传播。一方面,未

---

① 于靖园:《粉丝经济与微博盈利困境》,载《小康》2010年第10期。

来《今日说法》应更有效地利用微博平台展现广大用户的智慧,从媒介产品的开发到具体新闻专题的筛选,为用户提供一个参与、评价的低成本通道。另一方面,《今日说法》新的媒介产品也可以预先放在微博平台来评测用户的接受程度,以进行适时地调整,更好地满足受众的真实需求。

同时,由于微博成为了各传统媒体记者、编辑与用户对话、互动的通道,因此,在人物和事件报道中,《今日说法》可以利用新浪微博来征集提问,获取新闻发生地的微博网友支持,即时搜集到希望掌握的信息,从而将微博新闻源中有价值的新闻线索和信息进行深加工,以形成独到、深刻的新闻产品。因此,记者、编辑和媒体微博应该开放私信功能并认真回复,便于用户向媒体及时爆料。

此外,在当下信息泛滥、观点稀缺的时代,媒体的深入性、阐释性依然是其核心竞争力的重要表现。因此,《今日说法》等法制电视媒体应积极发挥自身权威性强、人才资源、版权资源、传播范围广、采访机会多,以深度阅读取胜等优势,借鉴微博热门话题,了解受众兴趣点,与微博共同构建一个话语的公共领域。这是传统媒体在微博时代脱颖而出的制胜法宝。

2. 把握适度原则,"深加工"新闻内容。

微博的即时通信特征导致其难以承载深厚的文化精髓,微博更像是用户为一些琐碎杂事的发泄平台、消遣工具。[①] 它的字数限制及语录体般的风格给传统媒体一个启示:即以深度报道见长的传统媒体也可以把内容做浅,适度强调精练文字,这也是当前"浅阅读时代"的主要特点。

但需强调的是,这里所说的"浅"是要努力增加新闻的趣味性和凝练性,简约而不简单。相对于长篇大论地进行探讨,受众更偏好"言有尽而意无穷"的传播风格。

同时,对于微博上支离破碎的浅信息,《今日说法》更应发挥资源

---

① 宋延涛、李大旭:《浅析当前微博传播的特征、弊端及治理》,载《科技信息》2010年第30期。

优势,将同一话题的进展完整、全面地呈现。如通过微博直播一些重大新闻事件,在直播进行到一定阶段,比如中间或结束时,应当适时地聚合微博直播内容,在《今日说法》上设立相应专题进行深度报道。换句话说,在内容微博化的同时,也要注重实现微内容的聚合,实现在母媒体上的进一步报道。

这样,《今日说法》等传统法制电视媒体关于热点话题的专业报道,再加上微博用户不同的观点输出,就可以塑造出新闻内容"深加工"的完美产物。不仅会提升《今日说法》在社会和业界的声誉,也会给媒体微博带来更多的转发量和评论量,引发更多的关注。

3. 核实转发内容,保护媒体公信力。

一般说来,微博传播路径有两种:一种是"粉丝路径"。例如 A 发布微博后,其关注者甲、乙、丙等人都可以实时接收信息。另一种是"转发路径"。如果甲认为 A 的某条微博不错,将其转发到自己微博中,随后,甲的关注者1、2、3 等人都可以实时接收这条信息,以此类推,实现大范围极速传播。

微博传播方式既不是传统媒体的线性传播(One To One),也不是网络媒体的网状传播(One To N),它是一种裂变传播(One To N To N)。① 这就使它远远高于之前任何一种媒介产品的传播速度和传播广度。

然而,微博上众多内容缺乏有效监管,信息源也缺乏可信度,有时甚至会成为谣言的温床。因此,《今日说法》等传统法制电视栏目的微博编辑首先须用常识跟专业素养对信息的真伪进行判断,必要时进一步采用信息核实程序予以核实,再决定是否转发。没有经过有效核实的转发,不仅可能带来麻烦,有损媒体微博的公信力,甚至会给媒体招致侵权官司。《中国新闻周刊》误转发金庸去世消息导致的被动局面就是前车之鉴。法制电视栏目只有有效、准确地核实转发信息的真伪,才能保证微博不"危"。

总而言之,微博与传统法制电视栏目之间并非水火不容,它为传

---

① 南方传媒研究:《微博时代》,南方日报出版社 2009 年版,第 14 页。

统媒体的自我突破提供了新鲜的血液和灵感。一方面,传统媒体应该摈弃过于强烈的自我意识,朝体贴入微、贴近现实和富有人性化发展,使其足以触及每个受众的内心世界。另一方面,传统媒体需要充分借鉴和利用微博,为受众提供更多有价值、人性化的服务。如此以往,法制电视栏目与微博之间的默契与合作,必将能早日收获"1＋1＞2"的传播效果,以尽早实现双方互利、共赢的局面。

主要参考书目

毕根辉:《中国名牌电视栏目〈经济与法〉案例分析》,中国传媒大学出版社2007年版。

曹瑞林:《新闻法制前沿问题探索》,中国检察出版社2006年版。

程道才:《专业新闻写作概论》,中国广播电视出版社2002年版。

丁淦林:《中国新闻事业史》,高等教育出版社2002年版。

冯健:《中国新闻实用大辞典》,新华出版社1996年版。

方可等:《法制新闻概述》,法律出版社1992年版。

甘景山:《法制新闻写作纵横谈》,海峡文艺出版社1997年版。

姜淮超:《法制新闻专题研究》,陕西人民出版社2002年版。

蓝鸿文:《专业采访报道学》,中国人民大学出版社1997年版。

李矗:《法制新闻报道概况》,中国广播电视出版社2002年版。

李华文:《案件新闻的传播及写作》,四川大学出版社2005年版。

刘斌、李矗:《法制新闻的理论与实践》,中国政法大学出版社2005年版。

刘斌:《法制新闻采访与写作》,中国政法大学出版社2006年版。

刘佑生:《法制新闻探索》,中国检察出版社1995年版。

刘徐州:《法律传播学》,湖南人民出版社2010年版。

李振宇:《法律传播学》,中国检察出版社2004年版。

姚广宜、巢立明:《法制新闻采访教程》,北京大学出版社2007年版。

姚广宜:《中国媒体监督与司法公正关系问题研究》,中国政法大学出版社2013年版。

王强华:《法制报刊采编实务》,法律出版社1998年版。

王强华、徐心华、吴慎宗:《法制新闻概述》,法制出版社1992年版。

魏永征:《中国新闻传播法纲要》,上海社会科学院出版社1999年版。
肖义舜、何勤华:《法制新闻学》,法律出版社2001年版。
叶春华、连金禾:《新闻采写编评》,复旦大学出版社1996年版。
喻国明:《中国社会舆情年度报告(2011)》,人民日报出版社2011年版。
游洁、郑蔚:《电视法制节目新论》,中国广播电视出版社2007年版。
赵中颉:《法制新闻新论》,重庆出版社2001年版。
赵中颉:《法制新闻与新闻法制》,法律出版社2004年版。
朱颖:《守望正义:法治视野下地犯罪新闻报道》,人民出版社2008年版。
中国社会科学语言研究所词典编辑室:《现代汉语词典》,商务印书馆1998年版。
威尔伯·施拉姆:《传播学概论》,陈亮等译,新华出版社1984年版。
亚里士多德:《政治学》,商务印书馆1985年版。